I0787642

POLÍTICA ELEMENTAL

Primera edición: octubre de 2022.

© 2022: Cristóbal Orrego
© Ediciones del Círculo de Santiago (ECS)

ISBN-13: 9798359834674
Imprint/Sello: Independently published

Printed in U.S.A. - Impreso en EE.UU.

Ediciones del Círculo de Santiago (ECS)

Cristóbal Orrego

POLÍTICA ELEMENTAL

Doce fragmentos para la reflexión republicana

ECS
EDICIONES DEL CÍRCULO DE SANTIAGO
SANTIAGO DE CHILE

A Santiago Orrego Sánchez
el filósofo de la familia.

Con fraterna admiración y afecto.

ÍNDICE

Prólogo 1

1. Filosofía política: naturaleza y objeto 7

2. La prudencia, la justicia y la ley 23

3. Las ideologías 47

4. La persona humana 67

5. El bien común 83

6. Libertad e igualdad 103

7. Las agrupaciones humanas 119

8. El poder 137

9. Los regímenes de gobierno 159

10. Democracia y totalitarismos 177

11. Autoridad y tolerancia 195

12. Derecho, economía, ética y religión 205

Epílogo 221

PRÓLOGO

Siempre me ha sido imposible escribir un manual de filosofía política, aun cuando lo he deseado y querría que existiera uno bueno, completo y breve. Ahora intento algo más modesto: un conjunto de fragmentos de ideas y de reflexiones que apuntan a presentar sucintamente la visión clásica de la política, sin pretensión de abarcar de manera completa los temas. Por el contrario, me propongo ofrecer al lector un poco de lo esencial, algo de lo que se necesita para enfocar adecuadamente este sector de la experiencia humana.

El contenido de este libro se divide en doce capítulos. El primero explica la naturaleza y el objeto de la filosofía política, que se sitúa en el marco de los demás conocimientos sobre los asuntos humanos, como parte de la filosofía práctica (c. 1).

El capítulo siguiente trata sobre la ley o el ordenamiento jurídico positivo, instrumento fundamental de la acción de los gobernantes en pos del bien común, y sobre las dos virtudes más relacionadas con la política y con el derecho: la prudencia y la justicia. Se asume así de lleno la conexión entre la ética personal y la política, puesto que confiamos, como Platón, en que el alma del ciudadano está moldeada por la calidad moral de su ciudad, y viceversa (c. 2).

El tercer capítulo expone el fenómeno de las ideologías (c.3), que han llegado a ser una realidad omnipresente en la política moderna, siempre en tensión con la visión cristiana, ordenada, de la república; en efecto, las ideologías son, esencialmente, el pensamiento y la praxis del *desorden* metafísico, antropológico y social. Aun siendo una presentación elemental, pensamos que cumple la función necesaria de advertir al lector contra el pensamiento fácil que se dirige a subvertir el orden del *Logos* en todas las sociedades contemporáneas.

Las ideologías cambian de nombre y de contenido, pero siempre ofrecen diagnósticos luminosos y recetas sencillas para la acción política, aunque tantas veces la receta sencilla —«matar a todos los momios», por ejemplo— va envuelta en lenguaje iniciático. Quizás a eso se debe que los filósofos alaban más la verdad de las doctrinas y la solidez de los argumentos que su simplicidad o su luminosidad o su lenguaje ilustrado. Los ideólogos, en cambio, consideran elogioso decir de un texto que es *sofisticado* y cosas por el estilo. Nos regalan un saber superior (aparentemente), que goza de un atractivo *místico*, pseudorreligioso, como un sucedáneo y falsificación de la religión verdadera, que nos une a Dios. Son amasijos de creencias, racionales y sentimentales a la par, especialmente seductoras para los jóvenes, que son inexpertos y, a la vez, necesitados de claridad de ideas y de propósitos heroicos.

La visión clásica y cristiana del mundo y de la humanidad no ofrece tanto de manera tan fácil, aunque finalmente dé mucho más, a más alto precio: la comprensión realista de la república, siempre imperfecta y frágil; la renuncia a todo tipo de diagnóstico simplón y a toda terapéutica técnica o receta para la acción; las exigencias éticas, espirituales y religiosas que pueden promover el bien común y aminorar las injusticias en alguna medida, siempre insuficiente, avanzando y retrocediendo.

La adecuada comprensión de las ideologías nos complica la existencia, porque no es todo tan fácil de desentrañar en la vida pública ni es racional creer en las promesas de justicia de esas propuestas apasionadas, revestidas de cierta superioridad moral agradable para quien la abraza y desagradable para los miserables que la resisten. A la vez, adquirir la capacidad de detectar un pensamiento atractivo como ideológico es como una vacuna contra el engaño y contra algo peor: el autoengaño, contra la imprudencia y la impaciencia, contra cualquier tentación de recurrir a la violencia para construir un mundo ideal desde las cenizas del único mundo posible: imperfecto, defectuoso, pero habitable y lleno de desafíos de mejora.

A partir del capítulo cuarto presentamos varias realidades fundamentales de la política: la persona humana, como su finalidad y su protagonista (c. 4); el bien común, también como fin de la acción política, porque es el bien personal más alto en el orden de la vida colectiva: un *bien personal de todos y de cada uno* y no un bien personal privado de alguno o de algunos o de muchos (c. 5); la libertad y la igualdad de los ciudadanos, en cuanto cualidades intrínsecamente ligadas a la dignidad de las personas y al bien común (c. 6); las agrupaciones humanas que, desde la familia hacia arriba, articulan la convivencia y, por tanto, concretan los ámbitos más específicos en los cuales las personas interactúan y se realiza el bien común (c. 7); el poder, a la vez derecho legítimo de mandar (razón) y capacidad coactiva de imponer lo mandado (fuerza), elemento imprescindible para dirigir a los hombres hacia el bien común y para coordinar sus actividades en la sociedad (c. 8) y los regímenes políticos o formas de gobierno: los modos de organizar el poder, su ejercicio y su transmisión (c. 9).

Hacia el final, dedico un par de capítulos a dos expansiones sobre el tema del poder y del bien común, que me han parecido especialmente necesarias para comprender la política de nuestros tiempos: el contraste entre democracia y totalitarismo (c. 10) y la relación entre la autoridad y la tolerancia, en cuanto que la autoridad debe promover el bien y reprimir el mal, pero a veces tolerar algún mal es necesario para defender el bien común de males mayores o para promover un bien mayor (c. 11).

Termina esta obra con una breve exposición de otras áreas de la vida humana y de sus peculiares normas, especialmente la ética, el derecho, la economía y la religión, centrada esta última en la Iglesia católica y en el famoso asunto de las relaciones entre la Iglesia y el Estado (c. 12).

Este conjunto de temas no agota la realidad política. Ni siquiera sirve como una introducción sistemática, ordenada, como un buen manual de estudio de la filosofía política.

No pretendemos, mucho menos, una introducción ideológica, como esas que, en las pocas páginas de un folletín, parecen desvelar todos los misterios del orden cósmico y social y ofrecer las soluciones a sus desajustes crónicos. Los contenidos aquí sucintamente expuestos constituyen, más bien, un punto de partida para la reflexión y para comprender serenamente un orden humano que será siempre imperfecto y en camino de mejorar o de empeorar según la prudencia de los pueblos y de sus ciudadanos y gobernantes.

Esperamos ayudar de esta manera al lector en su misión de contribuir al bien de su comunidad política, especialmente cuando ella más lo necesita. Le ofrecemos una política elemental, para facilitar ulteriores estudios y su aporte propio y sereno a esta actividad fundamental.

Este libro se basa en un seminario impartido a un grupo de formación para universitarios del Instituto *Res Publica*, en Santiago de Chile. Agradezco la invitación que me hicieron entonces a conversar y departir con un grupo selecto de estudiantes; porque yo, como fundador del movimiento mundial de Antiliderazgo, normalmente no logro ni siquiera que mis propios estudiantes me sigan a alguna parte. Además, cada una de esas tardes de ocio intelectual iba acompañada de una conversación inteligente y de unas onces ricas, en una casa de familia numerosa, todo lo cual vale más que el oro. Y para eso yo estoy bien dotado: para tomar el té y conversar.

La discusión iba acompañada de abundantes lecturas (aunque nunca controlé que todos las hubieran leído). Desde Platón hasta Leo Strauss, pasando por Tomás de Aquino, intenté darles alimento para el pensar profundo y riguroso. En esas lecturas y en otras, más o menos clásicas, apoyé mi exposición. Por eso, al elaborar el texto para la publicación que ahora ve la luz, he procurado anotarlo lo suficiente como para que ningún distraído me atribuya alguna idea que no sea mía, ni mucho menos alguna que sea original.

Repito aquí lo que he dicho en otras obras, a saber, que con afán de evitar plagiar he añadido citas y notas *ad hoc*. En esta labor de ir incorporando esas citas complementarias y de trabajar los borradores he contado con la invaluable ayuda de Gonzalo Carrasco Astudillo y de otros ayudantes anónimos, a quienes va mi agradecimiento.

También agradezco el magisterio de los profesores Jorge Peña Vial y Rafael Alvira Domínguez, en cuyos cursos de filosofía política tuve la fortuna de participar hace ya tantos años, en Chile y en España. Algunas de sus ideas y modos de decir flotan aquí y allá, aunque no haya podido hallar las citas relevantes: sirva mi reconocimiento genérico como antídoto del plagio inconsciente. Si algo parece demasiado inteligente y no hay cita de un clásico de por medio, seguramente procede de estos dos grandes maestros.

Este libro incorpora parte de mi investigación durante las últimas décadas. Por eso, también agradezco la ayuda a la investigación y a las publicaciones académicas que he recibido de Fondecyt desde 1998. Esta obra apoya —eso espero— los objetivos de difusión científica y de formación de académicos promovidos por Conicyt, hoy Agencia Nacional de Investigación y Desarrollo, ANID, y, más recientemente, por el Ministerio de Ciencia y Tecnología. El trabajo de preparación ha sido parte de la ejecución del Proyecto Fondecyt 1181573, centrado en un tema importante de la filosofía práctica clásica y cristiana: la teoría de la ley natural.

Los lectores sabrán juzgar si, dentro de la brevedad de la obra, cabe distinguirla con la misma benevolencia con que ellos han recibido las precedentes.

1. FILOSOFÍA POLÍTICA: NATURALEZA Y OBJETO

Hay dos lugares de la obra de Tomás de Aquino en que se clasifican los saberes y, dentro de ellos, están la política y las áreas de la filosofía política. El primero de tales textos se encuentra en el Comentario a la Ética a Nicómaco. «Como dice el Filósofo en el principio de la Metafísica lo propio del sabio es ordenar»[1]. Por eso hay tantos tipos de saber cuantos tipos de orden hay en la realidad. «Pero el orden es comparado a la razón de un cuádruple modo»[2], por lo cual, si consideramos la relación entre la inteligencia humana y la realidad, descubrimos que hay cuatro tipos de orden en la realidad. Esta distinción es muy iluminadora y ordenadora de nuestra propia mente, pues permite comprender dónde situar los distintos saberes y, de esa manera, cómo exponer la filosofía política en el marco del resto del conocimiento humano.

En primer lugar, hay un orden que contemplamos, pero no hacemos. «En efecto, a la filosofía natural pertenece tratar del orden de las cosas que la razón humana considera, pero no hace; de modo que debajo de ella incluimos también a la metafísica»[3]. Es el orden de toda la realidad que está fuera de la mente humana, de toda la naturaleza exterior, y de ella se ocupa la filosofía especulativa. En el texto citado, santo Tomás da el nombre de «filosofía natural» a toda

---

[1] Tomás de Aquino, *Sententia libri Ethicorum* [Comentario a la Ética a Nicómaco de Aristóteles], libro I, Lec. I, 1.

[2] Ibídem.

[3] Ibíd., Lib. I, Lec.1, 2.

la filosofía especulativa, que contempla la naturaleza tal cual es y que no tiene por objeto modificarla, sino conocerla, explicarla e indagar sus causas últimas (sin perjuicio de uso práctico que este conocimiento admite y fundamenta).

El segundo orden de la realidad corresponde a aquel que la razón humana introduce en su propio acto al conocer. «Pero el orden que la razón, considerando, obra en su propio acto pertenece a la filosofía racional, a la que corresponde considerar en el discurso el orden de las partes entre sí y el orden de los principios entre sí y con respecto a las conclusiones»[4]. Tal es el orden del que se ocupa la lógica —lo que el Aquinate llama «filosofía racional»—, que no trata ya de conocer algo ordenado en sí mismo y que está fuera de nosotros. La lógica no versa sobre una realidad ordenada de suyo por el *Logos* creador, a la cual adaptamos nuestra mente; sino sobre un orden que nosotros mismos introducimos en nuestro propio acto de razonar. Esto no significa que se trate de un orden arbitrario, sino simplemente que es un orden interior a nosotros mismos. El estudio de la lógica ayuda a conocer cuál es el orden del razonamiento correcto, que naturalmente es necesario para progresar en el conocimiento de la realidad tal cual es en sí misma, fuera de la mente.

En efecto, hay una conexión entre este orden —el orden de los conceptos— y el orden anterior —el orden de la realidad en sí misma—, porque en la mente se acumulan los conocimientos de la realidad externa, y, como ese conocimiento ha de organizarse de alguna manera en la mente, el mismo conocimiento de la realidad ordenada exige una mente ordenada: requiere de esa ciencia y arte de la lógica. De esto se desprende que la finalidad de la lógica es poner la mente en armonía con una naturaleza exterior que es en sí misma ordenada. Las consecuencias éticas y políticas de esta tesis son contrarrevolucionarias, abismantes: subordinan toda la subjetividad caprichosa a la realidad misma de las cosas (contra el voluntarismo revolucionario).

Este ideal de orden y armonía en el conocer tiene un reflejo en el orden político: sin un conocimiento ordenado de la realidad tal como es en sí misma y sin una mente ordenada, la visión política se distorsiona —el caso extremo es el de las ideologías modernas (*cf.*

---

[4] Ibídem.

infra, c. 3)— y la acción política pierde coherencia y orientación hacia el mundo tal cual es. La razón pierde el control de las emociones y de los intereses desordenados, porque antes se ha perdido la ordenada conexión con la realidad.

El tercer orden de la realidad y del saber correlativo es el que la razón introduce al considerar el acto de la voluntad, para dirigirlo al fin objetivo de la misma voluntad, a saber, el bien de toda la vida humana. De eso se ocupa la filosofía moral. «En tercer lugar se encuentra el orden que la razón al considerar introduce en las operaciones de la voluntad»[5].

Como explica santo Tomás, este «orden de las acciones voluntarias pertenece a la consideración de la filosofía moral», de la cual es propio «considerar las operaciones humanas en cuanto están ordenadas entre sí y con respecto al fin»[6]. La filosofía moral —la ética, en cuyo seno existe la filosofía política— se ocupa de «las operaciones humanas que proceden de la voluntad del hombre según el orden de la razón»[7]. Así dice el Doctor Angélico,

> «Las operaciones que se encuentran en el hombre, pero que no dependen de la voluntad y la razón, no se dicen propiamente humanas sino naturales, como resulta claro en las operaciones del alma vegetativa, que de ningún modo caen bajo la consideración de la filosofía moral. Así como el sujeto de la filosofía natural es el movimiento o la cosa móvil, así el sujeto de la filosofía moral es la actividad humana ordenada a un fin, o sea el hombre como agente voluntario en vista del fin»[8].

Este orden también hace referencia a algo que no existe fuera de nuestra mente, sino en nuestro interior, que es nuestra voluntad; pero también aquí se ha de advertir que, si la mente funciona bien, introduce un orden objetivo, porque aquello que sea nuestro bien, y

---

[5] Ibíd., Lib. I, Lec. I, 1.

[6] Ibíd., Lib. I, Lec. I, 2.

[7] Ibíd., Lib. I, Lec. I, 3.

[8] Ibídem. Aquí el «sujeto» es la materia sobre la que versa un estudio, como sucede en el inglés de hoy: «*subject*» o «*suject-matter*».

que la ética debe descubrir, aquello hacia lo cual hay que ordenar los actos humanos, depende ontológicamente de cómo somos los seres humanos.

El bien humano y sus fines, respecto de los cuales se dice ordenada o no la acción libre, depende de una realidad que nosotros no podemos modificar, análogamente a como el bien de la salud, que la medicina restaura ordenando nuevamente nuestro organismo, es un bien objetivo, cognoscible por las ciencias médicas y biológicas, no sujeto al capricho del paciente o del médico. Nosotros sí podemos introducir un orden en nuestra voluntad y en nuestros actos libres, pero, a modo de ejemplo, no podríamos clavarnos una daga en el corazón y seguir viviendo, porque eso está determinado por nuestra naturaleza biológica.

En este marco de un orden de los actos voluntarios hacia el bien, un orden a la vez producido y conocido por la razón humana con dependencia de la verdad sobre el bien humano —que la persona no crea—, surge la ordenación de la vida colectiva, que es el objeto de la política y de la ciencia política. Podemos introducir un orden en la convivencia con otras personas. La ética nos indicará cómo introducir ese orden de modo que dicha convivencia sea armónica, pacífica y justa. Sin embargo, no podemos decidir arbitrariamente que cualquier acción sirva para establecer ese orden. Los criterios objetivos de la ética se extienden al orden político. Si Usted promueve el odio y la violencia, abusando de su libertad, no obtendrá el bien común, sino la destrucción de su ámbito de convivencia: la injusticia, el desorden, la pérdida de la paz.

Un cuarto orden de la realidad es el que introducimos en las cosas que realizamos externamente, que son el objeto de las artes o técnicas. «En cuarto lugar», dice santo Tomás, «se encuentra el orden que la razón, considerando, obra en las cosas exteriores de las que ella misma es la causa, como en un arca y en una casa»[9]. «Y el orden que la razón, considerando, pone en las cosas exteriores hechas según la razón humana, pertenece a las artes mecánicas»[10].

Tal es el orden que, por ejemplo, el arquitecto introduce al diseñar y construir un edificio, o el orden que el carpintero introduce

---

[9] Ibíd., Lec. I, 1.
[10] Ibíd., Lec. I, 2.

al hacer una mesa; pero también, aunque parezca menos obvio, es el orden que el legislador introduce en el texto técnico de una ley, al redactarlo como conviene, a diferencia del orden que la ley introduce en la ciudad, que es un orden ético.

En todas esas realidades, ya sean artísticas, técnicas, culturales, etc., la razón humana introduce un orden que corresponde a otra área del saber: la técnica. A muchas personas les resulta más obvia la objetividad del orden técnico (cuarto) que la de orden ético (tercero) por la propia naturaleza de esos órdenes. El orden técnico es muy externo y el error técnico (una operación médica que mata al paciente; un puente que se cae...) es reconocible externamente con mayor independencia de las ideologías o de las disposiciones interiores de las personas (aunque el médico o el ingeniero directamente implicados quizás no verán con facilidad el asunto si se los acusa de negligencia, porque, más allá del efecto malo externo, implica el reconocimiento del defecto en el obrar moral). En cambio, los vicios morales (y las ideologías que ciegan) mueven a la mala voluntad a no reconocer el desorden objetivo, porque han destruido el reconocimiento de los principios éticos en la propia mente de quienes así se engañan.

Esta distinción fundamental entre ética y técnica aparece a lo largo de toda la ética y la política de Aristóteles. Así dice en su *Ética a Nicómaco*:

> «Además, tampoco son semejantes el caso de las artes y las virtudes; en efecto, los productos de las artes tienen en sí mismos su bien; basta, pues, que reúnan ciertas condiciones; en cambio las acciones de acuerdo con las virtudes no están hechas justa o morigeradamente si ellas mismas son de cierta manera, sino si también el que las hace reúne ciertas condiciones al hacerlas: en primer lugar, si las hace con conocimiento; después eligiéndolas, y eligiéndolas por ellas mismas; y en tercer lugar, si las hace con una actitud firme e inconmovible. Estas condiciones no cuentan para la posesión de las demás artes, excepto el conocimiento mismo; en cambio para la de las virtudes el conocimiento tiene poca o ninguna importancia, mientras que las demás no la tienen pequeña, sino total,

ya que son precisamente las que resultan de realizar muchas veces actos justos y morigerados»[11].

La ética y la técnica son dos áreas de la realidad que, aunque se relacionan, se distinguen. Cuando obramos en el orden ético estamos buscando el bien interior de la persona, es decir, estamos buscando su bien en cuanto que persona, en su integridad y no en cuanto a un aspecto suyo solamente. Este bien, como enseñaba el gran Sócrates, incluye las cosas exteriores de modo instrumental al bien del alma:

> «Y, en efecto, con las demás cosas que hace un momento mencionábamos —la riqueza, etc.— que unas veces son buenas y, otras, dañinas, ¿no sucede también que, lo mismo que con respecto al resto del alma, el discernimiento, sirviendo de guía, hace, como vimos, útiles las cosas del alma misma —mientras que el no discernimiento las hace dañinas—, del mismo modo el alma, usándolas y conduciéndolas correctamente las hace útiles, e incorrectamente, dañinas?»[12].

La técnica se ocupa, en cambio, de que las cosas exteriores queden bien ejecutadas, correctamente hechas o producidas según su propia finalidad. No se ocupa del bien de la persona en cuanto persona, sino de que las cosas hechas sirvan para una finalidad práctica no moral. No obstante, es necesario señalar que las cosas técnicas son realizadas por personas libres y, por lo tanto, no es que abandonen totalmente el campo de lo moral, sino que deben ser también dirigidas por la ética para que la persona que las realice se haga buena. Así, un carpintero se hace bueno si hace bien una mesa; pero, si accediera a fabricar un instrumento de tortura, estaría fallando en sentido ético, no directamente como carpintero sino como persona.

---

[11] Aristóteles, *Ética a Nicómaco* (ed. María Araujo y Julián Marías, Madrid, Centro de Estudios Constitucionales, 1994), Lib. II, 4, 1105b. He modificado ligeramente la traducción.
[12] Platón, *Menón*, 88d-e.

En síntesis, la ética y la política dirigen los fines no morales, como construir un avión o un puente, a los fines propiamente morales, al bien común. Por eso, en el conjunto de la vida humana los fines técnicos son siempre solo medios para los fines éticos.

Santo Tomás señala que, en el orden práctico-moral, es decir, en el tercero de los órdenes de la realidad y del conocimiento mencionados, el estudio y el saber se especifican ulteriormente por los distintos bienes que se buscan. Según eso hay tres niveles de conocimiento ético, que dan lugar a los tres niveles de la virtud de la prudencia, que es la que ordena el conocimiento moral para que resulte en una buena práctica. Tales niveles son el personal o individual, el familiar o económico en su sentido antiguo y el social y político.

El primer nivel corresponde a la moral de la persona individual. La filosofía moral, en este nivel, estudia lo que una persona es en cuanto persona y cuál es su fin último y sumo bien; de esa manera, como filosofía práctica, orienta la acción de la persona individual hacia la vida buena. La persona es un ser social. Por lo tanto, no puede alcanzar su vida buena —su fin último— si no es en unión con los demás, de manera que la misma ética individual necesita extenderse a un segundo nivel, en el cual ordena el bien propio de cada uno —su bien particular— al bien común de la primera comunidad, que es la familia, unidad básica de la comunidad política.

A esta parte de la ética —también de la prudencia como virtud inmediatamente práctica— se la denomina «economía». Su nombre viene de las palabras griegas *óikos* y *nómos* (casa o familia y orden o norma), que indican la organización interna de la familia. Este nivel de la ética se concreta en una virtud práctica, la prudencia económica o prudencia doméstica, y busca el bien común de la familia, que es un *algo más*, un *plus* necesario para el bien individual de la persona. El bien particular de cada miembro de la familia se ordena, se subordina, al bien común de su familia. A la vez, el bien común de la familia —su orden interno, la adecuada realización de bienes que trascienden al individuo— repercute en el bien personal de cada uno de sus miembros.

La política —como filosofía política y como prudencia política— corresponde al conocimiento y ordenación de las acciones voluntarias hacia el bien común de la comunidad política completa.

En la época de Aristóteles se denominaba «*polis*» a dicha comunidad política completa, pues en general no iba más allá de una ciudad-estado, no obstante la existencia de imperios más amplios. En la era medieval, en cambio, se consideraba a veces como tal a una ciudad, a una república con varias ciudades o a todo un reino. En la época moderna consideramos como tal al Estado-Nación, que puede abarcar cientos de ciudades y millones de habitantes, en una extensión, dimensión e intensidad que Aristóteles no pudo imaginar.

Hay un bien común de la familia que trasciende el bien del individuo particular. Cuando la familia está en forma, funciona bien, su bien común es favorecido por los miembros de esa familia. Desde esta misma perspectiva, hay también un bien común de la comunidad política completa, que trasciende, a su vez, el bien de las familias, y al cual deben colaborar todas estas. Como se trata de bienes distintos, las ciencias que se ocupan de ellos son análogamente distintas. Y en cuanto consisten en bienes relacionados y ordenados unos a otros, las mismas ciencias que tratan acerca de ellos están relacionadas y ordenadas unas a otras.

Por tanto, la filosofía política es una parte de la filosofía moral. O también podríamos formularlo de manera inversa, como hace Aristóteles. La filosofía moral, considerada ahora como la parte general e incompleta de un saber mayor que la incluye, es una parte de la filosofía política, debido a que el bien de la comunidad política incluye el bien de todos y cada uno de sus miembros. Así dice el Estagirita:

«Si existe, pues, algún fin de nuestros actos que queramos por él mismo y los demás por él, y no elegimos todo por otra cosa —pues así se seguiría hasta el infinito, de suerte que el deseo sería vacío y vano—, es evidente que ese fin será lo bueno y lo mejor. Y así, ¿no tendrá su conocimiento gran influencia sobre nuestra vida, y, como arqueros que tienen un blanco, no alcanzaremos mejor el nuestro? Si es así, hemos de intentar comprender de un modo más general cuál es y a cuál de las ciencias o facultades pertenece. Parecería que ha de ser el de la más principal y eminentemente directiva. Tal es manifiestamente la política. En efecto, ella es la que establece qué ciencias son necesarias en las ciudades y cuáles ha de aprender cada uno, y hasta qué punto. Vemos además que las facultades más estimadas le están subordinadas, como la estrategia, la economía, la retórica. Y puesto que la política se sirve de las demás ciencias prácticas y legisla además qué se debe hacer y de qué cosas hay que apartarse, el fin de ella comprenderá los de las demás ciencias, de modo que constituirá el bien del hombre; pues aunque el bien del individuo y el de la ciudad sean el mismo, es evidente que será mucho más grande y más perfecto alcanzar y preservar el de la ciudad; porque, ciertamente, ya es apetecible procurarlo para uno solo, pero es más hermoso y divino para un pueblo y para ciudades.

Este es, pues, el objeto de nuestra investigación, que es una cierta disciplina política»[13].

En consecuencia, nadie puede tener una ética completa si no incluye en su ordenación ética el bien de toda la comunidad política. En lenguaje sencillo, nadie puede ser moralmente bueno si es un egoísta que no se ocupa del bien común. La ética individual no puede favorecer virtudes que *supuestamente* perfeccionen a la persona, pero que no ayuden al perfeccionamiento de todas las demás personas. No vale una distinción neta entre virtudes personales y virtudes políticas. Todas las virtudes personales tienen una dimensión política y todas las virtudes aparentemente más políticas o sociales (*v.gr.*, la justicia) son virtudes en la medida en que hacen buena a la persona que obra con ellas y hacen buenas sus acciones.

La filosofía política tiene un objeto que es fin respecto de los objetos más parciales de la ética puramente personal o familiar, en la misma medida en que el bien común de la *polis* prima sobre el bien particular del individuo, de la familia y de los grupos intermedios entre la familia y la comunidad política. Naturalmente, en cuanto que el bien completo de cada persona depende de un bien trascendente y más alto que el bien de toda la comunidad política (*i.e.*, del fin último divino, que se halla en Dios), la sabiduría que ordena hacia el bien

---

13 Aristóteles, *Ética a Nicómaco*, I, 2, 1094a18-1094b10.

divino (la *metafísica*, en el orden humano; la fe revelada, en el orden sobrenatural) es todavía más comprehensiva y directiva que la ética y la política. Mas aquí nos referimos solo a esta dimensión de la sabiduría práctica, de la ética y de la política.

En este orden de ideas, la filosofía política puede definirse como *la parte de la filosofía que tiene por objeto la comunidad política completa, para ordenar las acciones colectivas al bien común de esa comunidad.*

Detrás de esta definición hay un elemento muy contrario a lo que se ha instalado en el pensamiento político moderno. Este ha separado el aspecto descriptivo de la política respecto de su aspecto valorativo o evaluativo. Desde este fenómeno arrancan muchos escritos de ciencia política que pretenden ser meramente descriptivos, neutrales, asépticos y sin valoraciones, y que buscan, por ejemplo, ocuparse meramente de la descripción de los regímenes políticos, sin entrar en la valoración de su justicia o injusticia.

Por otra parte, en la filosofía política moderna, en su parte valorativa y no asépticamente descriptiva, muchas veces el fin de la política es, más que el *bien común*, el *mal menor*. Tiene el propósito de encontrar una organización que impida que los hombres se maten unos a otros. En tal sentido, Thomas Hobbes concibe la política como un artificio para que los hombres puedan convivir y no matarse entre sí. Así dice en su obra clásica *Leviatán*:

> «La causa final, fin o designio de los hombres (que naturalmente aman la libertad y el dominio sobre los demás) al introducir esa restricción sobre sí mismos (en las que los vemos vivir formando Estados) es el cuidado de su propia conservación y, por añadidura, el logro de una vida más armónica; es decir, el deseo de abandonar esa miserable condición de guerra que, tal como hemos manifestado, es consecuencia necesaria de las pasiones naturales de los hombres, cuando no existe poder visible que los tenga a raya y los sujete, por temor al castigo, a la realización de sus pactos y a la observancia de las leyes de la naturaleza...»[14].

[14] Hobbes, Thomas, *Leviatán o la materia, forma y poder de una república eclesiástica y civil*, Buenos Aires, Fondo de Cultura Económica, 1992, parte II, cap. XVII, pág. 137.

Según Hobbes, en el estado de naturaleza los hombres son violentos; todos tienen derecho a matarse unos a otros y, por tanto, si no se sale de tal estado, su vida será pobre, corta y violenta.

«Es manifiesto que durante el tiempo en que los hombres viven sin un poder común que los atemorice a todos, se hallan en la condición o estado que se denomina guerra; una guerra tal que es la de todos contra todos. [...] Por consiguiente, todo aquello que es consustancial a un tiempo de guerra, durante el cual cada hombre es enemigo de los demás, es natural también en el tiempo en que los hombres viven sin otra seguridad que la que su propia fuerza y su propia invención pueden proporcionarles. En una situación semejante no existe oportunidad para la industria, ya que su fruto es incierto; por consiguiente no hay cultivo de la tierra, ni navegación, ni uso de los artículos que pueden ser importados por mar, ni construcciones confortables, ni instrumentos para mover y remover las cosas que requieren mucha fuerza, ni conocimiento de la faz de la tierra, ni cómputo del tiempo, ni artes, ni letras, ni sociedad; y lo que es peor de todo, existe continuo temor y peligro de muerte violenta; y la vida del hombre es solitaria, pobre, tosca, embrutecida y breve»[15].

Esta condición de la naturaleza humana, según la visión pesimista del autor —errónea en su esencial, mas no alejada de la realidad en tantos momentos de la historia humana—, hace que la razón capte que conviene salir de aquel estado, incluso al precio de recurrir a un pacto social en el que se le otorga un poder absoluto a un soberano. Así dice el autor:

«En ello consiste la esencia del Estado, que podemos definir así: *una persona de cuyos actos una gran*

---

[15] Ibíd., parte I, cap. XIII, págs. 102 y 103.

> *multitud, por pactos mutuos, realizados entre sí, ha sido instituida por cada uno como autor, al objeto de que pueda utilizar la fortaleza y medios de todos, como lo juzgue oportuno, para asegurar la paz y la defensa común»*[16].

El Estado así constituido tiene poder absoluto. La ley es lo que el soberano manda, quien no está sujeto a ella. «El soberano de un Estado, ya sea una asamblea o un hombre, no está sujeto a las leyes civiles, ya que, teniendo poder para hacer y revocar las leyes, puede, cuando guste, liberarse de esa ejecución, abrogando las leyes que le estorban y haciendo otras nuevas…»[17]. Si el soberano, de hecho, no quiere ser justo, puede no serlo. O, dicho con más precisión, él decide, mediante la ley, lo que es o no es justo; pero, además, también es ley su voluntad soberana de excusarse a sí mismo del cumplimiento de cualquiera de ellas. «Se advierte que las leyes son normas sobre lo justo y lo injusto, no pudiendo ser reputado injusto lo que no sea contrario a ninguna ley»[18].

Por tanto, este es el mal menor: el Estado soberano, frente al mal mayor de que todos se maten unos a otros. A partir de ese establecimiento de la paz, se puede ir progresando hacia bienes mayores, donde cada uno puede perseguir el estilo de vida que mejor le parezca; pero el fin y objeto de la política se definen fundamentalmente por el temor, el deseo, la esperanza una vida placentera: por las pasiones humanas, en definitiva, a las cuales sirven las reglas de la razón.

> «Las pasiones que inclinan a los hombres a la paz son el temor a la muerte, el deseo de las cosas que son necesarias para una vida confortable, y la esperanza de obtenerlas por medio del trabajo. La razón sugiere adecuadas normas de paz, a las cuales pueden llegar los hombres por mutuo consenso»[19].

---

[16] Ibíd., parte II, cap. XVII, pág. 141.
[17] Ibíd., parte II, cap. XXVI, pág. 218.
[18] Ibídem.
[19] Ibíd., parte I, cap. XIII, pág. 105.

Por esto, según la orientación más común del pensamiento político moderno, el objeto de la filosofía política no está constituido por las acciones colectivas dirigidas a un supuesto *bien común*, sino que consiste en establecer las condiciones de la convivencia pacífica y aceptar todas las desventajas que tiene ese *mal menor* que es el Estado. Esta es la razón por la que la política moderna, muchas veces, mira a la autoridad con sospecha, porque se ha perdido la idea de que la razón humana puede perseguir un bien objetivo y de que la autoridad cumple una función de servicio para alcanzar ese bien objetivo. La autoridad es más bien concebida como un mal menor, siempre bajo sospecha de que, en cualquier momento, puede comenzar a buscar su propio bien en lugar del de los ciudadanos.

En la filosofía política clásica se es consciente, obviamente, de la posibilidad lamentable de que las autoridades se desvíen, para lo cual se prevén correctivos y equilibrios; pero aquello no es la esencia de la política, porque esta es buena en sí misma. En este sentido, la filosofía política clásica se apoya en una cierta confianza moderada en las capacidades y en la bondad del ser humano. No incurre en ninguno de los dos extremos del pensamiento político moderno: ni en el de Hobbes, que piensa que el ser humano por su origen es malo, violento y egoísta, ni en el de Rousseau, que piensa que el ser humano es originalmente bueno, un *buen salvaje* que es corrompido por las instituciones, especialmente por la propiedad privada, y que todos los defectos que se ven en la política existen por la estructura social y no por el error o el pecado del ser humano.

La filosofía política cristiana, cuando acepta el dogma del pecado original en su versión católica, reconoce que en el ser humano hay una inclinación al bien, que es natural, pero también una inclinación al mal y al egoísmo, que es congénita y antinatural (derivada del pecado original); y afirma que, por lo tanto, si hacemos el mal no es por la corrupción de las instituciones sociales, aunque estas cooperan al bien o al mal, según que sean más justas o injustas. Hacemos el mal, sobre todo, porque queremos, por nuestro libre albedrío, condicionado —no determinado con necesidad— por el desorden de las pasiones y por los arreglos sociales injustos; tal como hacemos el bien, sobre todo, por nuestro libre albedrío, movido por la ayuda divina —que no fuerza a obrar bien— y condicionado por la buena educación y por los arreglos sociales justos.

Santo Tomás dice que, incluso si no hubiera habido pecado original, sería necesaria la política, porque personas muy buenas e inteligentes descubrirían mil maneras distintas de conseguir el bien común y necesitarían, por lo tanto, contar con la autoridad para que se eligiera una de tales opciones. Con mayor razón, en el estado actual de la condición humana es necesario evitar la disgregación del cuerpo social mediante la unidad que proporciona la autoridad:

> «Pues siendo natural al hombre el vivir en compañía de muchos, necesario es que haya quien rija esta muchedumbre; porque donde hubiese muchos, si cada uno procurase para sí solo lo que le estuviese bien, la muchedumbre se desuniría en diferentes partes, si no hubiese alguno que tratase de lo que pertenece al bien común; así como el cuerpo del hombre y de cualquier animal vendría a deshacerse si no hubiese en él alguna virtud rectora, que proveyese al bien común de todos los miembros; y así dijo Salomón: "Donde no hay Gobernador, el pueblo se disipará"»[20].

En consecuencia, la política es necesaria para promover el bien común y no solo para evitar el mal individual o colectivo. El republicanismo clásico (Platón, Cicerón) propone, ciertamente, arreglos institucionales —a veces utópicos como los de la primera navegación platónica en su *República*— para contener la malicia humana; pero siempre con miras a un bien común, del que somos imperfectamente capaces.

El republicanismo considera al ser humano como bueno en su condición básica, pero con la perenne tentación hacia el mal, por lo cual las instituciones sociales tienen que ayudarlo a potenciar sus inclinaciones buenas y a retraerse de las malas.

La filosofía política tiene como objeto de estudio las acciones colectivas y como finalidad el bien común de la comunidad política completa (la que sea en cada época). Como filosofía, se tiene que ocupar de los objetos permanentes; pero como filosofía *práctica* ha de hacerlo de modo tal que sus reflexiones iluminen la praxis

---

[20] Cf. Tomás de Aquino, *De Regno*, I, 1.

contingente, para ordenarla. Las personas tienen este conocimiento desde niños, pues en su hogar aprenden a compartir, aprenden que existe la justicia, que hay alguna forma de gobierno —las reglas básicas sobre el mando y la obediencia— y unos gobernantes, a su servicio, que son papá y mamá.

2. LA PRUDENCIA, LA JUSTICIA Y LA LEY

La Filosofía política es aquella ciencia práctica que tiene por objeto la vida del hombre en sociedad y su acción colectiva para ordenarla al bien común. Platón, en su *República*, para discutir la cuestión de la justicia en el alma, plantea que se indague primero acerca de cómo se da la justicia en el Estado o, mejor dicho, en la república o comunidad política, puesto que ella es como un hombre en grande.

«—Así pues —añadí—, puesto que no me parece que estemos muy dotados, he aquí de qué manera pienso proceder en esta indagación. Si se diese a leer a personas de vista corta letras en pequeños caracteres, y ellas supiesen que estas mismas letras se encuentran escritas en otro punto en caracteres gruesos, indudablemente sería para ellas una ventaja ir a leer las letras grandes y confrontarlas en seguida con las pequeñas, para ver si eran las mismas.

—Es cierto —dijo Adimanto—. Pero ¿qué relación tiene esto con la investigación sobre lo justo?

—Voy a decírtelo —respondí—. ¿No existe la justicia propia de un solo hombre y también la de un Estado entero?

—Ciertamente —dijo.

—Pero el Estado es más grande que el hombre particular.

—Más grande —asintió.

—Por consiguiente, la justicia se mostrará en él con caracteres mayores y más fáciles de discernir. Y así indagaremos primero, si os parece, cuál es la naturaleza de la justicia en los Estados, en seguida la estudiaremos en cada particular; y, comparando estas dos especies de la justicia, veremos la semejanza de la pequeña con la grande»[21].

De esta manera, siguiendo el razonamiento de Platón, podemos encontrar un paralelismo entre las virtudes de la persona individual y las del ámbito público. En la visión clásica no hay desconexión entre ética personal, ética social y filosofía política. Por eso es natural que aquí consideremos las virtudes humanas.

La teoría de las virtudes es una teoría de la moral personal y una teoría de la ciudad al mismo tiempo. En la *República*, Platón muestra cómo a los distintos tipos de carácter del alma les corresponderá un tipo específico de régimen político y viceversa, porque de las almas de los hombres brota el carácter de su comunidad. «¿No debemos necesariamente convenir [...] en que el carácter y las costumbres de un Estado se encuentran en cada uno de los individuos que lo componen, puesto que solo por medio de ellos han podido pasar al Estado?»[22].

En los textos de los libros VIII y IX de la *República* puede verse cómo las distintas clases de regímenes presuponen una específica personalidad, y, a la vez, engendran ese tipo de personalidad en sus ciudadanos. Así, por ejemplo, el mejor régimen, es decir el aristocrático, tiene como criterio fundamental —como el valor más preciado— la virtud moral; no el dinero, la fama o los placeres. Presupone unos ciudadanos virtuosos y, más que nada, unos

---

[21] Platón, *República*, II, X, 368d-369 (se cita por la traducción de Patricio de Azcárate, Madrid, Espasa Calpe, 31.ª edición, 2000).
[22] Ibíd., IV, XI, 435e.

dirigentes sabios y prudentes, y tiende a originar ciudadanos también virtuosos. «Luego el hombre justo, en tanto que es justo, no se diferenciará en nada de un Estado justo, sino que será perfectamente semejante a él»[23]. La perfección del régimen justo se hallará sobre todo en los gobernantes, de quienes depende mantenerlo en su justicia. Ellos han de preferir el bien moral antes que el poder mismo, necesario para gobernar:

> «Si puedes encontrar para los que deben obtener el mando una condición que ellos prefieran al mando mismo, también podrás encontrar una república bien ordenada, porque en ella solo mandarán los que son verdaderamente ricos, no en oro, sino en sabiduría y en virtud, riquezas que constituyen la verdadera felicidad»[24].

Por contraste, en la medida en que los ciudadanos dejan de tener la virtud como fin principal, la sociedad comienza a degenerar. La primera degeneración —tan suave que prácticamente no es notada por quienes la padecen— procede de orientarse a otro valor como el principal: el honor, el quedar bien, el bien parecer, etc., lo que procede y se corresponde también con cómo son las almas de los ciudadanos. «Dado que domina aquí la fogosidad, lo que más sobresale es la ambición y la sed de honores»[25]. Puesto que el honor es claramente un bien, unido a la fogosidad y a la valentía propias del soldado, el régimen timocrático y su ciudadano típico pueden parecer virtuosos. En cierta medida lo son, sobre todo si se comparan con regímenes y ciudadanos decadentes. Sin embargo, en realidad, ya se ha operado la sustitución clave: el centrarse en el propio yo, en su dignidad, ha reemplazado la ordenación al bien de los demás, que es lo propio de la justicia. Después, si no se pone atajo a la decadencia en la escala de los valores personales y, por consiguiente, por acumulación, de las valoraciones colectivas, el régimen y el carácter de sus ciudadanos se desliza progresivamente hasta llegar a la tiranía.

---

[23] Ibíd., IV, XI, 435b.
[24] Ibíd., VII, V, 521a.
[25] Ibíd., VIII, IV, 548a-c.

La lección platónica es que en todo régimen político debería haber una preocupación respecto de cómo son moralmente los ciudadanos y los gobernantes, toda vez que, para que el régimen pueda ser bueno, necesitamos buenos ciudadanos y buenos gobernantes. Han de ser buenos *en cuanto personas* y no simplemente buenos como técnicos que administran el espacio común, como es la creencia irracional de la tecnocracia, tan extendida en la actualidad.

Si consideramos las cuatro virtudes cardinales (prudencia, justica, fortaleza y templanza), veremos que tienen todas una importancia política. Para darlas a entender, Platón usa metáforas que se pueden aplicar primero a la comunidad política y, después, a la persona en su interioridad moral, en su alma.

Una de dichas metáforas consiste en una analogía entre el alma (y el Estado) y un carro tirado por caballos bajo el mando del auriga. Se tienen dos caballos que representan los apetitos sensitivos, el concupiscible y el irascible, que van tirando un carro que se supone que es la justicia y que tiene un cochero que es la virtud de la prudencia. La justicia es, en realidad, el centro del alma, pues consiste en que haya un orden y armonía entre los otros elementos.

«Cómo es el alma requeriría toda una larga y divina explicación; pero decir a qué se parece es ya asunto humano y, por supuesto, más breve. Podríamos entonces decir que se parece a una fuerza que, como si hubieran nacido juntos, lleva a una yunta alada y a su auriga. Pues bien, los caballos y los aurigas de los dioses son todos ellos buenos, y buena su casta; la de los otros es mezclada. Por lo que a nosotros se refiere, hay, en primer lugar, un conductor que guía un tronco de caballos y, después, estos caballos de los cuales uno es bueno y hermoso, y está hecho de esos mismos elementos, y el otro de todo lo contrario. [...] Necesariamente, pues, nos resultará difícil y duro su manejo»[26].

[26] Platón, *Fedro*, 246b (*Diálogos*, Madrid, Gredos, 1988).

Se trata de una metáfora para comprender el alma humana. Si se lee con atención, se comprende el paralelismo entre el alma, la interioridad humana personal, y la república. La dificultad para ordenar el alma es similar a la dificultad para ordenar la convivencia y tiene los mismos enemigos: la indisciplina, la debilidad, las pasiones y los vicios. Veamos con más detalle el realismo de la explicación.

«Tal como hicimos al principio de este mito, en el que dividimos cada alma en tres partes, y dos de ellas tenían forma de caballo y una tercera forma de auriga, sigamos utilizando también ahora este símil. Decíamos, pues, que de los caballos uno es bueno y el otro no. […]. Pues bien, de ellos, el que ocupa el lugar preferente es de erguida planta y de finos remos, de altiva cerviz, aguileño hocico, blanco de color, de negros ojos, amante de la gloria con moderación y pundonor, seguidor de la opinión verdadera y, sin fusta, dócil a la voz y a la palabra. En cambio, el otro es contrahecho, grande, de toscas articulaciones, de grueso y corto cuello, de achatada testuz, color negro, ojos grises, sangre ardiente, compañero de excesos y petulancias, de peludas orejas, sordo, apenas obediente al látigo y los acicates. Así que cuando el auriga, viendo el semblante amado, siente un calor que recorre toda el alma, llenándose del cosquilleo y de los aguijones del deseo, aquel de los caballos que le es dócil, dominado entonces, como siempre, por el pundonor, se contiene a sí mismo para no saltar sobre el amado. El otro, sin embargo, que no hace ya ni caso de los aguijones, ni del látigo del auriga, se lanza, en impetuoso salto, poniendo en toda clase de aprietos al que con él va uncido y al auriga, y les fuerza a ir hacia el amado y traerle a la memoria los goces de Afrodita. Ellos, al principio, se resisten irritados, como si tuvieran que hacer algo indigno y ultrajante. Pero, al final, cuando ya no se puede poner freno al mal, se dejan llevar a donde les lleven, cediendo y conviniendo en hacer aquello a lo que se les empuja. Y llegan así junto a él, y contemplan el rostro resplandeciente del amado»[27].

Hasta aquí encontramos la exposición de la rebeldía indómita, anclada en la sed de placeres desmedidos. En el nivel personal, corresponde al hombre dominado por la embriaguez y por la lujuria. Colectivamente da lugar a las masas que anhelan diversiones, *expansión del consumo* como se dice ahora, con total despreocupación de la decencia, del buen gusto y de la disciplina interior y exterior. En la sede política, en fin, origina las concesiones de quienes gobiernan —aun cuando estén teóricamente en desacuerdo— a la presión demagógica, así como la inclinación a halagar a la población —por ejemplo, llamando «ideales altos» a las pasiones más rastreras— y a gastar más de lo que el país tiene en bienes que cada uno podría y debería conseguir por sí mismo. El caballo negro y gozador domina sobre el caballo blanco y refinado, disciplinado; pero también arrastra al auriga, al cochero que debería conducir hacia el bien y no hacia la satisfacción meramente sensual de lo que, en horas más serenas, él y todos verían como *indigno y ultrajante*.

¿Qué sucede después?

«Al presenciarlo el auriga, se transporta su recuerdo a la naturaleza de lo bello, y de nuevo la ve alzada en su sacro trono y en compañía de la sensatez. Viéndola, de miedo y veneración cae boca arriba. Al mismo tiempo, no puede por menos de tirar hacia atrás de las riendas, tan violentamente que hace sentar a ambos caballos sobre sus ancas, al uno de buen grado, al no ofrecer resistencia; al indómito, muy a su pesar. Un poco alejado ya el uno, de vergüenza y pasmo rompe a sudar empapando toda el alma; pero el otro, al calmarse el dolor del freno y la caída y aún sin aliento, se pone a injuriar con furia dirigiendo toda clase de insultos contra el auriga y contra su pareja de tiro, como si por cobardía y debilidad hubiese incumplido su deber y su promesa. Y, de nuevo, obligando a acercarse a los que

[27] Ibíd., 253e-255a.

no quieren, consiente a duras penas, cuando se lo piden, en dejarlo para otra vez»[28].

Platón describe en este texto el respiro del alma y el de la ciudad. Un golpe, un tiro fuerte de la razón, logra enderezar a los elementos mejores del alma —el sentido del honor y de la decencia— y de la ciudad —los ciudadanos trabajadores y tranquilos— e imponerse a los más rebeldes, quienes, aun despotricando contra todos, consienten a duras penas en postergar la satisfacción de sus pasiones. El gran filósofo-poeta pinta con maestría la inestabilidad del alma y del país que se ha precipitado en los vicios. La razón domina no ya por la virtud, con facilidad, como en el alma aristocrática, sino por el esfuerzo racional desnudo. Describe así cualquier época de rebeldía colectiva fundada en la exacerbación de los deseos más bajos.

«Pero, cuando llega el tiempo señalado, refresca la memoria a los que hacen como si no se acordaran, les coacciona con relinchos y tirones, hasta que les obliga de nuevo a aproximarse al amado para decirle las mismas palabras. Cuando ya están cerca, con la testuz gacha y la cola extendida, tascando el freno, los arrastra con insolencia. Con todo, el auriga que experimenta todavía más el mismo sentimiento, se tensa, como si estuviera en la línea de salida, arrancando el freno de los dientes del avasallador corcel por la fuerza con que, hacia atrás, ahora le aguanta. Se le llenan de sangre la malhablada lengua y las quijadas, y entrega al sufrimiento las patas y la grupa, clavándolas en tierra. Pero cuando el mal caballo ha tenido que soportar muchas veces lo mismo, y se le acaba la indocilidad, humillado, se acopla, al fin, a la prudencia del auriga, y ante la visión del bello amado se siente morir de miedo y ocurre, entonces, que el alma del amante, reverente y temerosa, sigue al amado»[29].

[28] Ibídem.
[29] Ibídem.

También puede suceder, nos viene a decir Platón aquí, que la parte más indómita se incline a los placeres de modo menos violento, *reverente y temerosa*, a lo cual también responderá la razón de manera más suave, con ayuda del apetito irascible disciplinado. Mas, en definitiva, habrá una opción entre la vida buena, filosófica, feliz, y su contraria.

> «En cambio, el compañero de tiro y el auriga se oponen a ello con respeto y buenas razones. De esta manera, si vence la parte mejor de la mente, que conduce a una vida ordenada y a la filosofía, transcurre la existencia en felicidad y concordia, dueños de sí mismos, llenos de mesura, subyugando lo que engendra la maldad en el alma, y dejando en libertad a aquello en lo que lo excelente habita. Y, así pues, al final de sus vidas, alados e ingrávidos, habrán vencido en una de las tres competiciones verdaderamente olímpicas. Y ni la humana sensatez, ni la divina locura pueden otorgar al hombre un mayor bien. Pero si acaso escogieron un modo de vida menos noble y, en consecuencia, menos filosófico y más dado a los honores, bien podría ocurrir que, en estado de embriaguez o en algún momento de descuido, los caballos desenfrenados de ambos, cogiendo de improviso a las almas las lleven juntamente allí donde se elige y se cumple lo que el vulgo considera la más feliz conquista»[30].

Entonces, la comprensión que tenemos de nosotros mismos, como individuos, es utilizada también como metáfora política. En el Estado, en la república, hay un elemento directivo, hay una autoridad, y también hay elementos que tienen que ver más bien con las actividades sensibles: el pueblo que quiere gozar o el soldado que se preocupa de la guerra o los hombres aristocráticos, que valoran más el honor y el valor que las riquezas y los placeres; pero hay algo que representa la armonía de todo lo anterior, y eso es la justicia, que es el tema central de la *República*. El carro, en cuanto esté bien tirado por

---

[30] Ibíd., 256a-256e.

los caballos y ordenado por el cochero, representa a la justicia, porque esta virtud con su correspondiente orden externo político consiste en que cada uno ocupe el sitio que le corresponde en la ciudad.

En sentido inverso, la comparación con la ciudad nos permite comprendernos a nosotros mismos. Cuando se habla de la persona individual, también se afirma que nosotros tenemos unos sentimientos. Algunos de ellos son de empuje, de coraje, ira, y de ganas de esforzarse, que son los que corresponden al apetito irascible, al caballo blanco y noble; y otros son los que nos inclinan a huir del sufrimiento, a buscar saciar la sed, a proyectar algo placentero que podríamos alcanzar, pero que todavía no tenemos; tales son los sentimientos propios del apetito concupiscible, del deseo de gozar, del caballo negro y lujurioso y rebelde ante los dictados de la razón.

Nos entendemos a nosotros mismos como seres ordenados e íntegros cuando comprendemos que nuestras acciones exteriores no pueden estar gobernadas simplemente por los apetitos sensibles. La voluntad y la razón, esa fuerza espiritual superior a las pasiones, es capaz de contenerlas en atención a un bien que nos trasciende y que está fijado fuera de nosotros mismos. Ese es el bien de la justicia, que no nos afecta solo a nosotros, sino que afecta a los demás: a cada uno y a la sociedad entera.

También hablamos de nuestra propia razón como el elemento directivo en nuestra vida. Nos ordenamos a nosotros mismos para vivir en armonía con los demás a través de la justicia. Nos ordenamos, además, mediante la mayor integración interior y autodominio de que somos capaces, a lo cual llamamos fortaleza y templanza: el control de las pasiones, el presupuesto sensitivo del buen uso de la razón contemplativa.

En ese marco, el de las virtudes humanas, uno puede entender que las dos virtudes más políticas son la prudencia y la justicia. Una filosofía política que hace abstracción de esta referencia moral puede parecer un poco más *científica*. Un cierto prejuicio moderno dice que lo *científico* debe ser puramente descriptivo y no valorativo. Pero es justamente *al revés*: no podemos ser suficientemente descriptivos de lo que le pasa a una persona en particular sin considerar las virtudes de su carácter; y tampoco se puede ser suficientemente descriptivo de lo que le sucede a una sociedad sin considerar esas virtudes, que son su carácter a gran escala. Una observación atenta de cómo describimos a una persona en particular o a una sociedad en general advertirá de inmediato la aparición de términos fuertemente valorativos y de las analogías clásicas entre la ética y la medicina.

En el nivel individual, a veces nosotros mismos decimos *no saber qué nos pasa*. Pero si alguien, quizás en una conversación, nos ayuda a descubrir cuáles son las pasiones que nos afectan, cuáles las causas exteriores que gatillaron esos movimientos afectivos y qué grado de autocontrol hemos conseguido sobre esas pasiones, entonces —gracias a consideraciones de este tipo— nos comprenderemos un poco mejor a nosotros mismos. Este fenómeno de la autocomprensión a través de categorías éticas y antropológicas, no puramente descriptivas, quiere decir que no podemos tener una auténtica comprensión de nosotros mismos sin adoptar un punto de vista valorativo, un punto de vista moral, que hace referencia a los movimientos interiores, a las pasiones, a su ordenación racional, al equilibrio del carácter mediante las virtudes. De manera análoga, no podemos tener una auténtica comprensión de lo que sucede en la sociedad si no adoptamos el punto de vista de las virtudes, que es un punto de vista valorativo, sin omitir por eso la consideración de los aspectos técnicos, sociológicos, de psicología social, económicos, etc., presentes también en toda sociedad.

No sabemos el origen de un cierto malestar que hay en personas que objetivamente, desde el punto de vista de la medición cuantitativa de los bienes que tienen, están mejor que hace 30 años, y, sin embargo, hay algo que las hace sentirse mal. Una ciencia política puramente descriptiva se limitaría a constatar un malestar. La filosofía política, que quiere realmente comprender lo que sucede, tiene que auscultar y analizar. Desde el punto de vista de las virtudes podríamos ver que hay personas que tienen muchos bienes exteriores, materiales, pero que están muy desordenadas en su vida moral. Puede ser que una persona esté viviendo con una deuda que crea no poder pagar y que entonces se angustie por pensar en las consecuencias o porque, en el fondo, es una persona justa: sabe que debe pagar sus deudas y querría hacerlo. Asimismo, es preciso hacer esos análisis en términos de templanza para consumir, prudencia para saber cuánto se puede adelantar algo que en realidad sería mejor esperar para tenerlo, justicia para saber que no se deberían asumir deudas que después no puedan pagarse, etc. Este análisis nos permite comprender más profundamente la vida de una sociedad.

Cabe ahora profundizar un poco en las virtudes de la prudencia y la justicia, que, como hemos dicho, son las más políticas y jurídicas de las virtudes humanas.

La prudencia también se llama *sabiduría práctica* porque es la recta razón del obrar moral (*recta ratio agibilium*). Consiste en saber lo que se debe hacer en una circunstancia concreta, para obrar de tal manera que la elección deliberada beneficie a la persona que obra, es decir, que sea bueno el efecto intransitivo de la acción, el efecto inmanente de la acción en quien obra. Este bien interior, el bien del alma o espiritual, el recto orden interno de la persona hacia su fin, es lo que se llama *bien moral*. Este bien depende de que la acción perfeccione a la persona según su naturaleza, lo cual, en un nivel más profundo de la filosofía moral, implica que esa persona quede más cerca de realizar las finalidades propias de la naturaleza, especialmente el fin último: la vida lograda, la *eudaimonía* (en griego) o *beatitudo* (en latín) o felicidad. Por tanto, la prudencia, vista simplemente como virtud personal de cada individuo, es una virtud de la razón práctica que ordena la vida entera hacia su plenitud.

La felicidad es *a la vez* una cuestión de plenitud de la vida entera, globalmente considerada, y de recta ordenación de cada acto libre, de cada elección, hacia esa plenitud. Cada acto humano (*i.e.*, deliberado, fruto del libre albedrío) orienta la vida entera hacia su plenitud o, por el contrario, retrasa o daña la consecución de esa plenitud. Las acciones también pueden perseguir un bien que vaya más allá del bien propio de la persona que obra, y ese es el bien común. Por eso la virtud de la prudencia tiene distintas especies según el bien moral que se persigue en la acción, según que sea el bien de uno o el bien común de un grupo.

La *prudencia individual*, en primer lugar, es la que tiene siempre por objetivo el bien de la misma persona que actúa: su auténtico bien moral, completo, que incluye su cooperación con el bien de los otros, una cooperación exigida por la justicia y, en el orden sobrenatural cristiano, también, o además, por la caridad. La justicia exige dar a cada uno lo que le es debido estrictamente; la caridad añade, tomando como mínimo exigible pero insuficiente lo que es justo, amar al prójimo —desear para él y dárselo— como a uno mismo por amor a Dios.

La *prudencia familiar* o *doméstica* tiene por objeto el bien común de la familia para la cual se actúa, en la cual se actúa y a la cual se dirige dicho bien mediante esa acción; por ejemplo, cuando un matrimonio decide cómo organizar su casa, a qué colegios enviar a sus hijos, cuánto gastar y cuánto ahorrar, cómo defender la seguridad familiar en tiempos de turbulencia social, etc. Esta prudencia se apoya en la precedente y no es posible sin ella. ¿Cómo podría organizar bien la convivencia en la casa un padre o una madre de familia que no tuviera autocontrol, que comprara conforme a deseos desmedidos o se drogara o dañara a los hijos con violencia, o que fuese incapaz de trabajar para llevar el sustento a los suyos...?

La *prudencia social* o *política*, en sentido genérico, apunta al bien común de la comunidad política completa, del Estado nacional diríamos hoy, y tiene dos manifestaciones. Por una parte, la *prudencia gubernativa* consiste en saber mandar; es la propia del gobernante, que dirige las acciones de toda la comunidad al bien común de esa comunidad política, especialmente por medio de la legislación y secundariamente por medio de los actos ejecutivos, de la administración de justicia, etc. Por otra parte, la *prudencia política* en sentido estricto es la del súbdito o la del ciudadano y consiste en saber obedecer, seguir el orden hacia el bien común, determinado por las leyes y por los actos de gobierno. Las dos son virtudes correlativas, dentro de la prudencia en su dimensión social más amplia; pero lógicamente se requiere de una mayor virtud para dirigir hacia el bien común que para seguir esa dirección hacia el bien común, para saber qué hacer ante situaciones complejas que para saber seguir esas indicaciones una vez que han sido determinadas por la autoridad. De ahí que sea clave educar mejor a los que van a gobernar y fortalecer el principio de autoridad para que sea efectivo respecto de los gobernados. Soy consciente de que dicho así suena muy discriminatorio, pero nadie objetaría si se dijera lo mismo de otra manera: que se elija como gobernantes a los mejor educados (en el sentido integral de la educación: técnica, ética, humana), a los más capaces.

A este respecto es bueno señalar un planteamiento que Aristóteles expone en la *Política*, acerca de si es lo mismo la virtud del hombre bueno en cuanto hombre que la del ciudadano en cuanto ciudadano y que la del gobernante en cuanto gobernante, porque para gobernar se requiere de un grado excelente de prudencia, pero para ser buen ciudadano —para obedecer— pareciera que no se necesita poseer la virtud humana en tan alto grado. No es necesario, imprescindible, ser plenamente virtuoso y prudente para saber que se deben obedecer las leyes y estar en condiciones de hacerlo con cierta espontaneidad. Aristóteles da una respuesta que ha sido muy discutida: en el gobernante es lo mismo ser bueno como gobernante que ser bueno como hombre, porque el fin hacia el que dirige la comunidad política es el bien común, que tiene un componente moral. «Pero, ¿será posible que coincidan en alguien la virtud del buen ciudadano y la del hombre de bien? Decimos que el buen gobernante debe ser bueno y sensato»[31]. No es un bien puramente material, sino que es al mismo tiempo espiritual y material. Y para poder dirigir a los otros hacia ese bien, que es tan alto, él mismo tiene que ser capaz de conocerse bien a sí mismo y de conocer ese bien de todos. Y no se puede conocer el bien moral sin tener uno la virtud moral de la prudencia en cuanto persona.

San Pablo, hablando de los obispos, decía que tenían que ser buenos jefes de hogar, buenos padres de familia. Si no eran capaces de gobernar su familia, ¿cómo iban a ser capaces de gobernar la Iglesia?

> «Si alguno desea el episcopado, buena obra desea; pero es preciso que el obispo sea irreprensible, marido de una sola mujer, sobrio, prudente, cortés, hospitalario, capaz de enseñar; no dado al vino ni pendenciero, sino ecuánime; no camorrista ni amigo del dinero; que sepa gobernar bien su propia casa, que tenga los hijos en sujeción, con toda honestidad; pues quien no sabe gobernar su casa, ¿cómo va a cuidar de la Iglesia de Dios?»[32].

[31] Aristóteles, *Política*, III, 1277a (Madrid, Gredos, 1988).

[32] 1 *Timoteo* 3, 1-5. El don del celibato apostólico, que recibieron san Pablo, san Juan y otros obispos a imitación de Cristo, se generalizó más tarde en la Iglesia católica para los Obispos (también entre los Obispos de las Iglesias ortodoxas) y, por regla general, para los sacerdotes o presbíteros de la Iglesia latina.

La comparación es clásica. Un hombre que no es capaz de gobernar una comunidad pequeña, ¿cómo va a ser capaz de gobernar una comunidad mucho más grande, superior y compleja, como lo es la ciudad o la Iglesia? Y quien no es capaz de gobernarse a sí mismo, ¿cómo va a regir su casa y sus hijos?

En cambio, dice Aristóteles, el ciudadano necesita solo la virtud suficiente para entender y seguir aquello que se le ordena como parte de las exigencias del bien común[33]. Y, por lo tanto, en el ciudadano que no es gobernante no es lo mismo ser buen ciudadano que ser buena persona. Podría no ser completamente una buena persona y, sin embargo, cumplir el mínimo que se le exige al ciudadano honesto *en cuanto ciudadano*. Si uno se emborracha y no puede evitarlo, está enviciado; pero si, por destemplado que sea, paga la cuenta y pasa las llaves… es un buen ciudadano.

En este punto, Aristóteles introduce un matiz de gran importancia. Si hubiera un régimen que fuera completamente justo, en ese régimen ser buen ciudadano sería lo mismo que ser buen hombre[34]. «En el gobierno perfecto la virtud privada [es] idéntica a la virtud política»[35]. Aquí Aristóteles se revela como discípulo de Platón, porque está diciendo que, en un régimen completamente justo, estar en armonía con la justicia de ese régimen también exige que uno mismo reconozca el bien y la justicia y los siga no solamente en cuanto al mínimo, sino también con el aporte de la propia virtud: «Luego el hombre justo, en tanto que es justo, no se diferenciará en nada de un Estado justo, sino que será perfectamente semejante a él»[36]. Y más adelante:

«Concluías poco menos lo mismo que ahora, diciendo que un Estado, para ser perfecto, debía parecerse al que acabas de describir, y que sería hombre de bien el que se condujese conforme a los mismos

---

[33] Cf. Aristóteles, *Política*, III, 2.

[34] Cf. ibídem, III, 12: "Se ha demostrado precedentemente que en el gobierno perfecto la virtud privada era idéntica a la virtud política".

[35] Cf. ibídem.

[36] Platón, *República*, IV, XI, 435b.

principios, si bien te pareció posible dar del uno y del otro un modelo más acabado aún»[37].

En un régimen corrupto se produciría una paradoja: alguien que no fuera bueno como hombre sería bueno como ciudadano *para ese régimen*; es decir, sería un ciudadano honrado y digno de estima según un criterio corrompido (es lo que sucede hoy cuando el Estado alaba y honra a personas corrompidas). Es para pensarlo: el ciudadano bueno, funcional, para un régimen tiránico es él mismo un pequeño tirano. En tal sentido puede suponerse que haya un régimen corrompido por el afán de riquezas, y que el fin último en ese régimen fuera el enriquecimiento de sus ciudadanos. Si así fuese, la *virtud* —en realidad, una *antivirtud* moralmente hablando—, la cualidad más valiosa para tal régimen sería la capacidad de enriquecerse y no la virtud humana que modera el afán de riquezas. Sería mejor, en ese régimen, alguien que fuese capaz de enriquecerse que alguien que practicase las virtudes morales. Por tanto, para ese régimen corrompido, que se llama normalmente *plutocracia*, ser un ciudadano ejemplar no sería lo mismo que ser ejemplar como persona según un criterio correcto. Lamentablemente, solo podrían advertirlo así los hombres menos valorados por ese régimen: los marginados del éxito social por ser críticos para con los valores dominantes, meramente crematísticos y materialistas.

El régimen ideal es justo, y en él se valora y se busca la justicia; en él estarán alineadas todas las dimensiones de la virtud humana: el ser prudente en lo personal, en lo familiar y en lo político (y reitero que nos referimos a la prudencia moral, no a la falsa prudencia de alcanzar ventajas materiales o técnicas por cualquier medio eficaz). En un tal régimen no se podrá ser buen político —gobernante— ni buen ciudadano sin tener la prudencia como virtud moral.

Veamos, pues, los actos de la prudencia: lo que se ha de hacer para ejercitar esta virtud. El esquema de los actos de la prudencia, que reseñamos enseguida, se aplica en el orden personal y también en el orden político.

El principal acto de la virtud de la prudencia es el *imperio*, que consiste en introducir el orden racional en la acción y en mover

---

[37] Ibíd., VIII, I, 543c-d.

efectivamente a la voluntad y a las demás potencias a ejecutar lo elegido prudentemente, después de que se ha deliberado y se ha decidido qué acción se debe realizar. Este acto principal, que es imperar, no es, sin embargo, el primero en la génesis de la acción prudente. Para poder obrar en el orden personal tiene que haber antes un proceso de *deliberación*, que considere los pro y los contra de los posibles cursos de acción, y después de esta es necesario un acto de *juicio* práctico, que indica que hay que hacer una cosa determinada, elegida libremente conforme a ese juicio práctico, y, finalmente, viene ese acto inmediato de la razón, el *imperio*, que mueve a realizar bien esa acción.

De manera análoga, en el orden político se institucionalizan algunos medios por los cuales se reproducen, a gran escala y con participación de muchos, los actos individuales de la prudencia: deliberar, juzgar, imperar. Los que gobiernan deliberan acerca de qué es lo mejor. Para eso existen las asambleas, parlamentos, congresos, estados generales, cortes de un rey con consejeros que dan distintas visiones de lo que hay que hacer, consejos, etc. Pero después de deliberar hay que juzgar y decidir, elegir, de entre todos los cursos de acción, cuál es el que se va a realizar. Y después de juzgar y elegir hay que mover al resto de la ciudad a hacer aquello que se ha juzgado prudente. Eso es lo que hacen los gobernantes mediante las leyes y los actos de gobierno, que institucionalizan el imperio de la autoridad sobre la sociedad; pero que presuponen procesos de deliberación pública y de juicio prudente, paradigmáticamente en el proceso legislativo en el Congreso o Parlamento.

Aquí, en este contexto, usamos la expresión *leyes* en un sentido muy general, que abarca todo tipo de normas con las que la autoridad indica e impera lo que se debe hacer para conseguir el bien común. En sistemas jurídicos como los nuestros, incluiríamos en este concepto amplio desde la Constitución Política hasta la última circular o decreto de una autoridad inferior. También consideramos como leyes no escritas, pero vigentes, las costumbres que han adquirido fuerza de ley, que son las que dan vigencia práctica y arraigo social a las leyes; y que son incluso capaces de aprobar leyes implícitamente o de derogarlas por desuso (*desuetudo*). Todo está incluido, pues todo eso tiene algo de autoridad. La ley es, pues, expresión de la prudencia del gobernante, y su imperio efectivo es también su elemento principal: sin efectivo imperio del derecho, las leyes no son más que papel, y papel mojado.

La definición clásica de ley, construida magistralmente por Tomás de Aquino, es *«un orden de la razón hacia el bien común, promulgado por quien tiene a su cargo el cuidado de la comunidad»*[38]. Ella contiene todos los elementos de la prudencia: la autoridad, tras deliberar y juzgar, la promulga como un orden racional que ha de intimarse a los que tienen que obedecer. En el caso de la prudencia personal, todo esto es automático: nuestra razón dice que hay que hacer algo y nosotros vamos y lo hacemos. En el caso del bien común, en cambio, es preciso intimar esa orden a los que tienen que ejecutarla, y por eso tiene que haber una promulgación externa de la ley, es decir, un acto público por el que se pone en existencia la ley y se la publica formalmente para que pueda ser cumplida por sus destinatarios.

La ley, por tanto, es un acto de prudencia política. Es la principal manifestación de la prudencia gubernativa. En el caso del ciudadano, que no es autoridad, la más básica manifestación de su prudencia política es el cumplimiento de todas las leyes justas. Esta actitud fundamental, la disposición a cumplir las leyes justas, va acompañada de una presuposición general de que las leyes, creadas por gente que sabe más y que ha deliberado mejor, son realmente y en general justas. Normalmente solo una minoría de ciudadanos, la mejor formada y la más virtuosa, es capaz de declarar la injusticia de una ley para proponer a otros la resistencia o la desobediencia o los caminos hacia su reforma.

Esta distinción clave entre leyes justas e injustas nos lleva a la otra de las grandes virtudes políticas, que es la justicia. La justicia es la virtud política por antonomasia porque tiene por objeto el bien de otros, de todos aquellos con quienes nos relacionamos mediante actos exteriores; y el bien de otros, en su expresión más alta, es el bien común de la comunidad política completa.

La definición clásica de la virtud de la justicia como *voluntad constante y perpetua de dar a cada uno lo suyo*[39] se puede aplicar en distintos ámbitos. No es esta definición, sin embargo, un buen reflejo de la

[38] *Suma teológica*, I-II, q. 90, a. 4, c.

[39] Cf. *Digesto* 1, 1, 1. Es la definición que da Ulpiano, tomándola de Celso. *Vid.* Javier Hervada, *Lecciones propedéuticas de Filosofía del Derecho*, Pamplona, Eunsa, 2.ª ed., 1995, págs. 74 y 106-108.

visión dominante sobre la justicia, en la actualidad. En efecto, hay una teoría de la justicia en la época contemporánea que uno podría llamar *teoría mínima de la justicia* y que se denomina *liberalismo político*. Según ella, establecer la justicia equivale a establecer las reglas constitucionales mínimas y los derechos y libertades de las personas para que se relacionen entre sí buscando cada una de ellas su propio plan de vida, con independencia del juicio moral que nos suscite a cada uno de nosotros ese plan de vida. El más conocido de los autores que defienden esta versión de la justicia es John Rawls. Rawls defiende expresamente una idea de justicia puramente política, en la que se garantice una suerte de reglas mínimas de convivencia y que sea aceptable para todas las personas razonables, con independencia de las visiones religiosas y las visiones éticas comprehensivas que cada uno de los ciudadanos posea[40]. Según este autor, los «principios de la justicia para la estructura básica de la sociedad» son «dos principios que las personas libres y racionales interesadas en promover sus propios intereses aceptarían en una posición inicial de igualdad como definitorios de los términos fundamentales de su asociación»[41]. Entonces no hay un bien común de contenido moral, con elementos metafísicos, que exija una determinada ordenación o restricción de las libertades de los ciudadanos. «La limitación de la libertad se justifica sólo cuando es necesaria para la libertad misma, para prevenir una invasión de la libertad que sería aún peor»[42]. De ahí que arribe a una formulación de los principios básicos de la justicia que tienen algo del sentido común de la visión clásica, en cuanto que intenta equilibrar la igualdad con la libertad de los ciudadanos (¡como si tales cualidades no fueran metafísicas!), pero que están desligados de una visión completa sobre lo bueno para el hombre. Dice Rawls:

> «La primera enunciación de los dos principios es la siguiente: Primero: "Cada persona ha de tener un derecho igual al esquema más extenso de libertades básicas que sea compatible con un esquema semejante de libertades para los demás".- Segundo: "Las

---

[40] Cf. John Rawls, *Teoría de la Justicia*, México D. F., Fondo de Cultura Económica, 2.ª ed. en español, 1995.

[41] Ibíd., pág. 24.

[42] Ibíd., pág. 204.

desigualdades sociales y económicas habrán de ser conformadas de modo tal que a la vez que a) se espere razonablemente que sean ventajosas para todos, b) se vinculen a cargos y empleos asequibles para todos»[43].

En la visión clásica de la justicia, en cambio, se piensa que, como la justicia es una *virtud*, es *imposible* separar su análisis de todo el resto de la ética: no cabe una teoría de la justicia meramente política, sin ética comprehensiva (el segundo Rawls) o sin metafísica (el primer Rawls)[44]. Lo que uno puede hacer es considerar áreas de la vida en las que la virtud tenga unas exigencias que no sean trasladables automáticamente a otras áreas de la vida. Esto es importante porque la teoría clásica de la justicia se preocupa de esas otras áreas, sin negar que las exigencias de justicia puedan ser diversas según diversos ámbitos o *esferas de la justicia*, según la expresión de Walzer[45]. Así, por ejemplo, hay una justicia de los intercambios, la llamada *justicia conmutativa*, en la cual el objeto que se debe respetar es siempre un bien particular de otra persona, que es su titular o dueño. Hay que respetar su bien; o, si le ha sido dañado o quitado, se debe reparar o restituir. Se pueden encontrar muchos ejemplos en las normas jurídicas sobre el derecho de dominio, los contratos, los delitos y cuasidelitos civiles, etc.

Pero hay otras formas de justicia, en las cuales no está en juego simplemente la relación entre dos particulares, sino que está en juego el dar a algunos particulares ciertos bienes (también cargas) que provienen de un acervo común. Esta es la llamada justicia distributiva, que también es un tipo de justicia particular. En este caso, lo que hay que dar no es algo que ya sea de alguien, sino algo que pertenece a un acervo común y que la justicia reclama que se le asigne a quien tiene derecho a participar en ese acervo común.

---

[43] Ibíd., págs. 66-67.

[44] Suele hablarse del "primer Rawls" para referirse a su *Teoría de la Justicia* y del "segundo Rawls" para su *Liberalismo Político*., atendiendo a que en esta última obra o colección de conferencias restringe o modifica su liberalismo original. He tratado sobre este tema más en general en Cristóbal Orrego: *La doble cara del liberalismo político. Ensayos críticos sobre el debate contemporáneo* (México D.F., Porrúa-U. Panamericana, 2010; Santiago de Chile, Instituto Res Pública, 2016).

[45] Cf. Michael Walzer, *Las esferas de la justicia. Una defensa del pluralismo y la igualdad* (México D.F., Fondo de Cultura Económica, 1993).

Siguiendo el comentario de Cayetano a la *Suma Teológica* de Tomás de Aquino, muchas veces se dice que la justicia distributiva regula las relaciones entre el Estado y sus miembros, por las cuales el Estado distribuye entre sus miembros distintos bienes y cargas comunes. Esa es una visión reductiva de la justicia distributiva, la cual, debido a la hipertrofia moderna del Estado, captura una parte importante del ámbito de aplicación de esa forma de justicia. En la actualidad, ha sido así entendida, entre otros, por Josef Pieper, que sigue el esquema de Cayetano[46]. John Finnis, en cambio, advierte la equivocación[47]. En efecto, hay muchas relaciones en las que no está implicada la comunidad política completa, pero que sí contemplan la distribución de bienes comunes entre partes que tienen derecho a ellos o a participar en ellos. Cualquiera que tenga a su cargo un acervo común de bienes o de cargas, que deben asignarse a personas o grupos particulares, debe seguir las reglas de una justa distribución, de acuerdo con algún tipo de proporcionalidad o igualdad proporcional.

Una madre que reparte una torta de cumpleaños está distribuyendo, y al niño más chico le tocará un pedazo más chico, y al más grande un pedazo más grande. El profesor universitario que distribuye su tiempo para atender a sus alumnos tiene un bien que es común, al que tienen derecho sus alumnos, que es una parte de su tiempo, que distribuirá de tal manera que todos los alumnos, en proporción a sus necesidades, tengan acceso a la debida atención y consideración. Una empresa, en la que han invertido fondos distintos inversionistas, tiene después que distribuir las utilidades a cada uno según la proporción que aportó al negocio común. Eso implica justicia distributiva, aunque no interviene el Estado.

En el mismo sentido, una persona a la que le sobren muchos bienes debería saber que esos bienes pertenecen por derecho natural a los más pobres y que, entonces, debería distribuirlos; es decir, ponerlos al servicio de todos. Pero, ¿cómo lo va a hacer? Puede hacerlo cooperando con una obra de beneficencia, o dando dinero a

---

[46] Cf. Josef Pieper, *Las virtudes fundamentales* (Madrid, Rialp, 3.ª ed., 1990), págs. 123-125 y 136 ss.

[47] Cf. John Finnis, *Ley natural y derechos naturales* (Buenos Aires, Abeledo-Perrot, 2000), págs. 195-206, 213-216 y 225-226; y John Finnis, *Tomás de Aquino. Teoría moral, política y jurídica*, trad. de Fabio Morales (Santiago de Chile, Instituto de Estudios de la Sociedad, 2019), págs. 239-240 y 275-278.

quien se lo pida; pero tiene que distribuir lo superfluo, en alguna medida y de alguna manera. No puede quedárselo todo, porque la persona que posee riquezas en abundancia es administradora de unos bienes que son comunes por su destinación. No son bienes comunes por su propiedad en el momento presente, ya que de momento esa persona rica es dueña de sus riquezas, y un pobre que las tomara cometería un hurto o robo, fuera del caso de urgente necesidad, cuando todas las cosas son comunes. No obstante, esos bienes privados superfluos son bienes comunes por destinación moral, desde el punto de vista de la justicia, y los ricos son administradores de bienes comunes. Esto no es una injusticia contra los ricos, porque ellos pueden acumular riquezas lícitas en la medida en que participan de un orden de convivencia y de muchos bienes comunes creados y sostenidos por todos, especialmente por los ciudadanos más honrados, incluidos los más pobres[48].

En cuanto al gobernante, resulta obvio que también tiene que preocuparse de que todos los miembros de la comunidad política participen del bien común, y con ello ejercitará la justicia distributiva. Por eso es que, por ejemplo, si en una comunidad política hubiese algunos que participasen de la seguridad pública y otros que estuviesen entregados en las manos de las bandas de maleantes —o bajo su protección—, eso sería contrario al bien común, porque no participarían todos de lo que les corresponde, es decir, de la seguridad común, de la cual otros gozan. Que exista justicia distributiva y conmutativa es una exigencia del bien común, aunque estas especies de la justicia tengan por objeto ciertos bienes que serán asignados a los particulares. Esto es así porque el simple hecho de que todos posean o gocen de los bienes particulares que son suyos, exigibles, en una medida adecuada, es un bien para todos e implica o supone un orden permanente de la convivencia, en el que hay justicia, y el bien común es más que nada esto: el bien de todos y de cada uno de los ciudadanos en una convivencia ordenada.

Con esta referencia más alta llegamos, por último, a la cúspide de la justicia, la justicia general, que tiene por objeto directo el bien

---

[48] Véase Cristóbal Orrego: "The Universal Destination of the World's Resources", en Gerard V. Bradley and E. Christian Brugger (eds.): *Catholic Social Teaching. A Volume of Scholarly Essays* (Cambridge, Cambridge University Press: 2019), págs. 241-250.

común, y que exige, por lo tanto, a los miembros de la comunidad
que hagan su aporte a lo que es bueno para todos. La justicia, que
podría parecer como una virtud simplemente moral (en el sentido de
la moral privada) y que para el ámbito político solamente exigiría un
mínimo de reglas del juego desconectadas del ámbito privado, es, en
realidad, una virtud totalmente política (y moral), que ayuda a ver si
está bien organizada una sociedad o no, que ayuda a comprender si
aquellos ciudadanos que tienen más medios los están poniendo al
servicio del bien común de esa misma sociedad cuyo orden los ha
beneficiado.

Las situaciones de profunda crisis moral, espiritual, religiosa y
política, donde estalla la violencia y aumenta la desconfianza, donde
el progreso que parecía sostenido se desmorona o retrocede,
solamente pueden comprenderse por referencia a causas espirituales
y morales: a lo más profundo del corazón humano, de donde
proceden las injusticias, los odios, tanto como los grandes ideales y el
heroísmo.

En síntesis, es el punto de vista moral el que permite
comprender la justicia como una virtud política; y no solamente la
justicia mínima del liberalismo político, sino la justicia en toda su
extensión. Esto es compatible con la distinción de esferas de la vida.
Las competencias que, por ejemplo, tiene un padre de familia para
educar a sus hijos, son distintas de las que tiene el Estado para orientar
a sus ciudadanos. El padre de familia goza de unas competencias
mucho más cercanas y mucho más profundas; el Estado está dotado
de competencias más lejanas, conforme al principio de subsidiaridad,
aunque con medios más poderosos como la ley, la coacción, el castigo
penal, para imponer el mínimo de justicia que hay que establecer en
el orden político. Los niveles de exigencia de virtud que se pueden
imponer al nivel de la familia y de los grupos intermedios pueden ser
mayores de lo que le corresponde exigir al Estado; pero estas son
diferentes competencias, no diferentes virtudes, ya que no se trata
sino de una misma virtud que se adapta a distintas esferas de la vida.
En todos los niveles, desde la familia a la comunidad internacional,
las formas de la justicia se arraigan en unos criterios morales idénticos,
en unos principios de juicio o de valoración que no admiten poner
entre paréntesis la ética, la antropología y la metafísica.

Y las leyes, que son el acto principal de la prudencia gubernativa, tienen que estar de acuerdo con dichas exigencias de justicia. Cuando están de acuerdo con esas exigencias, entonces, puesto que establecen el bien común, son obligatorias para todos los ciudadanos, y también para los gobernantes. En cambio, si la ley no está de acuerdo con la justicia, en la tradición clásica se dice que *no es una ley* y no obliga a la conciencia, ya que no merece respeto moralmente. Si a veces hay que cumplirla, casi como por la fuerza, es solamente para no sufrir un mal mayor o para no alterar el orden público, y esto solamente cuando no manda hacer algo intrínsecamente malo (los actos de este tipo nunca deben realizarse, ni siquiera como supuesto *mal menor*). Mas aun cuando hay que obedecer una ley injusta, sufrir la injusticia sin cometerla, esta obediencia no significa que esa ley por sí misma alcanza la finalidad propia de una ley.

Cualquier cosa que no consigue su finalidad propia recibe el nombre propio de su clase o tipo de un modo analógico, secundario, basado en su apariencia o en una forma meramente externa. Un ejemplo típico es el del cuchillo en el orden técnico: un cuchillo que está desafilado y no corta, en cierto sentido sí es un cuchillo, en cuanto a su forma accidental, pero en un sentido real y práctico ya no lo es. De la misma manera, la ley injusta es ley, en cuanto que es una orden del superior a sus súbditos; pero no es ley en cuanto que no merece obediencia y no realiza el bien común, que es la esencia de la ley. Es ley desde un punto de vista externo y por la coacción que la acompaña, pero no es ley desde el punto de vista interior, moral, y, por tanto, no merece obediencia[49].

La ética especial se ocupa de estudiar en qué casos puede ser lícito obedecer una ley aunque sea injusta y en qué casos es obligatorio resistirla. Una ley cuyo cumplimiento nos significa *padecer* una injusticia puede ser cumplida, y a veces incluso debe ser cumplida, si el hecho de desobedecerla acarrearía un mal mayor o un escándalo o desorden muy grande[50]. Supongamos, por ejemplo, que se establecen impuestos injustos a la Iglesia, en términos tales que le hagan más

---

[49] Cf. *Suma teológica*, I-II, q. 95, a. 2c.; Javier Hervada, *Lecciones propedéuticas de Filosofía del Derecho*, págs. 363-372 y John Finnis, *Ley natural y derechos naturales*, págs. 379-395.

[50] Cf. Mt. 17: 24-27 y John Finnis, *Ley natural y derechos naturales*, págs. 390-395.

difícil cumplir su misión. En tal caso quizás la Iglesia, aun a sabiendas de lo injusto de esos impuestos, se decidiría a pagarlos para no entrar en un conflicto con el Estado; preferiría sufrir esta injusticia para no padecer una persecución mayor y para no dar un mal ejemplo a sus fieles, quienes seguirían obligados a pagar los impuestos justos.

Por el contrario, si la ley manda *cometer* una injusticia, entonces nunca debe ser obedecida, porque no es lícito realizar un mal para evitar un supuesto mal mayor. Supongamos que hubiese una ley que ordenase a los hospitales de la Iglesia realizar abortos. Esa ley no se puede cumplir. Debe ser desobedecida, aunque eso signifique que el Estado cierre los hospitales. Es una forma de persecución en la que el cierre de los hospitales es un mal menor que realizar un aborto, porque cualquier grado y tipo de mal meramente físico o en el orden temporal es menor que cometer un pecado, una injusticia. Esa ley pretendería obligar a hacer algo intrínsecamente malo, y eso no debemos hacerlo, aunque el precio a pagar sea el martirio.

En síntesis, hemos visto en este capítulo cómo se estructura, desde el punto de vista político, una comunidad virtuosa. Es una comunidad que exige prudencia de parte de los gobernantes y gobernados. Y esa prudencia está ordenada a realizar lo que es justo según los tres tipos de justicia, especialmente mediante las leyes justas. Estas virtudes morales y sociales proporcionan el marco de referencia para la correcta deliberación pública. La distorsión más peligrosa del ideal de la justicia, del orden social justo propuesto por la filosofía clásica, aparece en las ideologías modernas precisamente porque se presentan como un saber superior (una falsificación de la prudencia) y un ideal elevado y perfecto de sociedad (una falsificación de la justicia).

Tratemos, pues, sobre las ideologías.

3. LAS IDEOLOGÍAS

Las ideologías son un tema clave de la filosofía política contemporánea, imprescindible para comprender el tipo de enfrentamiento retórico —a veces, físico, violento— que domina la política. La palabra ideología ha adquirido una variedad de significados, algunos de ellos de connotación neutra o positiva y otros de connotación negativa. Max Müller y Alois Harder la definen en un primer momento como «convicción de una verdad referida a grupos, concebida institucionalmente, que no debe su fuerza a razones de verdad, sino a intereses prácticos»[51]. Esta definición ya está influida por la connotación negativa de la ideología, en cuanto que la *ideología* se pone en contraste con la *verdad* o con la *ciencia*. Originalmente no tenía este significado.

«El término ideología se puede encontrar en la lengua griega. No, sin embargo, con el significado de lo que hoy entendemos por ideología. En griego, ideología viene a ser opinión particular o diálogo privado. Por eso, no se puede decir que el concepto de ideología tal como lo conocemos pertenezca a ese acerbo de conceptos que nos llegan de la Antigüedad, sino más bien, que se origina en el brusco cambio de paradigma que supone la Revolución Francesa. Se puede considerar que sus creadores son los así llamados

---

[51] Max Müller y Alois Harder, *Breve diccionario de filosofía*, Barcelona, Herder, 2001, *sub voce*.

"ideólogos franceses". Con el término "ideología" pretendían construir una nueva ciencia»[52].

En la filosofía clásica y antigua no había un concepto de ideología tal como lo entendemos ahora, aunque en la filosofía existe la distinción entre el saber algo como verdad segura (la ciencia, la sabiduría) y la fluctuante opinión, insegura, causada por la falta de información e inclinada por las pasiones y los intereses. El filósofo distingue entre lo real y lo aparente. Estos elementos filosóficos clásicos se harán presentes en la idea moderna de ideología, que también contrapone lo real a lo aparente, el conocimiento científico a la creencia que oculta lo real, etc. No existe, sin embargo, en la filosofía antigua, un término con el significado equivalente al significado moderno de ideología.

Aunque la historia del concepto podría rastrearse hasta Francis Bacon, uno de los primeros pensadores en minusvalorar la sabiduría contemplativa clásica a favor del conocimiento científico-empírico y útil, los llamados *ideólogos* franceses de los años posteriores a la Revolución fueron los primeros en usar esta palabra nueva. Distintas fuentes coinciden en reconocer a Antoine-Louis Claude Destutt de Tracy el mérito de ser el primero en emplear esta palabra, de manera filosófica, en un discurso pronunciado el día 21 de abril del año 1796[53]. Destutt de Tracy recogió con esa denominación un pensamiento anterior al suyo, el sensualismo de Condillac, que tenía la pretensión de que se podía obtener un conocimiento verdadero y exacto de todo a través de la observación del mundo exterior, basada en los sentidos. Como todos los empiristas, Condillac sostenía que el verdadero conocimiento es el que se basa en las cualidades sensibles.

Estos primeros autores tenían la pretensión de que con la ideología —el *logos* o saber acerca de las ideas— se alcanzaba un conocimiento científico de las ideas, es decir, de los pensamientos humanos, un conocimiento comparable, según expresaba el mismo autor, al de las demás ciencias, tal como si se tratara de una parte de la zoología. En este primer uso moderno, la palabra ideología tuvo

---

[52] Montserrat Herrero, "Ideología", en Ángel Luis González (ed.), *Diccionario de Filosofía* (Pamplona, Eunsa, 2010), pág. 559.

[53] Cf. Jorge Larraín, *El concepto de ideología*, vol. I: Marx (Santiago, LOM Ediciones, 2007), pág. 9.

un sentido positivo, pero carente de todo contenido concreto. No se aplicaba todavía al ámbito de la política. Se parecía al significado restringido y valorativamente neutral que recoge el Diccionario académico como segunda acepción: «Doctrina que, a finales del siglo XVIII y principios del XIX, tuvo por objeto el estudio de las ideas»[54].

Después de Destutt de Tracy, se comenzó a dar un significado un poco peyorativo a este concepto, al motejarlo como ese tipo de pensamiento de quienes, aunque quizás han partido de lo sensible, se han *alejado de la realidad concreta*. Influyó en este uso peyorativo un personaje histórico cuya importancia se debe a otras razones, pero que tuvo también aquí una función: Napoleón Bonaparte. Napoleón fue el primero en usar en sentido negativo la palabra ideología, al criticar a estos ideólogos, que fundaban toda su acción política en una serie de ideas abstractas. Napoleón tachó a estos personajes de *metafísicos* y *fanáticos* porque querían llevar a sus últimas consecuencias una serie de ideas abstractas, con independencia de las circunstancias sociales y con independencia del realismo típico del político práctico. Napoleón es el responsable de que, con su crítica o trato despectivo hacia los *ideólogos*, la ideología haya pasado a la historia de las ideas como pura *teoría separada de la realidad*.

Esta connotación subsiste hasta el presente, aunque en su forma suave es la que exhiben los políticos experimentados cuando rechazan los consejos de los sabios y las críticas de los pensadores como algo *meramente teórico* (recordemos que, según los sabios clásicos, el conocimiento teórico es superior al práctico, más deseable y más directivo). Actualmente se critica a algunas personas en el ámbito político por ser *demasiado teóricas*. Al recordar lo que se dijo sobre la prudencia, en el capítulo precedente, se cae en la cuenta de que esta crítica contra los teóricos políticos o *ideólogos* lleva algo de razón, pues el puro pensamiento abstracto no es suficiente para la política. Se requiere una forma de pensamiento que concrete, que tome en cuenta todas las circunstancias, y que se llama *prudencia social: prudencia gubernativa y política*. Sin embargo, el puro pensamiento práctico o, quizás, más bien, pragmático, sin un fundamento en principios permanentes, en la sabiduría, tampoco puede ser adecuado

---

[54] Real Academia Española: *Diccionario de la lengua española* (23.ª ed., [versión 23.5 en línea]. <https://dle.rae.es> [12 de octubre de 2022]).

para la acción colectiva buena. Sin esos principios, en efecto, no es posible perseguir fines perennes, y entonces la acción puede ser muy efectiva, pero desordenada. La cuestión es: ¿efectiva *para qué*? O también: ¿hacia dónde nos dirigimos tan rápidamente?

La ideología pasó, por tanto, a adquirir una cierta connotación negativa; pero no todavía la gran connotación negativa que adquirió gracias a Karl Marx. Este autor concibió la ideología como una forma de pensamiento en la que hay una especie de autoengaño, no solo como algo individual, sino a escala colectiva y de cada civilización. Según él, lo verdaderamente real es la materia. La forma como la materia se organiza se expresa en el orden social, particularmente en aquello que constituye la realidad fundamental de la sociedad: la estructura económica, la organización de la propiedad, especialmente de la propiedad sobre los medios de producción, que determina las relaciones de explotación entre propietarios y proletarios. Frente a esta realidad (o lo que él creía que era una *realidad*), el mismo autor señalaba que los hombres generalmente han pensado que hay una serie de *realidades* que, según piensan, están por encima de la economía; por ejemplo, la ética, el derecho y la religión, a los que Marx llama *superestructuras*. Las superestructuras son una especie de subproductos de la estructura económica, que ayudan, a su vez, a conservarla. Esta visión marxista es compartida, a veces de modo inconsciente, por todos los que, por muy liberales y hasta antimarxistas que se crean, creen ciegamente en la economía, en el cambio o progreso económico o en la decadencia económica de un país como la explicación más profunda de sus crisis sociales, las modificaciones en los modos de sentir y de pensar de la población, la evolución de la cultura, la secularización y la crisis de la religión, los nuevos modelos morales, etc.

Entonces, ¿en qué consiste la ideología para este sofista? Fundamentalmente, en que esta superestructura nos hace pensar que lo real es algo distinto de la organización de la materia y así nos oculta las relaciones de explotación. Las superestructuras nos engañan: son ideológicas. La ideología es, según Marx, *una conciencia no práctica y no productiva, que pretende motivar indirectamente la acción de un modo velado. Es un pensamiento abstracto que está separado de la realidad y nos la oculta*[55].

¿Y en qué consiste el pensamiento verdaderamente *científico*, no ideológico, entonces? El pensamiento verdaderamente científico, que es el de Karl Marx (según Karl Marx), consiste necesariamente en *desenmascarar la ideología* y en proponer un sistema sólido que realmente explique la realidad de acuerdo con su estructura material (como *El Capital*, cuyas ideas han engañado a tanta gente y matado de hambre a millones). Recordemos que el saber filosófico y científico clásico —desde Sócrates hasta nuestros días— incluye un elemento de superación de la opinión y de corrección de los errores, incluso de aquellos más difundidos en el *sentido común* vigente en la comunidad donde el filósofo vive; pero, he aquí una gran diferencia, el filósofo está en continuidad con ese sentido común y con los anhelos de verdad del ser humano. El filósofo no es un simple *desenmascarador* de ocultos engaños producidos por la dominación injusta de unos sobre otros, aunque ocasionalmente deba cumplir un rol desenmascarador respecto de los sofistas de la plaza.

He aquí algunas características de la ideología según la concepción marxista. En primer lugar, el pensamiento ideológico implica y produce una *falsa conciencia*. Esta consiste en que los protagonistas de la historia, que son los que intervienen en la estructuración de la propiedad, especialmente los proletarios, que están siendo explotados, no se dan cuenta de su situación real. En rigor, la *falsa conciencia* afecta a todos: explotadores y explotados; pero de manera diversa. Los proletarios, los explotados, piensan que *así es la vida*, que por Providencia Divina las distintas gentes tienen distinta suerte en la vida. Lo moralmente correcto es trabajar y cumplir las leyes. No ven la realidad de su estar siendo explotados, porque carecen del conocimiento necesario, porque su conciencia está imbuida de la ideología (*v.gr.*, de una religión, que es *el opio del pueblo*).

Por otra parte, además de desenmascarar y proponer una teoría científica, el científico social, en la visión de Marx, no es el que simplemente contempla la realidad y después la describe y la explica causalmente. Esto es todavía *pensamiento abstracto*. El verdadero

---

[55] Cf. Montserrat Herrero, "Ideología", en Ángel Luis González (ed.), *Diccionario de Filosofía* (Pamplona, Eunsa, 2010).

científico social es el que interviene mediante la acción, el que se dedica a transformar el mundo. Él no depende solamente de una verdad previa, contemplada, que fundamenta la dirección del obrar hacia un fin, sino que *realiza la verdad en la acción*, y trata de destruir la ideología mediante la crítica, el desenmascaramiento y la acción política o revolucionaria.

En el caso del obrero, *concientizarlo* o liberarlo de la *falsa conciencia* consiste en hacerle ver que él no es un ser humano que sigue unas pautas morales objetivas, unas reglas comunes —por la común razón humana— con las de sus patronos, y una religión objetiva, en la cual todos somos iguales como hijos de Dios, sino que es un objeto de explotación por parte de los dueños del capital (incluso si son amos bondadosos). La religión es una forma de engañarlo para obtener de él la resignación con los planes de la Providencia; la moral, una forma de sojuzgarlo, y el derecho, el instrumento activo de la clase dominante para sostener el *status quo* (*i.e., el estado actual de cosas*) de las estructuras de explotación. El socialista científico es el que descubre esta realidad bajo estas capas engañosas que son la moral, el derecho y la religión. Por lo tanto, la ideología tiene que ser sometida a crítica, y la crítica de la ideología no es la apertura filosófica a una verdad universal, sino el desenmascaramiento activo de la explotación y la consiguiente movilización hacia la acción revolucionaria *aquí y ahora*.

La segunda característica clave de la ideología, en la concepción marxista, es que ella enmascara los intereses de las clases dirigentes (o de distintos grupos o *identidades*, en las versiones neomarxistas actuales). Esta es una idea que ha sido asumida incluso por alguna versión del liberalismo, que dice que la ideología presenta como interés general lo que no es más que un interés particular (son esos liberales que se ponen nerviosos cuando, desde una perspectiva no marxista sino cristiana, se afirma la primacía del *bien común* sobre los caprichos individuales en la política, el mercado o la moral). Más aún, no existe un interés general si la realidad es eminentemente dialéctica y la historia avanza a través de la oposición de tesis y antítesis, de modo tal que, en el período actual de oposición entre capitalistas y proletarios, no hay un interés común a capitalistas y proletarios.

Por lo tanto, toda manifestación de supuesto interés general es, en realidad, ideología. Es una cobertura que esconde, bajo argumentación general, un mero interés particular: el interés de la clase dominante. La ideología es exitosa en la medida en que todos aceptan algo como interés general, cuando en realidad, según Marx, se trata solamente de un interés particular. Esta explicación es tan sencilla, tan transparente, y tan confirmada con casos reales de apelación al bienestar general para sacar adelante un interés económico o político parcial, que hace sumamente fácil capturar en las redes del marxismo o del neomarxismo a los jóvenes hijos de las clases burguesas (haciéndoles sentir la vergüenza de su mala conciencia y de sus privilegios) y a los hijos intelectualizados de las clases bajas, de esos obreros honrados que logran educar a sus niños hasta la educación secundaria y superior (moviéndolos al resentimiento).

Engels, por su parte, define la ideología como el ocuparse de pensamientos como si fueran algo autónomo, que se desarrolla de manera independiente, como si se tratase de esencias que están sometidas a sus propias leyes. «El criterio definitorio» de la ideología «es el ser un pensamiento desligado de las relaciones materiales; las ideologías se distinguen por el grado de intensidad de esta independencia»[56].

En el siglo XX, el concepto de ideología se fue transformando. Se vio que, en lugar de usarse solo para denunciar la falsa conciencia, podía ser un instrumento para la lucha de clases. Es decir, podía asumir un significado neutro y aun positivo: no simple engaño, sino pensamiento práctico. Por tanto, ya en el caso de Lenin se tomó la ideología como una forma de fundir unos valores con unos fines de la acción, que de esta manera se legitimaban. Por eso Lenin dice que el marxismo es la *ideología* del proletariado revolucionario. Karl Marx no estará demasiado contento, me imagino, en la ultratumba (o sea, hablando a lo Dante, en el Infierno), oyendo decir que su pensamiento, que él concibió esencialmente como crítica práctica de la ideología burguesa, es él mismo una ideología. Para él la noción de ideología es, en efecto, completamente peyorativa; es lo que genera la falsa conciencia en el proletariado. Lenin, en cambio, la ve como un instrumento para la lucha del proletariado. En realidad, está sacando la consecuencia lógica de la primacía de la praxis sobre

---

[56]Cf., para esta sección, Montserrat Herrero, "Ideología", *passim.*

la contemplación: todo pensamiento termina siendo ideológico, porque envuelve un interés y la consiguiente movilización a luchar por ese interés revestido de un ideal de justicia. Habrá que estar del *lado correcto de la historia*, adhiriendo a la ideología comunista. Lo demás es irrelevante.

Lukácz, otro marxista del siglo XX, dice que para el proletariado su ideología no es una simple *bandera para su lucha*, sino la proposición de los fines a sus mismas armas, es decir, que en la ideología se unen teoría y praxis. La acción sin ideología no es suficientemente eficaz. Ya la ideología comienza a adquirir un sentido un poco más positivo, como un instrumento para la lucha en la práctica.

Fuera del ámbito marxista, hay otras visiones de la ideología. Algunas señalan, por ejemplo, que estas son las creaciones o proyecciones de un hombre enfermo. Así se ha ido generando un concepto más vago de ideología, siempre ligado al ámbito político, que finalmente llega a concebirla simplemente como una idea firme, que vulgariza conocimientos filosóficos más profundos, y que los sintetiza y difunde con fines interesados políticamente[57].

Desde esta perspectiva, la ideología tiene algo de lo que destacaba Marx, puesto que consiste en un modo de pensar que oculta la realidad o que, por lo menos, la *simplifica* de tal manera que no accede a la verdad o accede a una verdad a medias, a una caricatura incapaz de fundar una praxis correcta. Y así la ideología, tomada en este sentido de idea simplificadora o simplista orientada a la praxis, resulta muy atractiva precisamente para quien no tiene suficiente conocimiento filosófico, capacidad de reflexión o formación en una verdad más profunda y exigente —la metafísica, la antropología clásica, por ejemplo—, que no esté simplificada de tal manera. En este sentido, se dice que el liberalismo es una ideología; que el socialismo e incluso el conservadurismo son ideologías, porque toman algunos elementos de la realidad a los cuales les dan una importancia capital, y olvidan los demás o solo los reconocen marginalmente. Entonces, la ideología va a favorecer algunos fines de la acción y ocultará los motivos de la misma acción. Esto no significa que todas las ideologías sean igualmente simplistas o igualmente

---

[57]Cf. ibídem.

engañosas o dañinas. El conservadurismo como ideología es menos dañino que el socialismo, por ejemplo, porque tiende a proteger el orden y las instituciones sociales probadas por la experiencia, mientras que el socialismo tiende a destruir el orden so pretexto de alcanzar una situación utópica nunca probada (o que, cuando ha sido probada, ha terminado siempre en hambre, destrucción y muerte).

Todas las ideologías presuponen un nivel teórico, pero lo ponen al servicio de un fin totalmente práctico. Si alguien se fijara en la relación entre teoría y praxis en la filosofía clásica, se daría cuenta de que en ella se da totalmente al revés. En Aristóteles, por ejemplo, se dice que necesitamos una praxis correcta para exponernos a la verdadera contemplación de la verdad, que es una virtud más alta. De manera análoga, el cristianismo afirma que es necesaria la vida activa para promover un bien común que facilite a todos alcanzar su mayor perfección, que es la contemplación de Dios y de las verdades divinas; o una vida activa que remueva los obstáculos principales para la contemplación de la verdad, que son las pasiones interiores de cada hombre y las necesidades apremiantes inmediatas. Un cristiano quiere promover la justicia y el bienestar de los más pobres como un medio para que gocen, en definitiva, del ocio activo, del descanso contemplativo, de la posibilidad de apartarse de las exigencias más inmediatas de la subsistencia para cultivar la vida del espíritu.

En la filosofía política moderna, en cambio, se da justamente al revés, lo cual quiere decir que todo el aparato teórico sirve a la justificación de una acción y a la defensa de ciertos intereses, pero que tendrá éxito en la medida que se oculten esos intereses.

Las ideologías pueden ser malas; pero el concepto de ideología es bueno. Es un concepto que la filosofía puede tomar y usar, para entender lo que está pasando en un determinado pensamiento político, pero no para suponer que todo pensamiento abstracto sea ideología, o que la religión sea el opio del pueblo, o que el Estado sea una mera construcción al servicio de la clase dominante, etc.. Hay una realidad objetiva a la que la mente se puede adaptar: no todo conocimiento especulativo o abstracto es ideológico, en el sentido negativo de Marx. Hay un bien común al cual la autoridad debe servir: no toda orientación de la acción política, mediante ideas, responde a intereses particulares ocultos. La religión es vinculación con un fin último trascendente, al que todos aspiramos, y no necesariamente un medio de dominación (aunque puede ser eso en una elaboración falsa de la religión, como sucede en las sectas destructivas). Por más esfuerzo que hicieron los líderes de los regímenes totalitarios para liberar al hombre del opio del pueblo, como llamaba Marx a la religión, lo único que consiguieron fue fortalecer la religión. Paradójicamente, los hombres se rebelaron una y otra vez contra ese intento de *liberarlos*, porque la máxima rebeldía que hubo en el siglo XX fue la rebeldía de los hombres libres —con sus convicciones íntimas sobre la religión y sobre la verdad del sentido común— contra quienes pretendían liberarlos falsamente, liberarlos de la verdad para atarlos a la ideología atea o a una justificación de las pasiones.

De manera que podemos aprender del concepto de ideología, incluso rescatando aspectos del pensamiento de Marx, precisamente para contraponerlo a una filosofía no ideológica, y para distinguir entre las formas de pensamiento político iluminadoras y sus distorsiones o manipulaciones con fines de poder. La verdadera filosofía política no es simplista: no está invariablemente del lado de un grupo político o de unos intereses. Por eso es más difícil de elaborar, de pensar, de aprender. La filosofía política no ofrece diagnósticos brillantes, coherentes, cerrados, sobre las situaciones sociales —sobre la injusticia—, ni tampoco expone soluciones fáciles, casi evidentes. Por eso puede ser menos atractiva, especialmente para quienes pierden la paciencia. La filosofía política distingue los principios generales, que son permanentes, de sus concreciones históricas, que son muy contingentes y que no tienen el mismo valor. La verdadera filosofía política es capaz de ir contra los intereses que pueda tener el mismo filósofo por su situación económica, su clase social o su religión, puesto que la verdadera filosofía se interesa por la verdad, y la verdad es común a todos los hombres.

Por tanto, el compromiso con la verdad es completamente filosófico. En cambio, el compromiso con un interés particular o con la ambición de poder, revestido de argumentos generales, es ideológico. En este sentido, la crítica marxista de la ideología es útil porque en muchas ocasiones se puede estar haciendo también un uso ideológico de la noción misma de verdad.

Hay autores que han profundizado mucho en las ideologías modernas y en qué es lo que ha pasado con ellas. Uno de ellos es Eric

Voegelin, que ha estudiado como las ideologías modernas provienen de corrientes gnósticas.

Antes de Cristo, ya había grupos pseudofilosóficos que reclamaban tener un conocimiento privilegiado de la realidad, al cual solo ellos tenían acceso, y que reclutaba a sus adeptos precisamente haciéndoles sentir superiores: intelectualmente superiores y moralmente superiores. Más adelante, algunas herejías cristianas de los primeros siglos asumieron esa posición gnóstica (*i.e.*, creerse con acceso a un conocimiento reservado a unos pocos y moralmente superiores). Destacan los maniqueos, que dividían el mundo entre el dominio de dos dioses: uno malo, material, del que procede todo lo material, y otro bueno, espiritual, del que procede todo lo espiritual. En el mundo humano, se divide a los hombres en *puros* e *impuros.*; en los que saben y son superiores y los que no saben y son inferiores.

¿No se parece este fenómeno al que observamos a diario entre los ideólogos de nuestra época? Los gnósticos de ayer y de hoy afirman expresamente o bien transmiten implícitamente la convicción de que hay dos tipos de hombres: aquellos que constituyen el vulgo, la masa, y que viven *alienados*, sin conciencia de lo que verdaderamente es real; y los que han entrado a este grupo privilegiado y han recibido esta especie de revelación, que es la *gnosis*. La *gnosis* es un conocimiento privilegiado, el de quienes dominan ciertas categorías de pensamiento moderno sofisticado, ciertos autores de moda o canónicos, determinados modos de razonar o de hablar con una jerga de iniciados. Quienes adquieren esa *gnosis* tienen una iluminación especial para comprender la realidad y para dirigir la praxis. La *gnosis* alguna vez fue relacionada con algún tipo de dualismo materia-espíritu, como en el caso de los maniqueos; pero incluso en los gnósticos materialistas (como sucede en el marxismo) se da la división dualista entre los buenos y los malos, los moralmente superiores y los demás.

La pretensión cristiana, en general (dejando de lado algunas sectas), es justamente la contraria, pues Dios quiere llegar con su revelación a todos. No hay algunos seres humanos que tengan privilegios por sobre otros. La fe del que barre la calle no es esencialmente distinta a la del Papa Benedicto XVI. Las diferencias entre los seres humanos pueden ser legítimas, pero son accidentales. No hay dualismo de buenos *vs.* malos, en un sentido radical. La teología distingue entre vivir en la gracia de la justificación y vivir en pecado mortal, y también, más misteriosamente, entre los elegidos que se salvan y los que finalmente se condenan por su culpa; pero esta diferencia puede afectar a cualquier hombre: no hay privilegios ante la ley moral, ni unos cristianos esencialmente superiores a otros por poseer ciertos conocimientos o capacidades. Desde luego, no admite, el cristianismo, un dualismo de oposición entre materia y espíritu, sino que afirma la unión de los dos y su bondad por proceder de un solo Dios Creador.

Esos antecedentes gnósticos, antiguos, a veces vinculados a herejías cristianas, se transforman en la era moderna. Después del siglo XVI, comienzan a surgir los rasgos esenciales de las ideologías modernas. Estos rasgos afectan a diversos modos de pensar y, más adelante, a grupos cada vez más amplios de personas contaminadas por las ideologías, lo cual, naturalmente, se da por culpa de la decadencia del cristianismo como realidad cultural, lo que a veces se ha denominado el retroceso o la desaparición de la cristiandad. Tales rasgos esenciales de las ideologías gnósticas modernas pueden resumirse en tres.

En primer lugar, el pensamiento gnóstico-ideológico propone un *diagnóstico muy sencillo* de los males del mundo. Estos se deben fundamentalmente a un problema de *organización*, es decir, un defecto que radica en las *estructuras* del mundo y de la sociedad, aunque se refleja en las conductas de las personas. Por el contrario, los cristianos sabemos, por la razón y por la fe, que los males del mundo proceden del corazón humano: de su debilidad y de su malicia (como pudo constatar la razón natural de un Platón y de un Aristóteles) y de la raíz de ese corazón desviado en el pecado original (dogma cristiano). Este mal personal —el pecado—, que no depende de saber más o menos filosofía o ciencia, después puede traducirse en una mala organización; pero esto último es secundario. El pensamiento ideológico, en cambio, es capaz de proponer una causa sencilla de las injusticias y de cualquier mal: cómo está organizado el mundo; la injusticia estructural (o la violencia institucionalizada).

En segundo lugar, la *gnosis* propone cuáles son o pueden ser los remedios para ese mal social. Son soluciones sencillas de comprender, aunque difíciles de llevar a la práctica, tan difíciles que exigen, normalmente, un proceso revolucionario (en su sustancia, aunque le den otro nombre).

Nuevamente, el marxismo es el modelo. Todo es sencillo. La realidad es material y evoluciona mediante oposiciones dialécticas. Hay proletarios y capitalistas y estos explotan a aquellos. Esta tesis es fácil de *demostrar*: si los bienes son limitados y los poseen quienes menos trabajan, los que aportan el capital, es evidente que estos explotan a quienes producen esos bienes, es decir, a los obreros que aportan su trabajo (en realidad, asumen que cada producto o servicio que el capitalista vende, con el cual se enriquece, ha sido producido solo por el trabajo). Los explotadores crean un sistema moral, un sistema político y religioso, y con eso mantienen a los proletarios en su condición de engaño o falsa conciencia y pueden explotarlos con mayor tranquilidad. Esta es la realidad subyacente al autoengaño ideológico de las dos clases: no se afirma que los burgueses capitalistas sean conscientes de su continuada explotación del prójimo; al contrario, se concede que pueden ser personas buenas o bondadosas. Es evidente también la falsa conciencia de los explotados, porque, si fueran conscientes de tamaña injusticia y no fueran detenidos por la esperanza en una vida feliz ultraterrena, apoyada en la religión que aparentemente comparten con sus explotadores, se rebelarían llenos de indignación. El diagnóstico es sencillo. ¿Cuán es la solución? Todo se arregla en una sociedad sin clases, estado óptimo al que será inevitable llegar, pero cuyo advenimiento se puede acelerar mediante una revolución, en la que se ataquen de una vez por todas las estructuras de explotación capitalistas. Este resumen es breve, simplista y suficiente para convencer a muchos, sin perjuicio de que el ideólogo más ilustrado se siente superior porque se ha leído a Marx, a Lenin y a sus epígonos neomarxistas.

En tercer lugar, las ideologías poseen, en general, un alto grado de abstracción y una jerga propia de iniciados, y llevan a sus últimas consecuencias la idea simple en la cual se fundamentan. De ahí que también se ha dicho —Arendt y otros— que *la ideología es la lógica de una idea*, jugando con las palabras, porque el pensamiento ideológico lleva a sus consecuencias lógicas últimas, aunque estas choquen con la realidad y el bien, la idea o las ideas fundamentales del constructo ideológico. Se prefiere la coherencia con un punto de partida separado de la realidad antes que la humilde sumisión a la verdad creada, que llevaría, naturalmente —por la lógica de lo real— a reconocer al Creador.

La ideología es como una *fe secularizada*, según la intuición de Juan Donoso Cortés recogida, en el siglo XX, por Carl Schmidt. En la fe verdadera, una persona compromete su inteligencia, sus sentimientos, su acción, y apunta vitalmente hacia un mundo mejor *escatológico* (*i.e.*, que vendrá en los últimos días, al final de la historia). De acuerdo con la visión cristiana, ese mundo mejor, el Reino de Dios, *no va a venir como fruto del esfuerzo humano*, sino como un don de Dios. Toda forma de justicia y de caridad en este mundo imperfecto, sobre todo la difusión del Evangelio y de la gracia divina en las almas, contribuye a preparar ese reino y es como una incoación suya en la tierra; pero no se confunde con el progreso terreno, no se mide según criterios mundanos y, sobre todo, no termina con las injusticias y las deficiencias a las que la ideología promete derrotar.

La ideología toma la fe y la seculariza, es decir, le quita su contenido espiritual y ultraterreno (trascendente) para sustituirlo por una sustancia meramente terrena de progreso material o cultural o de cualquier otra forma disfrutable en este mundo. Así se distingue a un sacerdote que ha perdido la fe: habla más de la justicia social, o casi solo de ella, que del perdón de los pecados, la gracia de Dios y el Cielo. Por eso, no es tan raro encontrar como ideólogos y como activistas ideológicos a ex religiosos, ex curas, ex cristianos, que han abandonado la fe verdadera o la han convertido en un proceso puramente mundano, que, como fruto de las fuerzas humanas, va a crear un mundo mejor, que nunca llega, un paraíso en la tierra, un hombre nuevo sin necesidad de la renovación espiritual, siempre más exigente y que los mundanos consideran *fanática* o *exagerada*. Nada de esto, ningún sustituto terreno de la felicidad eterna, se puede realizar sin violencia. De ahí que las ideologías sean tendencialmente violentas.

En el caso de la fe, sucede algo análogo, pero —qué crucial es la diferencia— en un sentido espiritual y trascendente, sin la violencia física y destructiva del revolucionario. En efecto, el Reino de Dios no se puede conseguir sin violencia: «*violenti rapiunt illud*» (*Mt.* 11, 12), «los violentos lo arrebatan»; pero esa *violencia* es la sustancia de una lucha espiritual contra el mal en cada uno; también contra la injusticia en la sociedad, pero con medios justos, pacíficos, conforme al orden moral objetivo (que no excluye el uso racional de la fuerza contra los obradores de la iniquidad). Al final de los tiempos, la venida de Cristo en gloria y majestad será un acto violento, el fin del mundo, un cataclismo universal que destruirá todo para renovarlo todo, según la fe cristiana[58]. Esa renovación del mundo, privada de su carácter trascendente y escatológico, cuando se seculariza, es una forma de pensamiento y de praxis que apunta a realizar la justicia en este mundo, de modo total. Esta radicalidad teológica secularizada es impracticable y por eso rezuma ira, resentimiento, casi un trastorno psíquico del fanático que no acepta la realidad limitada y necesita abolirla violentamente. De ahí que uno de los grandes enemigos ideológicos del catolicismo ha sido la *teología política secularizadora*, con su versión latinoamericana, la teología de la liberación de cuño marxista o neomarxista[59].

La ideología detecta la injusticia en la realidad social y la interpreta como *violencia* contra la utopía ideológica, y, por lo tanto, piensa que la acción elegida por la ideología es una *contraviolencia*. El ideólogo ve que el orden establecido está ejerciendo violencia sobre las clases que están siendo explotadas, y la revolución es la *legítima defensa* contra esa violencia. El gran problema de esta mentalidad desquiciada —que no es un argumento— es que convierte en legítima defensa cualquier forma de violencia contra personas que de hecho no están agrediendo a nadie: un policía que dirige el tránsito, los clientes en un supermercado o en un banco, el personaje público sindicado de contrarrevolucionario, etc.

Lo dicho se puede aplicar a otras ideologías. El nacionalsocialismo, por ejemplo, es una ideología socialista en competencia con el comunismo, pero muy parecida en su realización histórica totalitaria. En su abordaje de la economía era igual que el comunismo; tenía la misma idea de centralizarla al máximo. En su visión de la verdad, los dos totalitarismos eran relativistas: la verdad es lo que dice el partido o el *Führer*. Pero los adeptos al nazismo veían el mal en el hecho de que una raza inferior hubiera logrado dominar a las razas superiores, a través del control de todo el sistema

---

[58] Cf. *Catecismo de la Iglesia católica*, nn. 1038-1050.

[59] No incluyo aquí la teología política católica, ortodoxa, como la que se edifica sobre la doctrina de la Iglesia acerca de la política o de manera compatible con ella, como intentó hacer Álvaro D'Ors desde la tradición carlista en España. Sobre la teología marxista de la liberación, véase José Miguel Ibáñez Langlois, *Teología de la liberación y lucha de clases* (Santiago, Ediciones Universidad Católica de Chile, 1985).

financiero, tradicionalmente en manos de los judíos (esto se debía a que, en la civilización cristiana, especialmente católica, estaba prohibida la usura, el cobro de intereses por los préstamos de dinero; pero se toleraba como un mal menor, en manos de los judíos). Frente a tal violencia, injusticia, había que volver a poner la raza superior sobre el resto y someter o exterminar a las inferiores. A la raza codiciosa y usurera, causante de todos los males, había que exterminarla. Un cristiano creyente, para quien ya no hay muro de separación entre gentiles y judíos, como afirma san Pablo[60], considera que esta ideología es aberrante; pero su sencillez —su simplicidad—, su aparente capacidad explicativa, la sustitución del mensaje cristiano por la ciencia *objetiva* y la moral *superior* del nacionalsocialismo, todo eso logró seducir a un pueblo que había dejado de creer realmente en la revelación divina (paradoja: el mismo pueblo que, ahora, con casi toda Europa, se deja seducir por otras ideologías antihumanas: las del aborto, la eutanasia, la mutilación de personas con disforia de género, etc.).

El capitalismo, si se lo entiende como la ideología del liberalismo llevada al ámbito económico, comparte estos rasgos, aunque suavizados, normalmente (aunque el liberalismo también se ha impuesto por medio de la violencia revolucionaria). El capitalismo también ofrece diagnósticos sencillos, como que los problemas económicos derivan de no dejar que las fuerzas del mercado operen libremente. La solución es muy sencilla: desregular. Entonces se va a producir el bien para todos, según la conocida metáfora de la mano invisible o la fábula de las abejas, según la cual, si cada uno opera según sus propios intereses, la mano invisible conducirá al interés global. En el ámbito político y moral, es ideológica —es decir, una forma de ceguera— la idea de que los vicios privados pueden convivir con la virtud pública. Actualmente, la palabra *capitalismo* también se entiende —muchas veces— en un sentido no ideológico, como simple sistema de mercado o economía de libre empresa, en cuyo caso no posee ni diagnósticos sencillos ni soluciones radicales. San Juan Pablo II, en la misma encíclica que presenta una de las críticas más fuertes del capitalismo entendido como ideología liberal en el ámbito

---

[60] Cf. *Efesios* 2: 11-16.

económico, expresó de esta manera la distinción entre un capitalismo bueno y uno malo:

> «Volviendo ahora a la pregunta inicial, ¿se puede decir quizá que, después del fracaso del comunismo, el sistema vencedor sea el capitalismo, y que hacia él estén dirigidos los esfuerzos de los países que tratan de reconstruir su economía y su sociedad? ¿Es quizá éste el modelo que es necesario proponer a los países del Tercer Mundo, que buscan la vía del verdadero progreso económico y civil?
>
> La respuesta obviamente es compleja. Si por «capitalismo» se entiende un sistema económico que reconoce el papel fundamental y positivo de la empresa, del mercado, de la propiedad privada y de la consiguiente responsabilidad para con los medios de producción, de la libre creatividad humana en el sector de la economía, la respuesta ciertamente es positiva, aunque quizá sería más apropiado hablar de «economía de empresa», «economía de mercado», o simplemente de «economía libre». Pero si por «capitalismo» se entiende un sistema en el cual la libertad, en el ámbito económico, no está encuadrada en un sólido contexto jurídico que la ponga al servicio de la libertad humana integral y la considere como una particular dimensión de la misma, cuyo centro es ético y religioso, entonces la respuesta es absolutamente negativa»[61].

¿Cómo es que muchos quedan atrapados en las ideologías, incluso personas inteligentes? Aparte de advertir que los menos inteligentes están menos expuestos al peligro moral de vender su alma al diablo por una idea, me parece que variados factores contribuyen al fenómeno de la esclavitud ideológica (más de los intelectuales). Uno es que las ideologías son de una simplicidad muy atractiva, especialmente para gente joven. Los viejos o encontramos algo sólido o nos vamos haciendo escépticos... y lo más sabio es combinar las

---

[61] Juan Pablo II, Encíclica *Centesimus Annus* (1991), n. 42.

dos cosas: solidez en los principios y un *sano escepticismo* sobre lo contingente. Otro elemento del fenómeno es que todos los hombres necesitan creer en algo y la ideología es un sucedáneo de la fe verdadera. En fin, en tercer lugar, la ideología mueve a la acción e influye a nivel sentimental, lo cual también contribuye a crear la ilusión de estar haciendo algo grande.

La ideología simplifica al punto de que, cuando hay hechos que la contradicen, o no se toman en cuenta —literalmente: no existen para el ideólogo— o son descalificados como el resultado de no haber aplicado rigurosamente la ideología misma. Es así como hay quienes pretenden explicar el fracaso de la revolución comunista: no se aplicó a rajatabla todo lo que exigía la revolución, el modelo, el *verdadero Marx*. En el caso del modelo comunista, lo notable es que sí se ha aplicado como sus autores decían que debía aplicarse (*v.gr.*, centralización económica, estatización de los medios de producción, partido único, control de precios, supresión violenta de la oposición contrarrevolucionaria, etc.) y ha producido exactamente los mismos resultados *en todas partes*, desde China Popular —en su época comunista: hoy es capitalista de Estado— hasta Venezuela, pasando por Chile (1970-1973) y Cuba, los países africanos socialistas… ¡No hay excepciones!

Tampoco se debe ser tan ingenuos de pensar que, porque los sistemas capitalistas funcionan mucho mejor bajo tantos aspectos —desde la perspectiva de las mejoras materiales de la vida ordinaria son los mejores sistemas de la historia humana—, sus deficiencias, disfunciones, abusos, etc., que también surgen en todas partes, son simple resultado de no aplicar más radicalmente la ideología.

La verdad, que la filosofía busca y la fe verdadera reconoce o apoya, es completamente distinta porque no es ideológica. Es una y la misma para todos. El pensamiento no ideológico no le tiene miedo a la verdad, cualquiera que ella sea. Y además la persona filosófica, no ideológica, no pretende tener un acceso privilegiado a la verdad. No existe la pretensión de poseer una *verdad absoluta*, en el sentido hegeliano de que nuestra mente o nuestro esquema científico abarque totalmente la realidad, porque esa capacidad se atribuye solamente a una mente infinita, es decir, a Dios. Según este presupuesto, que confía en la inteligencia, en la posibilidad de conocer la verdad, a la vez que reconoce sus límites, la revelación divina no es un obstáculo para la razón, no es una creencia ciega que niegue el acceso racional, científico, filosófico, a la verdad. Por el contrario, lo admite como una ayuda que puede servir para comprender y formular mejor la revelación misma.

La filosofía política es menos atractiva que cualquier ideología para las masas de la modernidad, porque a todos nos gustaría tener un conocimiento privilegiado de la realidad, proponer un diagnóstico superior al de los vecinos, conocer las soluciones precisas para cada problema. La acción ideológica no se adapta bien a la realidad, es violenta, pretende cambios rápidos y radicales, por lo que es funcional a la crítica rebelde y a la impaciencia juvenil. La acción fundada en la filosofía está mediada, en cambio, por una serie de concreciones prudenciales, no dogmáticas, falibles y rectificables. Es una acción que no pretende cambios radicales. Si es buena, es transformadora para lo mejor; pero admite que nunca se va a alcanzar lo óptimo en este mundo.

En síntesis, la ideología satisface nuestro deseo torcido de superioridad intelectual y moral, de dominación y poder sobre el mundo y sobre los demás. La filosofía política, en cambio, rectifica los malos deseos y no ofrece lo que la humanidad, pequeña y limitada, no puede conseguir: soluciones sencillas para problemas complejos, arreglos definitivos para situaciones cambiantes, sensación de superioridad para hombres igual de buenos o malos que cualquiera otro (al menos como punto de partida).

La filosofía política es bastante decepcionante. No sé si tú querrás seguir leyendo.

4. LA PERSONA HUMANA

Puede considerarse al hombre como un animal que destaca respecto de todos los otros animales. Esta es una reflexión que existe antes del surgimiento de concepto de persona. La pregunta acerca de qué es el hombre, que emerge temáticamente en la época antropológica de la filosofía, ha recibido múltiples respuestas. Se convirtió en tarea clásica de la filosofía la de descubrir la diferencia esencial entre el hombre, los demás animales y el resto de la naturaleza (creación). Actualmente tenemos dos grandes fuentes de respuestas a esta pregunta, una en la revelación judeocristiana, que tiene el relato del *Génesis* como su gran respaldo, y otra en la reflexión filosófica grecolatina, que es de orden racional, aunque conectada a sus mitos y narraciones.

En el relato del libro del *Génesis* hay unos cuantos elementos que entran a formar parte de la visión clásica del hombre como criatura, es decir, de la convicción de que existe Dios y de que el hombre procede de Dios por creación. En el relato de la creación de Adán a partir del barro de la tierra, a quien Dios le insufla alma inmortal y que, por eso, se dice que es creado a imagen y semejanza de Dios mismo, ya hay toda una visión antropológica que, a partir de su consolidación en la revelación veterotestamentaria y de su culminación con Jesucristo, empieza a echar raíces en Occidente. La visión de que cada ser humano está creado a imagen y semejanza de Dios sigue siendo, hasta el día de hoy, muy novedosa para las culturas orientales.

También se presenta novedosa la idea de una igualdad esencial entre el varón y la mujer, porque el relato del *Génesis* dice que Dios crea al hombre *a su imagen y semejanza*, y que *varón y mujer los creó*: «Creó, pues, Dios al ser humano a imagen suya, a imagen de Dios le creó, macho y hembra los creó» (*Génesis* 1, 27). Por lo tanto, dicha imagen y semejanza, igual sobre todo por el espíritu inmortal encarnado en el barro, está también esencialmente *realizada* y a la par *diversificada* en el varón y la mujer. Esta visión da origen a una concepción de la esencia del matrimonio y de la familia, con un fundamento divino y creacional. La imagen-idea de la familia, con un fundamento antropológico-creacional tan fuerte, al final se expande a toda la sociedad, formada por esas personas y esas familias así dignificadas.

Luego aparece, en el relato del *Génesis*, el dominio relativo del hombre sobre todo el resto de la creación material, a través de la palabra, de ponerle nombre a todas las cosas, y a través del ejercicio de su dominación y de su cuidado para cumplir una misión confiada por Dios; *i.e.*, como hemos dicho, es un dominio relativo, no absoluto, siempre sometido a un poder más alto y más sabio. Dice el libro sagrado: «Y los bendijo Dios, y les dijo Dios: "Sed fecundos y multiplicaos y henchid la tierra y sometedla; mandad en los peces del mar y en las aves de los cielos y en todo animal que serpea sobre la tierra"» (Génesis 1, 28).

La reflexión filosófica, ya antes de que entraran en contacto estas dos grandes orientaciones (Atenas y Jerusalén), también había visto en el ser humano algo que lo destacaba respecto del resto de la naturaleza (aun sin concebir la creación por un Dios personal). Esta sabiduría filosófica se puede resumir en dos frases típicas de Aristóteles para definir la esencia humana: el hombre es el *animal racional* y el hombre es el *animal político*. «Los demás animales viven principalmente guiados por la naturaleza; algunos, en pequeña medida, también por los hábitos; pero el hombre además es guiado por la razón; él solo posee razón…»[62]. De su racionalidad no sometida al instinto surge la capacidad de formar comunidades diversas, no siempre idénticas —no como los panales de abejas o las jaurías de perros—, eligiendo entre diversas posibilidades, siempre dentro de un límite natural: el hombre necesita formar familias y, mediante agrupaciones progresivamente más complejas, aldeas, ciudades. De nuevo el Estagirita:

---

[62] Aristóteles, *Política*, VII, 1332b.

«De todo esto es evidente que la ciudad es una de las cosas naturales, y que el hombre es por naturaleza un animal social, y que el insocial por naturaleza y no por azar es o un ser inferior o un ser superior al hombre»[63].

Las dos propiedades definidoras, esenciales, están vinculadas. En todos los demás animales hay alguna forma de conocimiento y alguna forma de movimiento instintivo para satisfacer los fines de la naturaleza. Pero en el hombre, a pesar de tener algún tipo de inclinación instintiva y de conocimiento sensible, tiene un tipo de conocimiento que lo destaca totalmente, que es la razón. La capacidad de penetrar en la realidad, de tener un conocimiento abstracto, lleva consigo que el impulso sensible no sea el determinante de su conducta, porque se puede imponer, en ella, un apetito racional que permite distanciar la acción respecto del apetito sensible, y que, por consiguiente, genera la libertad. La libertad es una consecuencia de la razón; de ahí que la derrota de la racionalidad en el obrar, incluso cuando es voluntaria e imputable (*v.gr.*, un exceso en la ira o en la comida), se experimenta psicológicamente como una esclavitud, que remuerde y humilla.

El hombre, en cuanto animal racional, crea además cosas nuevas y puede establecer lo que nosotros hoy llamamos cultura, distintas realidades como el arte, la religión o la política, que no se basan en la naturaleza propiamente biológica, ni en el instinto, aunque la unidad psicofísica humana implique las dimensiones más materiales (físicas, biológicas) en las más espirituales (artísticas, religiosas, etc.). Las abejas, desde que existen, han hecho sus panales exactamente iguales, de manera maravillosa, con un orden objetivo que nosotros podemos contemplar y hasta representar matemáticamente; pero las abejas no son capaces de añadir nada distinto a lo que su naturaleza biológica les impele a hacer: siempre el mismo método de trabajo, siempre las mismas formas, siempre la misma eficacia magnífica. En cambio, el ser humano tiene la particularidad de que en su naturaleza biológica no está predeterminado el modo de cumplir sus fines biológicos (mucho menos sus fines intelectuales y espirituales). Hay

---

[63] *Política*, I, 1253a.

una suerte de *rango de posibilidades*, ciertamente condicionado por la naturaleza en sentido físico y biológico; pero hace falta descubrir cómo hacer las cosas en concreto: pensar, proyectar, desear y elegir.

La inteligencia, la capacidad de penetrar en la realidad y de obrar libremente, en el ámbito que hoy denominamos *moral* —el de lo justo y lo injusto—, lleva a constituir familias y sociedades muy por encima de las capacidades meramente gregarias de otros animales. Nuevamente nos dice el gran filósofo (¡qué admirable es Aristóteles!):

> «La razón por la cual el hombre es un ser social, más que cualquier abeja y que cualquier animal gregario, es evidente: la naturaleza, como decimos, no hace nada en vano y el hombre es el único animal que tiene palabra. Pues la voz es signo del dolor y del placer, y por eso la poseen también los demás animales, porque su naturaleza llega hasta tener sensación de dolor y de placer e indicársela unos a otros. Pero la palabra es para manifestar lo conveniente y lo perjudicial, así como lo justo y lo injusto. Y esto es lo propio del hombre frente a los demás animales: poseer, él sólo, el sentido del bien y del mal, de lo justo y de lo injusto, y de los demás valores, y la participación comunitaria de estas cosas constituye la casa y la ciudad»[64].

Debido a esto, la organización social va a ser muy cambiante (a la vez que podemos describir paralelismos históricos y modelos o tipos de sociedades similares). La palabra va a ser el principal instrumento de organización social y el hombre se va a constituir como un animal político, precisamente porque es un animal racional y lingüístico. Entre los otros animales, los que más alto están en la jerarquía pueden llegar a tener algún tipo de comunicación sensible, para transmitir situaciones concretas (alegría, dolor, ira, temor...); pero no pueden tener aquel lenguaje original y abstracto que da origen a los idiomas, que sí tienen los humanos. Y si esos animales superiores pueden tener carácter gregario y, por lo tanto, formar algún tipo de sociedad en la que haya liderazgos y coordinación, siempre quedarán

---

[64] *Política*, I, 1253a.

vinculados a percepciones absolutamente particulares y concretas que les impiden crear una cultura, una ciudad, algo que evolucione en el tiempo dentro de la misma especie (no me refiero aquí a la evolución de las especies en sentido biológico, asunto que no nos concierne).

Los lobos son también animales gregarios, pero una manada de lobos de hoy es esencialmente igual a una de hace 2000 años. No tenemos distintos idiomas de lobos, ni realizaciones culturales que vayan más allá de repetir siempre el mismo patrón de conducta gregaria. Aristóteles dice que sólo el hombre tiene lenguaje. Y él, que sabía perfectamente que había muchos animales gregarios, dijo que en ese sentido estos otros animales también son *políticos*, pero que ninguno de ellos tiene *polis*.

Aristóteles llegó a decir que, como es propio del ser humano el tener una inclinación a vivir en ciudades, lo más natural para él es habitar ciudades:

«La comunidad perfecta de varias aldeas es la ciudad, que tiene ya, por así decirlo, el nivel más alto de autosuficiencia, que nació a causa de las necesidades de la vida, pero subsiste para el vivir bien. De aquí que toda ciudad es por naturaleza, si también lo son las comunidades primeras. La ciudad es el fin de aquéllas, y la naturaleza es fin. En efecto, lo que cada cosa es, una vez cumplido su desarrollo, decimos que es su naturaleza, así de un hombre, de un caballo o de una casa. Además, aquello por lo que existe algo y su fin es lo mejor, y la autosuficiencia es, a la vez, un fin y lo mejor. De todo esto es evidente que la ciudad es una de las cosas naturales, y que el hombre es por naturaleza un animal social, y que el insocial por naturaleza y no por azar es o un ser inferior o un ser superior al hombre. Como aquel a quien Homero vitupera: *sin tribu, sin ley, sin hogar*, porque el que es tal por naturaleza es también amante de la guerra, como una pieza aislada en el juego de damas»[65].

[65] *Política*, I, 1252b-1253a.

Cuando el Estagirita dice que el hombre es un animal político, no quiere decir solamente que es un animal social porque vive en sociedad, en el sentido del vivir junto a, y colaborando con, otros individuos de la especie biológica. Es evidente que esto lo hacen otros animales, irracionales, pero políticos en este sentido análogo. Aristóteles comprende la politicidad en sentido teleológico, se decir, en cuanto la vida humana tiende a la forma más alta de asociación, la *polis*, a partir de las más bajas y cercanas a las de otros animales. El Filósofo dice que hay que examinar las formas de agrupación humana, de las cuales la familia es una. La aldea es una agrupación de familias, pero la *polis* es la ciudad y esta reúne a muchas aldeas. Esto último es lo que para Aristóteles resulta natural. Se nos plantea entonces un problema: ¿cómo puede ser *natural* aquello que sabemos que se ha construido mediante un largo proceso de desarrollo, en el cual no ha participado la mayoría de la humanidad, dado que la mayoría llegó a vivir en ciudades, en contraposición a las pequeñas aldeas o las familias dispersas en el campo, solo en el siglo XXI? Recién alrededor del año 2000 sucedió que más de la mitad de la población vive en ciudades. ¿Cómo podemos decir que es lo natural o por naturaleza algo que ha sucedido, de hecho, tan poco?

Aristóteles observó que la naturaleza tiene dos sentidos (entre muchos otros, no relevantes ahora): en el primero, lo que una especie es en su *origen* y, en el otro, metafísicamente más importante, la perfección a la que esta puede llegar, su fin objetivo o *telos*. En un cierto sentido, es tan humano el que vive con dos o tres familias más, en el campo, como el que vive en una comunidad política completa, promoviendo su bien común. Los dos son igualmente humanos, porque lo inhumano o suprahumano sería no vivir de ninguna manera asociado bajo alguna forma justa de convivencia. Pero la asociación política amplia, la *polis*, es superior, como lo es la plenitud natural respecto del inicio natural de cualquier individuo de una especia. Así dice Aristóteles:

«En todos existe por naturaleza la tendencia hacia
la comunidad política, pero el primero que la estableció
fue causante de los mayores beneficios. Pues así como
el hombre perfecto es el mejor de los animales, así

también, apartado de la ley y de la justicia, es el peor de todos»[66].

Según Aristóteles, quien vive ya en la *polis*, participando de la vida política, ha desarrollado una perfección humana superior, que no se puede desarrollar solamente a nivel familiar o de la aldea o de los negocios. De esta forma, el hombre es animal político por naturaleza, en un sentido tendencial o teleológico; pero no todos los hombres desarrollan su naturaleza hasta alcanzar lo que puede denominarse una vida política. De la misma manera, el hombre es un animal racional por naturaleza, pero no todos los hombres desarrollan su racionalidad al máximo, que es la filosofía, la contemplación de la verdad (en el caso de la fe católica, la contemplación de las verdades divinas procede de la caridad y es más alta que la plenitud contemplativa meramente racional). En este sentido se puede vivir en una comunidad racional sin ejercitar según la naturaleza la capacidad racional, sea culpable o inculpablemente (*v.gr.*, un niño o un demente). Asimismo se puede vivir en medio de la ciudad, de la comunidad política completa, sin ejercitar o sin haber madurado la naturaleza propiamente política, como quienes simplemente viven para el bienestar material y el juego, despreocupados de los asuntos públicos.

Con el cristianismo se produce un fenómeno en el cual la visión que procedía de la revelación hebrea, culminada con la venida del Mesías, entra en contacto y en competencia con esta visión que procedía de la sabiduría antigua. Antes, los hebreos habían chocado con las culturas paganas e idolátricas, y habían conservado su fe gracias a la fuerza de los profetas y al martirio y la guerra, como se ve en la epopeya de los Macabeos, hacia el final del Antiguo Testamento. El cristianismo va más allá: pretende no solamente conservar la pureza de la fe de un Pueblo Elegido, sino convertir y reunir en un solo Pueblo de Dios a todas las naciones. En ese marco de actuación y de confrontación, comienza a producirse una suerte de corrección en la cultura grecorromana y pagana en general. Dentro de ella había una división muy fuerte entre los seres humanos, en la que, por ejemplo, los niños y las mujeres prácticamente no tenían dignidad; los hombres se dividían en libres y esclavos de forma tal que los griegos

---

[66] *Política*, I, 1253a.

tenían dignidad y los bárbaros eran, según la concepción dominante en la época de Aristóteles, esclavos por naturaleza (aunque Aristóteles no lo pensaba así, sí que pensaba que eran esclavos por naturaleza los hombres intelectualmente inferiores)[67].

El cambio introducido por el cristianismo fue radical, profundo, aunque, debido a su carácter pacífico y paulatino —el Imperio fue oficialmente cristiano recién a fines del siglo IV con Teodosio I—, no puede llamarse *revolucionario*: no desafió a la autoridad constituida; no derrocó gobiernos; no alentó rebeliones (*v.gr.*, a lo Espartaco). Así lo recuerda Benedicto XVI:

> «El cristianismo no traía un mensaje socio-revolucionario como el de Espartaco que, con luchas cruentas, fracasó. Jesús no era Espartaco, no era un combatiente por una liberación política como Barrabás o Bar-Kokebá. Lo que Jesús había traído, habiendo muerto Él mismo en la Cruz, era algo totalmente diverso: el encuentro con el Señor de todos los señores, el encuentro con el Dios vivo y, así, el encuentro con una esperanza más fuerte que los sufrimientos de la esclavitud, y que por ello transformaba desde dentro la vida y el mundo»[68].

Constituyó una mutación sobrenatural y una irrupción espiritual tanto para las culturas a las que empezó a evangelizar, provocando alternativamente persecuciones y conversiones, como para el judaísmo posterior a Cristo, procedente de quienes rechazaron al Mesías y así, mediante su sola existencia, mantienen vivos en su seno los testimonios de los antiguos profetas y abierta la cuestión mesiánica hasta el final de los tiempos, con la posibilidad de la conversión (de hecho, son muchos los judíos que se convierten al catolicismo silenciosamente).

El pueblo hebreo, como era el Pueblo Elegido, tenía una cierta conciencia de superioridad, vinculada al pueblo mismo en su identidad política y racial; pero sucedió que el cristianismo puso de

---

[67] Cf. *Política*, I, 1252a-1255b.
[68] Benedicto XVI, Encíclica *Spe Salvi* (2007), n. 4.

manifiesto que los hombres son esencialmente iguales desde el punto de vista de la naturaleza, ya que comparten la misma esencia, y que, gracias a la apertura universalista predicada por Cristo, el Mesías, y ejecutada por los Apóstoles, todos los seres humanos —desde el punto de vista de la fe— comparten no solo la misma imagen y semejanza con el Creador (como afirman los judíos), sino también la misma llamada a formar parte de un solo Pueblo de Dios y a alcanzar la vida eterna en el Cielo. Así lo dice San Pablo, judío:

> «Porque todos ustedes son hijos de Dios por la fe en Cristo Jesús, ya que todos ustedes, que fueron bautizados en Cristo, han sido revestidos de Cristo. Por lo tanto, ya no hay judío ni pagano, esclavo ni hombre libre, varón ni mujer, porque todos ustedes no son más que uno en Cristo Jesús. Y si ustedes pertenecen a Cristo, entonces son descendientes de Abraham, herederos en virtud de la promesa»[69].

De manera análoga, respecto de las concepciones paganas, cuando entra el cristianismo en escena se refuerzan ideas tan clásicas como que el hombre es un animal racional y político por naturaleza. Con todo, la *polis* ya no es la máxima sociedad posible; tampoco un imperio, ni siquiera el mundo entero con sus estructuras caducas, pues la sociedad cristiana es siempre aún mayor. Uno es más perteneciendo a la Iglesia que perteneciendo a la *polis*. Según una idea ya presente en los estoicos, uno es más por pertenecer a la humanidad que por pertenecer a una ciudad concreta; pero ahora, con el cristianismo, también se es más por pertenecer a la Iglesia, que es el Cuerpo de Cristo, que por pertenecer a la humanidad. El cristianismo introduce una relativización del valor de la comunidad política a la que uno pertenece, algo ya incoado en el estoicismo, pero ahora mediante una universalidad concreta: uno es más no por no pertenecer a ningún pueblo, por ser *ciudadano del mundo* y miembro de la Humanidad en general, sino por pertenecer a un pueblo que es en sí mismo universal y particular a la vez. La relativización de lo nacional y particular, de un solo pueblo, no redunda en una absolutización de

---

[69] San Pablo, *Carta a los Gálatas*, 3: 26-29.

lo supranacional o de la universalidad humana, porque el cristianismo exige lealtad a la patria y a quienes la gobiernan. Por eso, es una tergiversación del cristianismo su alianza estratégica o quizás acomplejada con el globalismo abstracto e internacionalista.

Tampoco la racionalidad del animal racional permanece incólume con la irrupción de la novedad cristiana, sino que se amplía y se abre hacia lo trascendente: hay un conocimiento de fe, que se presenta como superior a la razón de los filósofos, aunque sin oponerse a ella.

En fin, la conciencia de la dignidad de la persona humana alcanza una altura que no se había conocido antes y que, aunque puede tener un fundamento racional, de hecho, históricamente, procede de ese influjo del cristianismo. Por eso, no nos extraña que, durante las discusiones previas a la redacción de la Declaración Universal de los Derechos Humanos, promulgada en 1948, algunos representantes de la cultura oriental afirmaran que no tenían la idea de la dignidad individual de la persona, sino la idea de la dignidad del pueblo, a la cual se subordina cada persona humana. De ahí que, aun estando de acuerdo con esos derechos humanos y con el deber de respetar a cada persona, los orientales tenían más presentes las normas y los deberes (como sucedía en Occidente antes de la explosión de los derechos subjetivos). Por consiguiente, también la idea de la dignidad personal, individual, tiene un origen histórico específico.

Para comprender mejor cómo la dignidad del ser humano se recoge hoy en la noción de persona humana, terminamos este capítulo considerando el concepto de persona, que surge precisamente para indicar, mediante una sola palabra, al individuo digno (*i.e.*, excelente, superior, merecedor de un trato especial).

Se trata de una historia de gran complejidad, pues el concepto de persona no siempre ha tenido el mismo significado[70]. Inicialmente, el término «persona», desde su origen histórico, tuvo un significado que se ha mantenido bastante, incluso hasta el día de hoy, aunque marginalmente; pero fue adquiriendo después un uso teológico

---

[70] Véase el resumen de esta historia y el estado actual de la cuestión en la filosofía jurídica realista clásica en Javier Hervada: *Lecciones propedéuticas de filosofía del derecho*, págs. 423-470.

distinto, cuyo significado fue variando con el correr del tiempo; luego se introdujo en la filosofía y tiene, actualmente, bastante más fuerza.

El concepto de *persona* nació en la Grecia antigua para distinguir a los *personajes* principales del teatro, que usaban una máscara cuyo nombre en griego es *prósopon*. Luego, en el teatro romano, a la máscara se la llamó en latín *persona*. Una de las hipótesis etimológicas dice que se impuso ese nombre a las máscaras porque se usaban para hacer resonar (*per-sonare*) la voz del actor (no había micrófonos ni amplificadores: solo la voz potente y el uso de las máscaras como instrumentos para hacer resonar la voz). Desde ahí el nombre de *persona* pasó a significar la importancia, la dignidad que representaba el actor en la pieza de teatro, según el personaje representado (un rey, un dios, un general). Fue entonces que, en un siguiente paso, fuera ya del ámbito del teatro, se empezó a usar la noción de persona en el ámbito del derecho para referirse a la dignidad que un hombre representaba en la sociedad; es decir, para referirse fundamentalmente a las distintas funciones que un hombre podía cumplir en relación con los otros, unos roles que tenían su distinta dignidad o importancia social.

Por ejemplo, si se era senador, se era una persona; si se era padre de familia, se era otra persona; y si se era embajador, se era otra persona. Los romanos incluso acuñaron al respecto este adagio: «*unus homo plures personas sustinere potest*»; es decir: «un solo hombre puede sostener distintas personas». El mismo hombre, el mismo ser humano, adoptaba distintas dignidades según sus distintas relaciones y funciones en la sociedad; uno solo era, entonces, varias personas. Aquí la palabra persona sigue significando una cierta dignidad, una cierta importancia respecto de otros; pero no significa nada sustancial, ya que lo sustancial es el hombre, y en este caso su persona no es su sustancia, sino la dignidad que ocupa en relación con los demás. En suma, el uso clásico de la palabra persona no significa la sustancia del ser humano, sino su rol social (en el teatro, el personaje; en la ciudad, la dignidad respecto de otros).

Ese uso jurídico se ha mantenido a lo largo del tiempo hasta el día de hoy. En la actualidad, se usa este concepto como desligado del sujeto que sostiene a la persona. Y no es, por tanto, un sinónimo del ser humano. Es así como el derecho considera que puede haber una persona que esté formada por varios seres humanos reunidos y que constituyen a una sola persona jurídica, o puede atribuir el ser persona o sujeto de derecho a entidades que no son seres humanos, como incluso un conjunto de bienes destinados a una finalidad (las fundaciones). En el derecho canónico sucede lo mismo, pues ante la Iglesia es persona (en este sentido jurídico restringido) solo quien está bautizado. Si no se está bautizado, no se es persona delante de la Iglesia. Obviamente, la Iglesia sí considera *personas*, en su sentido ontológico propio del lenguaje corriente moderno, como seres dotados de una dignidad eminente, a todos los seres humanos. Pero en ambos casos, en el derecho estatal y en el derecho eclesiástico o canónico, el concepto de persona sigue usándose para indicar ese rol o función que tiene un individuo respecto de la sociedad, y que puede aplicarse, por analogía, a las personas jurídicas.

Pero ¿cómo se llegó a dar a una palabra que, en un inicio, significaba máscara, el sentido ontológico de una *sustancia individual de naturaleza racional*, según la definición clásica de Boecio? Eso también tiene una historia, en este caso teológica. Cuando los primeros cristianos intentaron exponer el misterio del único Dios, que a la vez es Padre, Hijo y Espíritu Santo, y el misterio de Jesucristo como Dios y Hombre, se encontraron con una gran dificultad conceptual. Sucedió entonces que, después de muchas discusiones, llegaron a la siguiente solución: usar la palabra *persona* para el ser que es *sujeto de atribución* de todas las acciones, con un sentido ontológico, y la palabra *naturaleza* o *sustancia* o *esencia* para el *modo de ser* de ese sujeto. Con esos dos conceptos pudieron definir los dogmas de la Encarnación y de la Santísima Trinidad. Cristo, dijeron, es un solo sujeto de atribución de acciones y características, padecimientos, etc.; pero tiene dos modos de ser, o dos naturalezas, porque es Dios —con esa naturaleza divina se identifica el sujeto que es la Persona de Cristo—, porque es el Hijo o Verbo, la Segunda Persona de la Santísima Trinidad, y al mismo tiempo es hombre y tiene toda la naturaleza humana, cuerpo y alma, inteligencia y voluntad, pasiones, todo eso unido a su único Yo que es divino. Similarmente, la Trinidad es una sola sustancia, la naturaleza divina, el Dios único, cuya vida íntima eterna se realiza en tres sujetos distintos y correlativos como relaciones subsistentes: el Padre, el Hijo y el Espíritu Santo. (Los padres griegos, que no usaban la palabra latina persona ni su equivalente griego *prósopon* para estos efectos, prefirieron la palabra *hipóstasis* para indicar el sujeto en el que se realiza la naturaleza).

En esa explicación teológica, *persona* significa algo sustancial, no una máscara. Por eso, como hemos dicho, Boecio la define como *sustancia individual de naturaleza racional*[71], y santo Tomás, para ser más preciso, como el *sujeto subsistente en la naturaleza intelectual*[72]. De ahí a comenzar a aplicar el mismo concepto a las sustancias intelectuales, como los ángeles y los seres humanos, solo había un paso. Así surge el concepto *ontológico* de persona, más allá del concepto *jurídico* como sujeto de derecho y más allá de cualquier rol social. El concepto ontológico, aplicado a los seres humanos, implica que todos los seres humanos —por el tipo de ser que son: de naturaleza racional— son personas, dotadas de eminente dignidad.

La dignidad eminente de la persona humana la pone por encima de toda la creación material, pero las personas angélicas son superiores a las humanas. Y entre las personas humanas, al vivir en sociedad y al obrar en el orden moral, surgen también merecimientos que van más allá de lo que cada uno es simplemente por ser humano. Por eso puede hablarse de la *dignidad moral* de una persona humana, que es superior en quien posee más virtudes y méritos por sus actos libres. Es más digno moralmente, por ejemplo, san Alberto Magno que José Stalin. Análogamente, puede hablarse de la mayor o menor *dignidad social o política* de una persona en relación con otras: el Presidente de la República posee mayor dignidad —está más alto en la escala del trato que se le debe— que sus ministros de Estado, y estos están más arriba en dignidad política que sus subsecretarios.

El bien común incluye, exige, que a todos se les respete su dignidad básica como seres humanos; pero eso no significa que todos merezcan, en todo, el mismo trato, porque hay diferencias de trato que se apoyan en legítimas diferencias de dignidad moral (*v.gr.*, no se puede tratar igual al ciudadano honrado que al delincuente, aunque incluso el delincuente que debe pagar su deuda a la sociedad merece un trato digno como persona) o de dignidad política (*v.gr.*, es obvio que a la Reina Isabel de Inglaterra se le debe una deferencia y respeto mayores que a su Primer Ministro). Precisamente la distinción entre

---

[71] Cf. *Suma teológica*, I, q. 29, a. 1; y Hervada: *Lecciones propedéuticas de filosofía del derecho*, pág. 431.

[72] Cf. *Suma teológica*, I, q. 29, a. 3.

estos tres planos de la dignidad de la persona (ontológica, moral y social) nos permite afirmar a la vez, pero en sentidos distintos, que todos los seres humanos son igualmente dignos y que no todos merecen los mismo.

Según su identidad ontológica, que se posee inalienablemente por pertenecer a una especie superior y, en realidad, la más alta en el mundo visible, todas las personas son esencialmente iguales entre sí. Todas merecen ser tratadas con una consideración y respeto esencialmente mayores que los que merecen los animales irracionales o las plantas. Esto no significa que podamos tratar a los seres subhumanos de cualquier manera, porque la superioridad ontológica nuestra nos hace custodios de la creación. La igual dignidad personal, en cambio, sí exige que nadie sea tratado como podría serlo un animal bruto. Incluso el más criminal de los criminales, si merece un castigo, lo merece porque obró con la libertad e imputabilidad propias de un ser superior a los simples brutos. Y en la imposición de ese castigo, aunque fueren los azotes o la muerte, no se le debe odiar ni intentar simplemente su destrucción como persona, sino la rectificación de su mala voluntad y la protección del bien común.

De todos modos, el mínimo que merece cada persona por ser persona es bastante bajo: *no ser tratado como una rata*. Las diferencias en cuanto a la dignidad moral permiten muchas distinciones de trato que no son discriminaciones arbitrarias. Por ejemplo, el honor se debe a la virtud y la ignominia, al vicio. Por eso, y con justicia, los pueblos reaccionan airadamente cuando se otorgan premios a quienes perciben como moralmente viciosos o corruptos (tema distinto es que un pueblo corrompido considerará como malo lo que en realidad es bueno, como los que martirizan a los santos). Las diferencias de dignidad moral entre las personas justifican tratos diferenciados a la hora de elegir a los amigos, al cónyuge, a los compañeros de viaje (cuando se puede), a las personas con las que libremente nos asociamos para hacer negocios (la confianza se destruye por la indignidad moral) o a las que contratamos para que trabajen con nosotros, etc. Así como la dignidad ontológica de cada ser humano ha de ser siempre respetada y la persona en cuanto tal no debe ser odiada, sino amada, así también la indignidad moral de una persona puede merecer que no se la respete y que se la denuncie o desprecie. El desprecio no va contra la persona en cuanto persona, a la que se querría rescatar de su indignidad, sino contra la persona en cuanto delincuente, vicioso, traidor, enemigo de la patria, mentiroso, hipócrita, violador, corruptor de menores, asesino, ladrón.

Análogamente, una persona puede ser moralmente mejor que otra, pero ostentar una dignidad social o política menor. Por ejemplo, la madre del rey podría ser moralmente mejor que él —una santa, madre de un rey lujurioso e iracundo—; pero los honores y la obediencia debidos al rey serán mayores que los debidos a su madre. Un súbdito podría tener poco aprecio —apenas cierta tolerancia y respeto externo— hacia un monarca tiránico y gran aprecio hacia el portero de palacio; pero la dignidad política del primero lo hace merecedor de mayor respeto público, de mayor honra, de mayores muestras de deferencia.

Y así se resuelve el dilema que tanta gente buena tiene ante personajes sociales despreciables en cuanto a su dignidad moral como personas (por su indecencia y villanía), pero que conservan su dignidad ontológica —siempre merecedora de respeto— y que además merecen respeto, honor y obediencia en cuanto personas públicas, junto con plegarias elevadas al Altísimo para que nos libere de la peste.

5. El BIEN COMÚN

Analizar el bien común como fin de la vida social no es fácil cuando el pensamiento liberal ha rodeado esa expresión de sospecha, como si apelar al bien común fuese poner en peligro el bien personal del ciudadano. Para desmontar el equívoco y reivindicar la primacía del bien común como finalidad social y también como condición de realización del bien personal, cabe comenzar con una introducción a la explicación teleológica de las realidades humanas.

En la filosofía de Aristóteles se distinguen cuatro causas para explicar, en general, cualquier realidad, aunque más evidente y directamente se aplican a las sustancias físicas.

«Es obvio, pues, que necesitamos conseguir la ciencia de las causas primeras (desde luego, decimos saber cada cosa cuando creemos conocer la causa primera). Pero de "causas" se habla en cuatro sentidos: de ellas, una causa decimos que es la entidad, es decir, la esencia (pues el porqué se reduce, en último término, a la definición, y el porqué primero es causa y principio); la segunda, la materia, es decir, el sujeto; la tercera, de dónde proviene el inicio del movimiento, y la cuarta, la causa opuesta a esta última, aquello para lo cual, es decir, el bien (este es, desde luego, el fin a que tienden la generación y el movimiento)»[73].

---

[73] Aristóteles, *Metafísica*, I, 983a (Madrid, Editorial Gredos, 1994).

Las causas material y formal constituyen el *qué* de la cosa, su realidad constituida intrínseca (por eso son causas intrínsecas de cada cosa): el sujeto o materia en que el ser existe (*e.g.*, el mármol en el cual se plasma la figura de la *Pietà*) y lo que le da su ser y su ser una especie de cosa u otra (*e.g.*, la forma de la Virgen con Jesús muerto en sus brazos, que es lo que define una figura de la *Pietà*). Las otras dos causas son extrínsecas a la cosa: el principio productivo y el bien para el cual se produce la cosa. La causa eficiente es lo que, o quien, hace esa cosa (*e.g.*, Miguel Ángel, con sus instrumentos, el martillo y el cincel). La causa final es el *para qué*, un bien inteligible que explica por qué se mueve el agente (*e.g.*, para plasmar la belleza en el mármol y para otros fines ulteriores).

De todas estas causas, Aristóteles consideraba a la causa final como la causa de las causas (*causa causarum*) y la más explicativa de todas, ya que permite descubrir el propósito de algo: el porqué un agente plasma determinada forma en una materia. El fin es lo primero que mueve, como intención en el agente, aunque lo último que se realiza, cuando la acción del agente logra el efecto buscado. De ahí la síntesis clásica: *el fin es lo primero en la intención y lo último en la ejecución*.

En las realidades humanas, esto es paradigmáticamente así, porque todas las acciones se distinguen entre sí fundamentalmente por el bien que quieren conseguir o el bien que se realiza en la acción. Hacer inteligible una acción y, en realidad, comprender en qué consiste, cuál es su esencia, qué tipo de acción es, nos exige mostrar el sentido o la finalidad a la cual la acción apunta: lo que los agentes humanos intentan y en qué medida, siempre limitada, lo ejecutan. Un mismo comportamiento externo, como clavar un cuchillo en el pecho de un hombre, puede ser una acción de matar o de sanar, según que quien clava el cuchillo se ordena al efecto de matar (quiere que muera la persona) o de sanarlo (es parte de una operación quirúrgica).

En el orden de la filosofía práctica, el punto de partida es, por tanto, la noción de lo bueno, que es aquello que perfecciona una realidad, una acción, una persona, una comunidad, y que lleva implícita la idea del fin, porque el bien atrae al apetito y, por lo tanto, nos lo proponemos como algo que queremos conseguir, es decir, algo para lo cual realizamos la acción.

Esta visión teleológica, muy presente en la época clásica en todos los niveles, se ha perdido en la época moderna, primero a nivel metafísico y luego en el plano científico. Suele pensarse que la finalidad es solamente algo subjetivo que los seres humanos pueden imponer a sus vidas, pero no una causa objetiva en el mundo. Las ciencias empíricas parecen prescindir de la teleología para explicar todo solo por referencia a causas eficientes. No obstante, hay algunos indicios de su recuperación del enfoque teleológico, especialmente en ciencias como la biología, como argumenta Edward Feser[74]. En el campo de las ciencias humanas, también se ha ido superando la tesis meramente sociologista, típica del siglo XIX, según la cual las sociedades y los eventos que en ellas acaecen —como cualquier realidad física estudiada por las ciencias empíricas— habían de ser objeto de descripción formal y de explicación causal o casi causal, sin referencia a finalidades. Debía relegarse al ámbito de lo subjetivo, de lo meramente valorativo, todo lo que consistiera en prescribir fines. Esta tesis antiteleológica ha ido retrocediendo.

La economía nos proporciona un ejemplo muy bueno de lo que acabamos de afirmar. Desde hace algunas décadas, los economistas han empezado a realizar estudios sobre la felicidad (¡nada menos!). Así vuelve a proponerse que, dentro del ámbito de la economía como estudio riguroso, científico, hay que examinar su finalidad última, que es precisamente la felicidad. Esta evolución nos recuerda que, según la visión clásica, la economía es una parte de la ética o de la filosofía clásica en general, y que su objeto no es solamente analizar o describir las conductas en el ámbito económico y explicarlas avalorativamente (*economía positiva*) para después, separadamente, proponer acciones de política económica basadas en preferencias subjetivas (*economía prescriptiva*, fundada en juicios de valor), sino que, en realidad, la economía como ciencia práctica tiene una finalidad intrínseca cargada de valor: la felicidad humana, la vida lograda o plena, que es la misma finalidad de la ética y de la política.

Con mayor razón, ha sucedido algo análogo en la ciencia política y en la filosofía política. Ya no se reconoce generalmente validez a esa distinción de la época positivista en la cual una cosa era describir las realidades políticas, describir el Estado, describir las formas de gobierno, etc., y otra distinta, relegada al ámbito subjetivo,

---

[74] Cf. Edward Feser, *Aristotle's Revenge. The Metaphysical Foundations of Physical and Biological Science* (Neunkirchen-Seelscheid, Editiones Scholasticae, 2019).

valorar y proponerse algunos fines como los bienes que se deben realizar. Esto ya no es plausible, porque aquella separación tan rígida entre describir y prescribir, entre explicar y valorar, anula las distinciones básicas entre, por ejemplo, un régimen legítimo y una tiranía, entre una sociedad libre y una sociedad totalitaria. Se asume, bajo ese supuesto, que no hay diferencias estructurales entre uno y otro régimen, lo cual evidentemente no es verdad, ni siquiera desde el punto de vista descriptivo: cuando se empieza a describir los regímenes que se han corrompido, se comienza a ver también que funcionan de manera distinta.

La supuesta asepsia científica del pensamiento político, sobre todo, iguala los regímenes corruptos y los regímenes sanos, para los efectos de la comprensión política. Así podía considerarse como igualmente democrático, por poner un ejemplo, a Estados Unidos y a la República Democrática Alemana (la Alemania oriental, que era un régimen comunista, totalitario). La expulsión de los valores y finalidades del campo científico político cegaba, a quienes debían explicar esas realidades, respecto del aspecto de ellas más evidente para cualquiera: la injusticia radical.

Pero, ¿cómo se puede distinguir un régimen político que se ha corrompido respecto de uno que no se ha corrompido? ¿Cómo se puede distinguir, para comprender de manera objetiva, una realidad humana —una *polis*, un Estado— que está en buenas condiciones de otra muy similar en su tipo, pero que está sumida en el desorden, la anarquía, el abuso o la opresión?

Es aquí donde entra a tallar el concepto de bien común, que Aristóteles usa como un eje central para dividir las tres formas legítimas de gobierno y para contrastarlas con las tres formas corrompidas de gobierno, que son regímenes *esencialmente* distintos. Y la razón del valor cognoscitivo de la noción de bien común radica en el carácter teleológico de la realidad, de toda la realidad, de un modo especialmente claro en el caso de las realidades humanas, instituidas y configuradas por los hombres con una finalidad inteligible, algún tipo de bien humano, que como perfección de la convivencia de muchos necesariamente ha de ser un bien común.

La monarquía es el régimen justo de uno solo, pues, independientemente de cuántos funcionarios le ayuden, es uno solo quien gobierna o en quien radica la potestad de decisión última. Y frente a la monarquía está la tiranía, el régimen corrupto de uno solo.

La aristocracia, a su vez, es el régimen justo de los mejores, que son pocos —la virtud es un bien humano escaso— y que gobiernan para el bien de todos; y la oligarquía es, por contraste, el régimen de unos pocos que mandan para su propio beneficio. Como los pocos que gobiernan para sí mismos no aprecian, por definición, los verdaderos bienes —la virtud, la perfección del espíritu—, cifran su felicidad en el poder, las riquezas, los placeres; y así la oligarquía suele ser indisociablemente una plutocracia, el gobierno injusto de los ricos, quienes se enriquecen precisamente como fruto de su iniquidad.

Los oligarcas y los plutócratas no son los mejores, lo cual quiere decir que van a mandar para su propio beneficio y no para el bien de todos; y que hasta podrían hacerlo con buena conciencia, porque es parte del vicio corromper los principios morales que permiten advertir el mal, es decir, sustituir los criterios éticos correctos por una nueva moral.

Con otras palabras, a los oligarcas el verdadero bien común les es simplemente *desconocido*, porque, al no ser ellos los mejores en un sentido ético o esencial, la misma corrupción moral que padecen les impide conocer el verdadero bien de todos. De hecho, suelen confundir el bien de todos —el bien del país— precisamente con las mediciones de su propio éxito para sí mismos: el aumento de la riqueza colectiva, de la que gozan desproporcionadamente, más que la mejora cualitativa de la participación de todos en ella (esta observación no dice nada respecto de cuál es el mecanismo justo, de bien común, para propender a una equitativa, no igualitaria, participación de todos en las riquezas colectivas).

Y en tercer lugar tenemos la república (el nombre genérico de régimen: *politeia*, en griego) o, ya en terminología de Cicerón, la democracia, que es el régimen donde gobierna la multitud para el bien común.

Se diferencia de lo que Platón y Aristóteles llamaban *democracia*, y que no tiene un nombre único o estable en la terminología moderna, que es el régimen corrompido de la multitud. A veces se lo denomina *demagogia*, entendida como una *dominación tiránica* por parte del pueblo, o incluso de una mayoría sobre una minoría. El régimen demagógico no gobierna para el bien común, sino para el bien de esa multitud, de una mayoría quizás, pero que no son todos los ciudadanos en armónica convivencia. El régimen que gobierna oprimiendo a una minoría, a cualquier minoría (aunque sea una minoría de gente rica), no es un régimen ordenado al bien común. Por eso, los regímenes *democráticos* que alientan el odio de clases —o cualquier forma de quiebre en la armonía de la convivencia—, la envidia y el resentimiento, no son verdaderas democracias, sino formas de la demagogia y, no rara vez, simples oligarquías demagógicas o tiranías encubiertas (*v.gr.*, los regímenes totalitarios, con un líder indiscutido y su camarilla oligárquica).

Así sintetiza Aristóteles estas distinciones:

«De los gobiernos unipersonales solemos llamar monarquía al [de uno solo] que mira al interés común; aristocracia al gobierno de unos pocos, pero más de uno, bien porque gobiernan los mejores, o bien porque se propone lo mejor para la ciudad y para los que pertenecen a ella. Cuando la mayor parte es la que gobierna atendiendo al interés común recibe el nombre común a todos los regímenes: república. Y es así con razón, pues uno solo o unos pocos pueden distinguirse por su excelencia; pero un número mayor es ya difícil que alcance la perfección en toda clase de virtud, pero puede destacar especialmente en la virtud guerrera, pues ésta se da en la masa. Por ello precisamente en este régimen la clase combatiente tiene el poder supremo y participan en él los que poseen las armas.

Las desviaciones de los regímenes mencionados son: la tiranía de la monarquía, la oligarquía de la aristocracia y la democracia de la república. La tiranía es una monarquía que atiende al interés del monarca, la oligarquía al interés de los ricos y la democracia al interés de los pobres; pero ninguno de ellos atiende al provecho de la comunidad»[75].

[75] Aristóteles, *Política*, III, 1279a-1279b (Madrid, Gredos, 1998).

El bien común es, pues, un criterio diferenciador de los regímenes políticos. Es un bien de todos que supera al bien de la mera subsistencia, así como al simple bienestar material. Al respecto, es también Aristóteles quien, en el libro I de la *Política*, dice que los hombres se unen primero para vivir, pero después para *vivir bien*:

> «La comunidad perfecta de varias aldeas es la ciudad, que tiene ya, por así decirlo, el nivel más alto de autosuficiencia, que nació a causa de las necesidades de la vida, pero subsiste para el vivir bien»[76].

El objetivo mínimo de una asociación humana es satisfacer las *necesidades ordinarias de la vida*, pero para esto puede bastar una familia viviendo en una isla, esforzándose todos quienes la componen en conseguir satisfacer las necesidades más elementales de comida, techo y protección contra los peligros inmediatos. Pero cuánto mejor es que muchas familias se ayuden mutuamente, y así constituyan una pequeña población; y cuánto mejor es todavía una ciudad entera, que fue el máximo de complejidad que llegó a concebir Aristóteles para la comunidad política, a pesar de que eso ya estaba dejando de ser la comunidad políticamente más compleja con la unificación de Grecia, que conseguiría su discípulo Alejandro Magno.

Por lo tanto, nos unimos para vivir bien, esto es, para la vida buena y no solamente para conseguir algunas ventajas materiales, como si estuviéramos en un negocio meramente económico. Esto significa que hay una finalidad que nos trasciende, que no es meramente material y que implica también la realidad espiritual de las personas, y a la cual se la llama *bien común*.

Se pueden dar dos definiciones del *bien común*, una más descriptiva y otra más metafísica. Las dos son iluminadoras, y no se excluyen entre sí.

Según la noción más descriptiva, el bien común es «el conjunto de aquellas condiciones de la vida social que permiten a los grupos y a cada uno de sus miembros conseguir más plena y

---

[76] Aristóteles, *Política*, I, 1252b. Véase también, Platón, *República* II, 369c y ss.

fácilmente su propia perfección»[77], es decir, su mayor perfección material y espiritual posible. Esta definición descriptiva del bien común destaca que se trata de un *bien de la sociedad considerada como un todo*, porque comprende distintas condiciones de la vida social, ninguna de las cuales es por sí sola el bien particular de una persona o de una parte cualquiera de la sociedad (grupo de interés, ciudad, gremio, ricos, pobres, etc.). Ha de haber, sin duda, suficientes bienes materiales para todos; si no fuesen suficientes, todos tendrían que trabajar más duramente hasta conseguir esa suficiencia. Es imprescindible un cierto orden interno y una adecuada defensa contra los peligros externos; que haya una adecuada coordinación entre las distintas actividades, una conveniente y complementaria división del trabajo, buenas comunicaciones, transporte, satisfacción de las necesidades básicas de techo, alimentación y cuidados de la salud, educación de las nuevas generaciones, ordenada procreación y educación de los hijos, etcétera.

Junto a las condiciones que parecen más materiales —no son solo materiales, porque todas exigen un orden racional—, también hay condiciones espirituales de la vida en común. Si el ser humano es alma y cuerpo unidos en profunda unidad sustancial (*«homo est corpore et anima unus»*[78]), una realidad animal pero también intelectual, libre y espiritual, no puede ser que las condiciones que ayudan a la mayor perfección personal de cada uno sean exclusivamente materiales. También hay aspectos espirituales de la vida común, como la adecuada ordenación del culto divino (religión), la educación y la cultura en general, la concordia (*i.e.*, la armonía entre los corazones), que no cabe reducir a una delimitación meramente material de competencias y de espacios: un «hasta aquí llegas tú y aquí empieza mi territorio», sino que es una realidad espiritual.

Entre las condiciones espirituales del bien común se encuentra la paz, la cual no es solamente un armisticio en que renunciamos a agredirnos por la sola razón de que, si comenzáramos a violentarnos, sería lo peor para todos. El equilibrio de fuerzas, el armisticio, es la paz entendida como mal menor; pero lo correcto es

---

[77] Concilio Vaticano II, *Constitución Pastoral "Gaudium et Spes"*, n. 74.

[78] Cf. Concilio Vaticano II, *Constitución Pastoral "Gaudium et Spes"*, n. 14; *Catecismo de la Iglesia católica*, nn. 362-368.

sostener que la paz es un bien positivo que implica, como dice la definición clásica de san Agustín, cierta *tranquilidad en el orden.*

> «La paz de todas las cosas es la tranquilidad del orden.
> Y el orden es la distribución de los seres iguales y diversos, asignándole a cada uno su lugar»[79].

La paz, así entendida, es un aspecto estrictamente moral y espiritual del bien común. Es serenidad, tranquilidad dentro de un orden en el cual las cosas están en su lugar, donde cada persona sabe ocupar su sitio y sabe relacionarse adecuadamente con todas las demás.

Este orden es el fundamento de una libertad racional, es decir, que no se limita a detenerse *donde comienza la libertad de los demás*, como dice el eslogan liberal, sino que se orienta hacia un bien más alto compartido del que participan todos —el bien común— y conforme con unas reglas justas que, más que limitar la libertad, la encauzan y la hacen posible (lo contrario es *libertinaje*).

La cultura y su transmisión mediante la educación, por ejemplo, es un bien estrictamente espiritual. La comparación es quizá un poco gruesa, pero cabe decir que puede hacer más una Gabriela Mistral en una pequeña escuela, con pizarrón y tiza, gracias a su riqueza espiritual y su altura poética, que una pléyade de profesores sin riqueza espiritual, aunque cuenten con todos los medios tecnológicos en un edificio del siglo XXI, inteligente, con todo tipo de computadores, *ipads* y *Kahoot*. Quien mejor educa, quien mejor transmite la cultura, es quien ya la tiene como un bien espiritual atesorado.

Todos los elementos de la cultura —las bellas artes, la literatura, la pintura, la música, las ciencias y la filosofía, la religión...— son un bien espiritual, que no se puede medir materialmente. El engrandecimiento de una persona que se pone en contacto con todo el progreso de la ciencia contemporánea no se puede medir materialmente, pues se trata de un bien espiritual.

La religión como realidad cultural, que forma parte de todas las civilizaciones y que tiene como finalidad —incluso si no hubiera

[79] San Agustín, *La Ciudad de Dios*, XIX, 13.

revelación judía o cristiana— la de tratar que el hombre se relacione con la trascendencia, con la Divinidad como fuente primera y sentido último de su propio ser, como ser mortal, es también esencialmente un bien espiritual, que afecta a todos, y es, por tanto, parte del bien común. Es un bien espiritual que, como todos los bienes espirituales humanos, se apoya en elementos materiales externos, como es, entre otros, el culto público y visible.

Entre esta clase de bienes espirituales, necesarios para sostener y lograr el bien común, se encuentra igualmente la autoridad. Esta es una realidad espiritual y no una realidad física. Si fuera una realidad física, en el sentido de que el mandato de la autoridad, en cada caso, se impusiera solamente por la fuerza, los que gobiernan necesitarían un poder de coacción inconmensurable. Necesitarían ser algo así como el *macho alfa* en la manada, que pierde su *autoridad* cuando se debilitan sus fuerzas. Por el contrario, en el mundo humano existe una realidad espiritual de carácter comunicativo, que es lo propio de la autoridad. En efecto, la autoridad es esencialmente comunicativa; es un derecho a mandar y a ser obedecido en virtud de razones para obrar de cierta manera coordinada, armoniosa, dirigida en un marco general de espontaneidad y libertad. A una enorme multitud le conviene que haya alguien, unos pocos que se ocupen especial y directamente de lo que afecta a todos, para que así cada persona particular pueda ocuparse directamente de lo que le afecta a ella y a su familia, en un entorno más inmediato. Por tanto, la autoridad es una realidad eminentemente espiritual, que presta un servicio de ordenación de todos hacia el bien común.

De esta manera y sucesivamente el bien común incluye una serie de condiciones de carácter estrictamente espiritual.

Incluso las realidades de carácter material, en las cuales hasta lo más espiritual se apoya para existir y operar (*v.gr.*, se necesitan edificios, libros, etc., para cultivar la ciencia y para educar), no sirven al bien común si es que no están ordenadas según un criterio a la vez ético y político, el cual es racional, es decir, espiritual. Si es verdad que lo espiritual, en los seres humanos, no subsiste sin lo material, también es verdad que nada material se configura como realidad humana sin una ordenación racional, espiritual. Por eso es ridículo pensar que la estructura material de la sociedad determina las superestructuras aparentemente espirituales, como la ética y el derecho (como pensaba el marxismo), cuando sucede *al revés*: solo se puede hablar de una estructura material, de una base económica, por ejemplo, porque alguna forma de racionalidad la ha producido. El espíritu puede causar la materia, pero no al revés. Las ideas, la visión intelectual de un solo hombre incluso, puede transformar la vida material y todas las formas de organización de lo material. Si una estructura material puede, a su vez, condicionar el modo de pensar de los hombres —si lo material influye en lo espiritual— esto se debe a que, en primer lugar, lo espiritual se ha encarnado en esa estructura material. Un sistema económico puede, por ejemplo, facilitar el consumismo y el individualismo, porque *ya antes* fue mentalmente concebido con presupuestos consumistas e individualistas. Es decir, como me parece obvio desde el punto de vista intelectual, el mal en los sistemas y en las estructuras procede no de su materialidad, sino de un error en la mente y de una consiguiente mala elección voluntaria, multiplicada casi infinitamente tantas veces.

En cuanto a los bienes materiales que tiene una sociedad en su conjunto, cabe hacer notar que son exactamente los mismos en su materialidad, con independencia de su ordenación racional. Si es que, por dar una cifra, el 98% de esos bienes materiales estuviesen en manos de un solo dueño, y quedase el resto para que se lo repartieran entre los demás, la situación material sería la misma que si llegasen a estar distribuidos en otra proporción, de una manera tal que no corrompiesen a sus dueños, y que tampoco generasen envidia y resentimiento, ni la justa indignación motivada por el hecho de que algunos se viesen privados de algo esencial. Esta diferencia de estructura, ¿de qué dependería? Pues obviamente no de la *cantidad* de bienes materiales, sino de su relativa ordenación social, de un orden de justicia, que es una virtud y también una realidad espiritual.

Por tanto, el bien común comprende un conjunto de condiciones de la vida social, materiales y espirituales al mismo tiempo, y que deben ser el punto de apoyo para que todos los miembros de la comunidad puedan alcanzar su propia perfección, porque la perfección humana —espiritual y material— se da encarnada en seres humanos de carne y hueso.

Una sociedad mejor no es un bien de tipo estacionario, que está fuera de los individuos, sino más bien es una sociedad que se realiza a sí misma con individuos mejores. En una familia, por ejemplo, hay un bien común familiar; en consecuencia, hay cosas que son de toda la familia, pero que en último término son aprovechadas por cada miembro de la familia. El bien común es común porque contribuye al bien personal de todos, sin identificarse con el bien particular de ninguno ni con la suma de los bienes particulares que cada uno pueda poseer como propios.

El bien humano se realiza en personas humanas, de carne y hueso, que desarrollan sus virtudes, que alcanzan su plenitud, que, en definitiva, alcanzan su fin último. El bien común de las sociedades humanas, aunque no se identifica con el bien particular ni con la suma de todos ellos, exige la participación de cada una de las personas, que forman parte de dichas sociedades, en esas condiciones de la vida social.

Una forma de comprender cómo el bien común es condición del bien personal es reflexionar sobre el clásico tema del fin último del hombre, que es el bien común del universo (Dios), pero participado por cada uno de los seres humanos en la bienaventuranza que consiste en la visión de Dios (personal, de cada uno). Ese bien común, en un sentido que hipotéticamente podría incluir solamente a un alma que contemplara a Dios, se extiende a muchos en la medida en que existen muchos, y por eso la presencia de los amigos es un elemento añadido a la bienaventuranza.

Santo Tomás se pregunta si la existencia de amigos forma parte de la felicidad, entendida como el fin último del hombre. Al respecto dice que hay que distinguir. Si se trata de la esencia de la felicidad, que consiste en la contemplación de Dios, la respuesta es negativa, porque esa contemplación la tendría una persona sola, que, aunque fuera la única persona que alcanzara el fin último, tendría la felicidad esencial. No obstante, tal como de hecho somos los seres humanos, que hemos sido creados como animales políticos, sociales, y que estamos llamados a participar de esa vida eterna junto a todos los santos, entonces la respuesta del Doctor Angélico es que sí, que la existencia de amigos es parte de ese Reino de Dios en el que consiste nuestro fin último. La presencia de los amigos se integra a esa felicidad que esencialmente consiste en la contemplación de Dios.

Así dice el Aquinate:

«La perfección de la caridad es esencial para la bienaventuranza en cuanto al amor de Dios, pero no en cuanto al amor al prójimo. Por eso, si hubiera una sola alma disfrutando de Dios, sería bienaventurada, aunque no tuviera prójimo a quien amar. Pero, supuesto el prójimo, su amor es consecuencia de la dilección perfecta de Dios. Por eso, la amistad y la bienaventuranza perfecta se relacionan entre sí como concomitantemente»[80].

Así como el fin último del universo (participar del bien divino por la semejanza con Dios) se realiza en cada alma que contempla la esencia divina, y solamente quedan excluidas las personas que voluntariamente se apartan del camino a la bienaventuranza, así también la felicidad o el bien pleno personal en el ámbito terreno ha de ser realizado *en cada persona*, mediante su participación personal en el bien común.

En consecuencia, sería un daño al bien común, y no solo al bien particular de los directamente dañados, que hubiera un sector de la sociedad sistemáticamente excluido —forzadamente, sin culpa propia— de disfrutar o de beneficiarse de esas condiciones de la vida común que le permitirían a todos un adecuado desarrollo, perfección y realización, tanto en los aspectos corporales como espirituales de cada uno. Esta es una de las razones por las que la existencia de pobres miserables —no solo de pobres en sentido relativo, por las diversas vicisitudes de la vida o por voluntaria opción—, junto a riquezas excesivas muy concentradas en unos pocos, no es solamente un problema de diversos niveles de bienestar particular, sino una falla en el bien común de toda la sociedad: en algún punto del intento continuo por ordenar racionalmente la convivencia, algunos se han visto privados, sin culpa propia, de una participación proporcional en las condiciones de vida y de acción que han beneficiado a todos los demás.

(Esta observación nada dice acerca de cuál es la mejor manera de reordenar el orden social socavado por esta forma de injusticia, para que otra vez todos puedan participar del bien común).

---

[80] *Suma teológica*, I-II, q. 4, a. 8, ad 3.

Esta relación entre el bien común y su participación en el bien personal se puede ver de forma más esencial con la segunda definición del bien común, a la que aludíamos antes, la más metafísica y, por metafísica, más profunda y segura. Esta definición es sencilla: *el bien común es el bien de todos y de cada uno de los miembros de una comunidad*. Por lo tanto, el bien común es un bien distinto del bien particular, caracterizado por no comunicase a otros, así como también es esencialmente distinto de la suma de los bienes particulares, porque la suma de estos sigue siendo el conjunto de bienes que cada uno tiene como propios y en los cuales los otros no participan simultáneamente (cosa distinta es que un particular pueda hacer partícipes a otros de sus bienes, como cuando un hombre le regala el anillo a su novia, y ya era hora). Un bien particular y la suma de todos los bienes particulares nunca son el bien de todos. La suma de todos los pedazos de pan en la casa no son el bien común de la casa; pero que todos y cada uno de los hijos tengan suficiente pan —esta realidad, distinta del pan de cada uno—, esto sí que es un bien común.

Luego, el bien común es un bien *de todos* y *de cada uno* al mismo tiempo. Si no fuera de todos, sería un bien particular, un bien de una parte de la sociedad, y si no fuera participado por cada uno, tampoco sería común, sino de una parte, aunque fuese mayoritaria, de la comunidad. Esta definición más metafísica no excluye los bienes particulares, porque, paradójicamente, la situación social generalizada en la cual todos y cada uno de los miembros de la sociedad disfruten de suficientes bienes particulares también es un bien común.

He aquí un ejemplo similar al anterior: un pedazo de carne, que yo esté comiendo, es un bien particular concreto, y no se lo come nadie más. En cambio, que todos mis conciudadanos tengan suficientes pedazos de carne —cada uno el suyo—, esto es una situación social en la que todos participan, y, por tanto, es un bien común; pero *el* bien común es también más que varios bienes comunes: es un orden de toda la comunidad.

Tanto la definición como los ejemplos permiten comprender que el bien común es esencialmente un *bien de orden*. Incluye que haya cosas concretas que, en sí mismas, sean bienes comunes, en los que puedan participar todos, como un parque, un río, el mar, el aire que respiramos. Los bienes comunes son una parte del bien común. Asimismo incluye que todos participen de la propiedad privada como institución, teniendo cada uno sus propias cosas. ¿Por qué? Por las razones que justifican dicha propiedad privada como la mejor forma de conseguir que los bienes (escasos) sean mejor cuidados, mejor distribuidos y mejor aprovechados, con menos conflictos y como salvaguardia de la libertad de las personas y de sus familias. Así volvemos a la paradoja: esta estatua concreta en mi jardín es mía y solo mía; es propiedad privada; pero que exista la propiedad privada en una sociedad, la institución general que permite cada propiedad en particular, aquello es un bien común.

Siguiendo con los ejemplos, que Gonzalo y Clemencia puedan casarse, tener hijos y educarlos bien, eso es un bien particular que ellos disfrutan y que ellos realizan con esfuerzo; pero que exista la institución del matrimonio, en la cual pueden participar todos los que sean aptos, y así ordenar adecuadamente la procreación, la educación de los hijos y la mutua ayuda y complementariedad entre varón y mujer, esto es una parte del bien común. Por tanto, siempre habrá aspectos de la vida social que constituyan un bien para todos y cada uno de los miembros de la sociedad, a la vez que permiten en concreto que cada uno disfrute de sus propios bienes particulares. El bien común es el fin de la vida social; para eso colaboramos todos.

Todo esto explica que el bien común prime sobre los bienes particulares. Es un bien cualitativamente más alto, de manera tal que es mejor para todos que exista este bien común y que se incremente. Para promover ese bien común, condición indispensable también para que cada uno consiga su bien particular, es preciso que todos debamos asumir nuestra cuota de sacrificio, es decir, ofrecer nuestros bienes particulares —trabajo, dinero, vida— como contribución justa —según una medida legítima— al bien de todos.

El sacrificar los bienes particulares por el bien común no se opone a la idea de que el bien común sea un bien para todos. Simplemente implica que, como es un bien para todos, todos debemos entregar nuestro aporte, poner nuestro esfuerzo, hacer nuestro sacrificio de tiempo, de bienes materiales y, en caso extremo, de la vida misma (un soldado en la guerra, un policía luchando contra criminales, un médico o una enfermera tratando enfermos contagiosos, etc.). Si el fin último de la existencia fuera sobrevivir, cada uno podría luchar por su vida y quizás olvidarse del bien común; pero no se trata de sobrevivir, sino de vivir bien, de una manera tal que las personas se puedan perfeccionar, durante el tiempo que duran sus vidas.

El horizonte de la muerte ayuda a comprender el extremo al que puede llegar la exigencia del bien común. En algún momento, vamos a tener que morir. La cuestión es cómo hemos vivido: si para el propio yo, evitando todo sacrificio que no redunde en nuestro bienestar en un sentido meramente egoísta, o para servir a los demás, al bien de todos. El soldado que muere heroicamente, como Arturo Prat, sacrificando su vida por la patria, contribuye precisamente a un bien común. La muerte heroica exige sacrificar un bien particular, individual, la propia vida; pero no exige dañar, sino que más bien lo realza, el bien esencial de la persona: su dignidad como criatura moral. Es preciso que todos hagan un sacrificio por el bien común, inclusive al punto en que el sacrificio, que corresponda a alguien en una situación determinada, sea el de su propia vida. Dar la vida por la patria, por los hijos, por un logro grande en una actividad riesgosa, no es un daño para un ser mortal, sino el beneficio espiritual de vivir y morir por lo que vale la pena. Por eso, los héroes —también cuando han sobrevivido al peligro mortal— son honrados por la ciudad, como lo merece su aporte al bien común.

En una época materialista y atea, sin trascendencia, es difícil percibir que sea un bien para la persona sacrificar la propia vida en servicio de la comunidad, aunque no será difícil ver que sea bueno para alguien sacrificar su vida para no sufrir (eutanasia): es sacrificar un bien particular en servicio del propio yo, de otro bien particular que se estima más grande. Pero la tesis general de que el bien común es distinto y superior a los bienes particulares se puede comprender, aun sin mirada trascendente, apenas se participa en una empresa colaborativa: competir en un deporte, como el fútbol; ascender una alta montaña en equipo; sacar adelante una empresa o un partido político... Nada de eso es posible si no entregan todos, cada uno en su medida justa, algo de lo suyo —esfuerzo, tiempo, dinero— en pos del fin colectivo. Ese fin colectivo, en una actividad como la política, que no es una empresa limitada sino un empeño de convivencia siempre en marcha, es un bien común que consiste sobre todo en el necesario orden. Y se puede exigir el sacrificio de un bien particular para contribuir a ese bien común, para conservar y mejorar ese orden interno de la buena convivencia. Ahora bien, es más valioso sacrificarse por el bien común: es una virtud más alta que el solo promover los bienes particulares. Y el bien moral es más alto que el bien meramente material. Por eso, el heroísmo de defender a la patria incluso hasta la efusión de la sangre es un bien para el propio sujeto que se sacrifica, quien se hace mejor en el momento de la muerte. El ejemplo del soldado es un ejemplo extremo, como lo es también el del mártir. Sin embargo, es un error sostener que no fue bueno para esas personas —en cuanto a su bien como personas— el haber sacrificado un bien particular, incluso el de su vida, ya que el bien de las personas, como un todo, se refuerza al sacrificar un bien particular por el bien común.

Más brevemente: el bien particular, que se sacrifica por el bien común, es *un* bien de la persona, pero no es *el* bien de la persona en su integridad. Este es el bien moral, espiritual, que aumenta con el sacrificio y disminuye con el egoísmo y con la cobardía. En efecto, la generosidad, el patriotismo, la justicia general y la caridad son virtudes que demandan, de distintas maneras, sacrificar bienes particulares: dar y darse. Esto es precisamente lo que perfecciona a la persona que se sacrifica, de manera que el bien común no solo es *compatible* con el bien personal, sino que, antes que todo, se nos presenta como una condición y como una exigencia del propio bien de la persona que actúa.

En ocasiones se señala que, en realidad, lo que la sociedad exige no es el *bien común*, sino solamente un marco de condiciones mínimas de convivencia; un marco dentro del cual cada uno desarrolla su propia concepción de lo bueno. Dejando de lado un posible equívoco lingüístico (*v.gr.*, que se interprete erradamente el *bien común* como alguna *meta colectiva externa* de carácter totalitario), la idea es a lo menos curiosa, porque lleva implícita una cierta medida del bien común al sostener que *lo que es bueno y mejor para todos* consiste en esas condiciones mínimas. Por consiguiente, incluso el liberalismo político, que sospecha —no sin razones históricas atendibles— de las apelaciones al bien común y a la justicia social, presupone superficialmente la idea de algo que es *bueno y mejor para todos*. La discusión es sobre el contenido del bien común, es decir, y no a favor o en contra de la posibilidad de un tipo de orden político que sea lo mejor para todas las partes afectadas. La discusión —dicho con otras palabras— no es contra la idea de bien común, sino que la presupone.

Con el liberalismo económico pasa algo parecido. Muchas veces se dice que, si interviene la autoridad, se coarta la libertad, con consecuencias negativas para el crecimiento económico: se impide o dificulta el surgimiento de nuevos negocios; se encarecen la producción y el intercambio de bienes; se abren frentes a la corrupción; etc. Sin embargo, implícitamente se señala, con tales modos de argumentar, que *es mejor para todos* que el Estado intervenga menos, regule menos, y que haya mayor libertad económica, porque de ese modo habrá más riquezas *para todos*, se beneficia a los consumidores —que son todos— y la pobreza se reduce antes y mejor; es decir, se reconoce que la pobreza es un problema que afecta a todos, no solo a los directamente pobres, y que, por lo tanto, reducirla es una exigencia del orden económico que es mejor para todos.

En otros términos, la estructura del argumento liberal, tanto en el liberalismo político como en el liberalismo económico, presupone la idea del bien común, pero niega la tesis de que la autoridad tenga que intervenir frecuentemente para salvaguardar el bien común. En el caso particular del liberalismo político, se niega además que la autoridad pueda emitir un juicio moral acerca de los planes de vida de los ciudadanos, siempre que los ciudadanos cumplan con ciertas reglas mínimas de convivencia[81].

Sin embargo, la historia del liberalismo político muestra que lo anterior es una utopía, puesto que la autoridad está continuamente favoreciendo ciertas formas de vida respecto de otras. Esto es lo que sucede cuando se promueven políticas económicas que favorecen un mayor consumismo, lo cual implica un juicio más favorable a una vida de amplio consumo a costa de endeudarse; o, por el contrario, cuando se favorecen políticas económicas menos propicias a la expansión del consumo y más al ahorro y la inversión. Todo esto implica no solamente juicios económicos, sino además un tipo de juicio moral acerca de cuestiones de justicia: ¿es lícito gastar mucho dinero en cosas superfluas y poco durables, mientras algunos pasan frío o hambre? Y lo mismo se puede a aplicar a muchos otros temas.

---

[81] Cf. John Rawls, *Teoría de la Justicia, passim*, y cap. 2 más arriba. También me remito de nuevo a mi libro Cristóbal Orrego: *La doble cara del liberalismo político. Ensayos críticos sobre el debate contemporáneo, passim.*

Por tanto, no es verdad que al dejar que cada uno persiga su propio plan de vida no se emiten juicios morales. En efecto, si, por ejemplo, este plan de vida implica la explotación de gente débil, niños, gente con necesidad, y se decide excluir aquel estilo de vida como algo que no es razonable, se emite un juicio moral. Mas esto significa que, respecto de los estilos de vida que se toleran con la tolerancia liberal, so pretexto de no juzgarlos desde el punto de vista moral, en realidad se ha emitido *un juicio favorable* o, por lo menos, el juicio de que se trata de un *mal tolerable*. De ahí que, apenas una causa social adquiere el estatus de lo moralmente correcto —usualmente es lo políticamente correcto y se refiere casi exclusivamente a asuntos de justicia económica o de moralidad sexual—, los políticos liberales no pueden resistir usar la fuerza coactiva del Estado para imponer esa visión a todos: en los planes de salud y educación, en los subsidios a los pobres, en la restricción de las religiones que no comulguen con el nuevo credo.

Luego, nos parece más razonable la tesis tradicional: la autoridad pública siempre emite juicios morales o actúa basándose implícitamente en ellos. Podrá tolerar algún mal moral, no intervenir por una cuestión de prudencia; pero eso no significa que no haya un juicio moral sobre los distintos planes de vida de los ciudadanos.

Es ineludible, por cierto, que, cuando se abusa de la noción de bien común o se apela injustificadamente a ese bien tan alto, surjan las sospechas. Pueden estar justificadas porque todas las grandes ideas son susceptibles de mal uso. Se puede apelar a la verdad para defender un error; a la dignidad y a la paz para sostener una idea fanática y violenta o incluso al bien común para justificar el agrandamiento totalitario del Estado. Sin embargo, estas prácticas constituyen un abuso de la noción de bien común, ya que, si se considera como bien común el engrandecimiento nacional, que será disfrutado por unos cuantos jerarcas del *Politburó*, a costa de individualidades de carne y hueso, entonces eso que se está nombrando como *bien común* es en realidad el bien particular de unas pocas personas, con la exclusión de la participación de la mayoría de los otros en ese bien común. ¡Es un *mal común*!

Se suman a lo dicho algunas críticas de corte liberal a la idea de bien común justificadas en la sola verdad de que la noción del bien común fue usada por algunos regímenes socialistas extremos o totalitarios para justificar el avasallamiento de la dignidad de las personas particulares, lo cual efectivamente es contrario al bien común. Sin embargo, esta crítica es injustificada, atendiendo el tenor del correcto significado de bien común que se ha analizado hasta ahora.

Los romanos decían: *«abusus non tollit usum»*, es decir, que el abuso de una realidad o de un derecho —por ejemplo, de la libertad de informar o de la propiedad privada— no quita el uso, la posibilidad del recto uso de esa realidad o derecho. En efecto, lo anterior se llama totalitarismo y evidentemente es contrario al bien común. La defensa de una idea de bien común, como bien del todo social separado de la participación debida y proporcional de cada uno de los miembros, es totalitarismo. En cambio, la noción correcta de bien común, que conlleva un adecuado orden que permite la participación en el bien común por cada uno de los miembros de la comunidad —aspecto propio de la justicia distributiva—, esta noción no es ni totalitaria ni aplastante. El bien común exige el sacrificio de bienes particulares, pero no que las personas dejen de participar de los beneficios del bien común. Muy por el contrario: un supuesto bien común sin la ordenada participación en él no sería realmente bueno.

6. LIBERTAD E IGUALDAD

En los planteamientos políticos modernos normalmente se enarbolan como contrapuestos dos de los ideales de la trilogía de la revolución francesa, la libertad y la igualdad, y suele olvidarse el tercero, la fraternidad[82]. Esto se debe, en mi opinión, a que, si se tomara aquel eslogan revolucionario en serio, se podría encontrar en la fraternidad —expresión a nivel humano de la caridad cristiana— una forma de matizar la libertad absoluta, la autonomía que lleva al liberalismo, o la igualdad absoluta, la nivelación igualitarista, hacia abajo, que lleva al socialismo. Sin embargo, es un hecho que tal cosa, la introducción de la fraternidad incluso meramente humana como factor político, no ha ocurrido en la política moderna, pues en ella se han articulado la libertad y la igualdad como dos valores que se contraponen dialécticamente. Si hay mucha libertad en una sociedad, disminuye la igualdad, y si se trata de imponer la igualdad, eso sucede necesariamente a costa de la libertad: la tiranía de la igualdad —más sufrida por los que sienten coartada su libertad— o la tiranía de la libertad —más sufrida por quienes padecen los abusos de la libertad extraviada de los demás—.

Es preciso hacer algunas distinciones para que se entienda de qué se trata cuando se habla de libertad política y de qué cuando se alude a igualdad en la comunidad política. De esta manera quizás las

---

[82] He reflexionado sobre este tema, comentado a Antonio Baggio, en Antonio M. Baggio, Cristóbal Orrego, Pablo Salvat y Miguel Vatter: "Seminario 'Libertad, igualdad, ¿fraternidad?'", *Revista de Ciencia Política* (Santiago), 2007, 27(1), págs. 133-157 (https://dx.doi.org/10.4067/S0718-090X2007000200007 [visto 12-X-2022]).

dos exigencias de un orden justo se comprenderán como dos principios que no son antitéticos, pero cuya comprensión ha de hacerse según un orden, una ley y una finalidad, pese a que, comprendidos de esa manera, puedan resultar insuficientes para alguien que tenga una visión ideológica de la libertad o de la igualdad.

Nos referiremos primero a la libertad y después a la igualdad.

La libertad puede entenderse en varios sentidos. En primer lugar, se puede entender como una cualidad de la inteligencia y de la voluntad, es decir, como la *libertad interior*, la libertad de albedrío o de elección, que consiste esencialmente en la *capacidad de autodeterminarse respecto del bien*. Esta libertad interior, que es defendida por la visión clásica y cristiana del hombre, es un presupuesto de los otros sentidos de la libertad en el orden jurídico y político (no así, en cambio, de la mera libertad externa de movimientos, propia también de águilas y leones).

Naturalmente, la afirmación del libre albedrío exige una demostración filosófica. A lo largo de este libro, se darán por supuestas las demostraciones básicas de la existencia de la libertad interior: que el objeto propio, necesariamente querido por la voluntad, es el bien universal presentado por la inteligencia, por lo que cualquier bien particular la deja indeterminada y necesitada de determinarse a sí misma para elegirlo; que el último juicio práctico de la razón, que define el contenido del acto elegido, es decidido por la voluntad cuando corta la deliberación, y, por eso, es ella la que se determina a sí misma; que si no fuésemos libres no tendrían sentido las leyes, los consejos, los premios y los castigos, y otras formas de orientar la conducta en un sentido u otro, según un orden (esto presupone la posibilidad de desobedecer); y que la experiencia psicológica universal, el sentirse libres y experimentar también la responsabilidad, la buena o mala conciencia, es de evidencia tan inmediata que desconfiar de ella parece poco razonable. No podemos desarrollar estos argumentos ahora; pero señalemos al menos que siempre será necesario defender la realidad de la libertad interior de la persona humana, contra los determinismos de todo tipo, que la privan de su dignidad eminente; defenderla ya con los profundos argumentos propios de la metafísica de la voluntad, ya con los más sencillos (pero válidos) del sentido común, que advierte que no tendrían sentido o serían muy injustas las penas, los reproches, las excusas y las leyes, si no hubiera sujetos capaces de *haber obrado de otra manera*, de seguir o de rechazar dichas leyes, de entender el sentido de esas penas, etc.; o de ese sentido común del hombre y de la mujer corrientes, que perciben intelectualmente y sienten íntimamente la alegría por la buena conducta y el reproche de la conciencia por la mala, la indignación por la injusticia —no, en cambio, por males mayores provocados por un cataclismo— y la alabanza hacia los bienhechores.

En cualquier caso, la libertad interior es un *presupuesto del sentido* —no de la simple existencia— de la libertad exterior humana y de la libertad política. Por cierto, cabe hacerse la pregunta: ¿podría haber una libertad exterior sin libertad interior? Y la respuesta es afirmativa: puede haberla. No es necesaria la libertad interior para que exista la libertad exterior, entendida como pura ausencia de obstáculos externos en el camino de un animal bruto, que se mueve de un lado para otro, el tiburón o la tortuga. Desde esta perspectiva de libertad meramente exterior, se puede hablar de la libertad de los animales salvajes, o de las aves silvestres de las que se dice que vuelan libremente, sin obstáculos. Al mismo tiempo, negamos que en esos animales haya libertad interior o libertad de albedrío. Es perfectamente compatible sostener que ellos tienen una determinación por sus instintos y, al mismo tiempo, que se mueven libremente.

En este orden de ideas, se puede mencionar que existe alguna filosofía moral moderna, especialmente el conductismo en psicología, o la filosofía política conductista. Al respecto, sus adeptos señalan, por ejemplo, que no podemos saber si el ser humano es libre o no, desde el punto de vista interior, pero sí sabemos que puede tener más o menos libertad externa, y es mejor que haya libertades exteriores independientemente de lo que suceda por dentro. Este planteamiento lleva a una política manipuladora, es decir, a una política que no se pregunta si la persona tiene realmente dominio de sus actos y que, por tanto, se la deba tratar como a alguien que tiene verdadera responsabilidad por lo que hace. En lugar de ello, se limita a decir algo semejante a esto: «pongamos controles externos, establezcamos incentivos externos, tratemos a los seres humanos como a otros animales, que pueden responder a estas estructuras exteriores de comportamiento». Y eso funciona, dentro de ciertos márgenes, en el sentido de que los seres humanos pueden —pero no deben— ser tratados como si no fueran libres interiormente, tal como podemos entrenar, por ejemplo, a un conjunto de perros o de caballos. Sin embargo, el modo manipulador de tratar termina, tarde o temprano, por reventar: el caballo puede vivir toda su existencia bajo condicionamientos de su instinto; pero el humano no podrá soportar, a la postre, la falta de sentido que genera el ser continuamente manipulado por fuerzas exteriores. Ese extraño malestar de vivir sometido a fuerzas impersonales, que ahogan la espontaneidad interior, incluso cuando proclaman libertades exteriores triviales (como perderse en placeres intensos, elegir a dónde ir de vacaciones y hasta dónde endeudarse…), es un malestar vital enraizado en una libertad aherrojada, que debería existir pero que de hecho no se experimenta *con sentido*.

Mientras más se trata a los seres humanos de esa manera, más se dejan tratar estos de esa forma. Resulta una *profecía autocumplida*, porque el ser humano, tratado sin reconocer su libertad interior, comienza a vivir de esa manera, como poco libre y como poco responsable de lo que hace, como si estuviese sometido a estas fuerzas meramente exteriores, que lo manipulan. Esto da origen a masas despersonalizadas, que se mueven por temor o por cálculo, sin sentido trascendente de su propia dignidad como agentes libres. Basta una chispa revolucionaria para encender el fuego destructor, de esos hombres-masa, que se vengan aunque no saben contra qué.

Existe también un tercer sentido de la libertad, que se suma a la libertad interior y a la libertad exterior meramente física —la de los animales brutos—, que corresponde a la libertad política, la libertad jurídica, la que se puede entender como aquella que consiste en la ausencia de una coacción o limitación externa en el orden político, en el orden legal, no ya simplemente en el orden físico. De esa manera se dice, por ejemplo, que alguien es libre de circular por una determinada calle, o bien que alguien es libre de adoptar una religión falsa, porque no hay ninguna ley que se lo prohíba, no hay ninguna coacción política o jurídica que lo impida. En este sentido, como *inmunidad de coacción* jurídica o política, es posible gozar de *libertades políticas* para hacer cosas que son *moralmente malas*. Esto no significa que se realice la plena libertad humana por obrar mal, sino que la ley humana, coactiva, no interfiere ni impide obrar de tal manera. Es a propósito de este punto que surge una cuestión política: ¿en qué medida esas libertades políticas se justifican también moralmente? Esto nos lleva al último sentido de la libertad que quiero mencionar aquí, que es el de la libertad entendida como libertad moral, es decir, no estar bajo la necesidad de obrar de cierta manera por un deber positivo (mandato) o negativo (prohibición) impuesto por la ley moral (*i.e.*, por exigencia de una virtud o de la ordenación al fin último de la vida).

Una consecuencia del libre albedrio es la capacidad que tenemos para obrar mal de hecho: moralmente mal, contra el orden de la razón, contra nuestro bien integral. Esta capacidad de la voluntad de elegir entre el bien y el mal se denomina, en la filosofía escolástica, *libertad de contrariedad entre el bien y el mal*. Según la filosofía de santo Tomas, este tipo de libertad es un *indicio* de libertad y una consecuencia de la *limitación* de la libertad, pero no es de la esencia de la libertad. Se puede ser plenamente libre para elegir entre diversos bienes, sin poseer la posibilidad de pecar, como sucedió con Cristo, plenamente libre y ontológicamente impecable. Cuando la libertad se ejerce para el mal, resulta algo contrario a la esencia misma de la libertad, porque esclaviza y debilita la voluntad para elegir el bien, al apegarla al vicio. Así dice santo Tomás, comparando la libertad limitada del hombre con la de un ser más perfecto:

«El libre albedrío se relaciona con la elección de medios para el fin como el entendimiento con las conclusiones. Es evidente que el entendimiento tiene la capacidad de llegar a diversas conclusiones ateniéndose a principios conocidos. En cambio, cuando se encamina a las conclusiones prescindiendo de los principios, manifiesta ser defectuoso. Por lo tanto, que el libre albedrío pueda elegir entre cosas diversas, conservando siempre su ordenación al fin, es algo que pertenece a la perfección de la libertad. En cambio, elegir algo apartándose de su ordenación al fin, y en esto consiste el pecado, es un defecto de la libertad. Por todo

lo cual, el ángel, que no puede pecar, tiene más libertad
que nosotros, que sí podemos pecar»[83].

Por eso, en Dios, por ejemplo, hay libertad creadora, que es infinita, ya que puede crear todos los universos que quiera, pero no hay libertad de contrariedad para hacer el mal, porque hacer el mal es una imperfección de la libertad, y, por tanto, es algo que sería limitador de la perfección divina y contradictorio con ella. En cambio, crear libremente universos imperfectos no es hacer el mal, sino hacer el único bien posible fuera de Dios, difundir el bien en las criaturas, aun cuando necesariamente todas ellas tendrán un ser limitado. Dios no puede crear el mejor de los mundos posibles, porque es contradictorio pensar cualquier criatura real (incluso un universo entero perfectísimo) y que la distancia entre ella y Dios mismo no sea también infinita, es decir, con infinitos mundos mejores, aún posibles de ser creados.

Ahora bien, en nosotros existe esta libertad de contrariedad para hacer el bien o el mal; pero cuando ejerceremos la libertad en tal sentido y elegimos el mal moral, estamos, al mismo tiempo, dañando nuestra capacidad de autodeterminación, y este daño es contrario a la misma esencia de libertad. Puede decirse que todo acto moralmente malo, aparte de cualquier otro bien humano que resulte dañado, es al mismo tiempo un atentado contra la libertad moral, interior, del agente. Pueden plantearse dos ejemplos extremos: si alguien que ejerce su libertad de contrariedad se emborracha, en ese momento decae de su propia dignidad, porque pierde el control racional de sí mismo, aparte de dañar su salud física y psíquica. En este caso, la persona ha experimentado de alguna manera la libertad; de hecho, puede reflexionar y arrepentirse precisamente porque la borrachera no es algo que le pasó, sino algo que hizo. El sujeto debe preguntarse si perfeccionó su capacidad de autodeterminarse, y la respuesta más sincera es que no. Esto se debe a que, a medida que se van adoptando estas malas elecciones, se va teniendo cada vez menos capacidad de autodeterminación para el futuro. En efecto, la libertad interior comienza a dañarse y por eso los vicios son percibidos, especialmente por quienes los padecen y aun no se corrompen del todo, como

---

[83] *Suma teológica*, I, q. 62, a. 8, ad 3.

ausencia de libertad, como limitación de la libertad, y como pérdida del dominio sobre los propios actos.

Otro ejemplo es el *consumo de drogas* (en el sentido usual de la palabra, no cualquier sustancia química que se toma por alguna indicación racional o médica, sino la que se usa por sus efectos evasivos, alucinógenos, estimulantes, etc.). Los adictos llegan a un estado en que efectivamente dejan de tener libertad interior y es posible decir que se ha producido la destrucción de su libertad interior como consecuencia de haber ejercido su libertad de contrariedad, que es un signo de libertad, sin duda, pero que, como hemos dicho, contradice la esencia misma de la libertad. La libertad es una cualidad que tenemos para dirigirnos hacia el bien, para concretar formas de realizar el bien, pero que se autodestruye con la elección del mal, siempre, sin excepción, aunque inicialmente se note poco (mientras no se convierte en un vicio).

La filosofía política se plantea la cuestión de cuánta libertad jurídica y política han de tener los ciudadanos, para que todo esté en conformidad con un orden político recto, aunque junto al uso de esa libertad pueda darse y se dé de hecho cierto nivel de abuso moral. Por una parte, el que no hubiera ninguna libertad y que todo nos viniera impuesto desde arriba —sin contar con nuestra participación— equivaldría a una severa restricción del bien común (no solamente del bien particular que es la libertad externa de cada uno), porque la libertad es creativa, encuentra mil maneras de favorecer el bien, y porque la espontaneidad social —aun a riesgo de errar— es de la esencia de una convivencia serena, no crispada por la vigilancia, abierta a aciertos y errores que pueden rectificarse sin la intervención coactiva del Estado. Por otra parte, es necesario que la autoridad limite el mal uso de la libertad de contradicción —que no es libertad, sino libertinaje—, en razón de que se trata de un abuso de la libertad que destruye la propia libertad interior, junto con el bien común.

Pero ¿en qué medida limitar el mal uso de la libertad de contradicción, sin por eso impedir la espontaneidad, la creatividad, que acompañan también a su buen uso? En este punto, Tomás de Aquino se pregunta si la ley humana debe reprimir todos los vicios. Y responde que no, sino que debe reprimir solo los vicios más graves, respecto de los cuales la mayoría de las personas es capaz de abstenerse, porque intentar reprimir todos los vicios provocaría males aún mayores. Es decir, se debe tolerar un cierto nivel de imperfección en los ciudadanos. Así lo expone en este texto ya clásico:

> «La ley [...] es instituida como regla y medida de los actos humanos. Mas la medida debe ser homogénea con lo medido por ella [...], pues diversas cosas tienen diversa medida. Por lo tanto, las leyes deben imponerse a los hombres en consonancia con sus condiciones, ya que, en expresión de san Isidoro, la ley ha de ser posible según la naturaleza y según las costumbres del país. Ahora bien, la capacidad de obrar deriva del hábito o disposición interior, pues una cosa no es igualmente factible para quien no tiene el hábito de la virtud y para el virtuoso, como tampoco lo es para el niño y para el hombre maduro. Por eso no se impone la misma ley a los niños y a los adultos, sino que a los niños se les permiten cosas que en los adultos son reprobadas y aun castigadas por la ley. De aquí que también deban permitirse a los hombres imperfectos en la virtud muchas cosas que no se podrían tolerar en los hombres virtuosos. Ahora bien, la ley humana está hecha para la multitud, en la cual la mayor parte son hombres imperfectos en la virtud. Y por eso la ley no prohíbe todos aquellos vicios de los que se abstienen los virtuosos, sino solo los más graves, aquellos de los que puede abstenerse la mayoría y que, sobre todo, hacen daño a los demás, sin cuya prohibición la sociedad humana no podría subsistir, tales como el homicidio, el robo y cosas semejantes»[84].

Esta *tolerancia del mal* buena no excluye, sino que se basa en una noción de lo virtuoso y lo vicioso, y, más en general, de las exigencias del bien común, una visión que orienta la ley y la acción de la autoridad. Por consiguiente, existe un derecho y un deber de la autoridad de controlar esa libertad y de reprimir el mal, pero con prudencia. Es por esto que la filosofía política clásica no puede dar

---

[84] *Suma teológica*, I-II, q. 96, a. 2c.

recetas prefabricadas respecto de todo lo que debe ser reprimido, ni de todo lo que debe ser tolerado dentro del ámbito del mal; pero sí puede proponer principios, que en este aspecto señalan que la ley nunca puede *aprobar* el mal, sin perjuicio de que en algún punto haya que tolerar aquellos males de los que la mayoría no se puede abstener, por cuya represión se seguirían males mayores o se impediría algún bien más alto. Mientras más grave es el mal mayor que se produciría por la represión (o mientras más importante es el bien que se impediría), más probable es que deba tolerarse la conducta mala de los ciudadanos. En cambio, mientras más injusta sea esa conducta ciudadana, por extendida que esté, menos probable es que deba ser tolerada, pensando especialmente en sus víctimas inocentes (*v.gr.*, se debe seguir luchando contra el crimen nefando del aborto hasta que sea marginal, como cualquier otro delito, y no una prestación pública de salud… ¡inicua!).

El principio de tolerancia exige, por tanto, un conocimiento de la jerarquía del bien y la jerarquía del mal, así como de la situación concreta de la sociedad en la cual esos bienes y males se hayan íntimamente conectados y difundidos. Sin ese conocimiento objetivo, no es posible distinguir cuándo se produciría un mal mayor por reprimir. La auténtica libertad de los ciudadanos, por tanto, no incluye los actos de exceso, que son de *libertinaje* (*i.e.*, de libertad aparente, desorbitada y contraria al orden moral). Incluso si los excesos estuvieran tolerados, no serían legítimos desde el punto de vista del ordenamiento jurídico, serían simplemente tolerados.

Ahora bien, la filosofía política moderna tendió a plantear la cuestión de la libertad ya no por referencia a un bien común y a un orden moral objetivo desde el cual se pudiera determinar prudencialmente hasta dónde otorgar o reconocer una libertad política, sino simplemente como esferas de autonomía que se limitan unas a otras. Kant, por ejemplo, afirma que en el orden moral mentir es intrínsecamente malo, que no se debe hacer nunca, y al mismo tiempo dice que en el orden legal, externo, se tiene *derecho* tanto a mentir como a decir la verdad, porque solo se puede llamar jurídicamente mentira a la falsedad que daña a otro.

En consecuencia, desde esta perspectiva política moderna, que ha confundido mucho nuestro lenguaje ordinario, se separa excesivamente el orden jurídico del orden moral. Desde una perspectiva clásica se dice que, desde el punto de vista jurídico incluso, nadie tiene *derecho* a decir una mentira, porque el derecho, en su significado primario, es *lo justo*, aquello a lo que nos mueve la virtud de la justicia, que da a cada uno lo que merece (en el ejemplo, la verdad en la comunicación). Lo que sucede es que hay algunas mentiras que, aun siendo antijurídicas, son toleradas porque sería mucho más perjudicial que las autoridades intervinieran castigándolas, en lugar de dejarlas al ámbito privado de las partes afectadas (*v.gr.*, un niño que le miente a su madre). Entonces la autoridad castiga solamente las mentiras más graves, tales como el perjurio en un juicio, o en algún documento importante (no en un mensaje privado de Whatsapp), etc. Sin embargo, esto no significa que el sistema jurídico considere legítimas las mentiras.

Lo mismo pasa con otra libertad fundamental, la libertad religiosa, tema bastante complejo[85]. Desde el punto de vista moral, no existe la libertad para tener una religión falsa, una libertad moral de adherir al error. El error no puede ser bueno para nadie: ni para quien lo elige ni para quien lo difunde. Así que solo puede ser moralmente lícita la libertad para abrazar la verdad en materia religiosa (¡como en cualquier otra!). Sucede, sin embargo, que, como coaccionar a alguien en materia religiosa, forzarlo a adherir a la fe, es contrario a la esencia misma de la búsqueda de la verdad en materia tan importante, el Estado debe tolerar que sus ciudadanos no adhieran a la verdadera religión, y, en consecuencia, que haya religiones falsas. ¿En qué medida cabe tolerar una falsedad tan dañina, en el ámbito público? Eso depende de las condiciones del tiempo y del lugar, lo mismo que sucede con creencias falsas en el ámbito científico (*v.gr.*, ya no hay discusión, en general, durante la enseñanza escolar, acerca del heliocentrismo o el geocentrismo). ¿Con qué límites cabe admitir que se ejerzan y difundan religiones o posturas religiosas dañinas? Los límites ependen de que esas religiones o creencias (también se aplica al ateísmo) no causen daño grave al bien común, y de la comparación entre el daño derivado de tolerarlas y el que se produciría por intentar reprimirlas.

---

[85] Hemos tratado el tema en la obra conjunta Cristóbal Orrego y Javier Saldaña, *Poder estatal y libertad religiosa. Fundamentos de su relación* (México, UNAM, 2001).

Sin embargo, lo que el Estado no puede hacer es pretender que lo verdadero y lo falso sean un aporte igual al bien común. Las autoridades estatales, por esto mismo, ejercen su juicio prudente cuando juzgan —no pueden evitarlo— cuál es el aporte relativo de una religión falsa al bien común, y cuál es la posición religiosa verdadera. Por eso es que el ateísmo o el catolicismo de los gobernantes, si estos realmente creen en lo que creen o dicen creer, influirá, de hecho, en cómo son tratadas las demás religiones o creencias.

Durante muchos años ha habido una interpretación muy relativista y subjetiva de la libertad religiosa, incluso en ambientes católicos, por una interpretación liberal de la Declaración *Dignitatis humanae* del Concilio Vaticano II, que defiende el derecho a la libertad religiosa entendido como una «inmunidad de coacción», una prohibición de usar la fuerza para mover a las personas a que abracen una determinada religión[86].

Esta *Declaración* conciliar, en su interpretación más liberal, llevó a muchos a decir que el Estado no puede inmiscuirse en cuestiones religiosas, ni discernir qué religiones son más verdaderas que otras, ni cuáles son más beneficiosas para el bien común, etc., como si esa prescindencia estatal fuera posible. La posición más clásica, tanto filosófica como católica, señala que esto es un error, pues a una persona que está a cargo del bien común *no le puede ser indiferente* qué religiones hay en su comunidad política, atendiendo a que algunas pueden ser incluso dañinas para el bien común; y si eso es así, la autoridad debe preocuparse del problema, aplicando el principio de tolerancia. Mas el principio de tolerancia no se puede aplicar sin discernir cuál es la religión verdadera y cuáles son más o menos falsas o dañinas para la comunidad política.

Inventemos un ejemplo imaginario. Una religión difunde dos ideas: que es ilícito portar armas y que no se pueden hacer transfusiones de sangre. Esta doctrina pone en peligro la defensa armada de la patria y la salud pública. El Estado tiene que adoptar medidas para que esos errores no se difundan, aunque está impedido de coaccionar a esas personas para que adopten otra religión. Este discernimiento implica que la verdadera libertad religiosa, en su

---

[86] Concilio Vaticano II, *Declaración "Dignitatis humanae"* (1965), nn. 1, 2, 4 y 9.

medida justa dentro del Estado, no es independiente de un juicio moral sobre las religiones, emitido —aunque sea implícitamente, sin legislarlo expresamente— por las autoridades públicas.

Un razonamiento análogo se puede aplicar a muchos otros ámbitos en los que se ejerce la libertad *política*, en general, y no solo la libertad religiosa frente al Estado. La libertad política no está limitada solamente por la libertad de los demás. La frase «mi libertad llega hasta donde comienza la de los demás» es un típico eslogan vacío, si no hay un contenido distinto de cada libertad para determinar el alcance de todas ellas. De lo contrario, predomina la ley del más fuerte: «mi libertad llega hasta donde topa con la tuya: ¡pero no te atrevas a acercarte!». El contorno de la libertad real viene dado por *criterios sustantivos* acerca de lo bueno y de lo malo, de lo justo y de lo injusto. Si mi libertad de expresión llega hasta donde llega la de los demás, ¿significa que yo puedo insultarlos y ellos me pueden insultar a mí, o, más bien, que ninguno puede insultar al otro? Esto claramente no se puede resolver así, con esta estúpida metáfora de las *esferas de libertad*.

O bien, todo el asunto puede terminar en una reducción meramente física de la libertad y decir que tenemos libertad para hacer todo lo que queramos mientras no recurramos a la fuerza física. Mas entonces podría decirse —como dicen algunos— que la violencia, además de ser física, también puede ser *verbal*. Se puede dirigir contra la vida y la integridad corporal de las personas, pero también se puede dirigir contra su propiedad, su honra, etc. Y además de violencia física y verbal, puede haber violencia *estructural*: el modo como está organizada la sociedad impone cargas violentas a los menos aventajados. Con todas esas distinciones, el significado de las famosas *esferas de libertad* o de autonomía compatible con igual autonomía de todos los demás, se vacía totalmente de contenido objetivo. El menos aventajado —la víctima de violencia verbal o estructural— siempre puede decir que su esfera real de autonomía es menor y, por tanto, injusta, en relación con los más aventajados y fuertes, que pueden gritar más o aprovecharse de las estructuras inicuas.

Por tanto, no puede haber verdadera libertad en el ámbito público si no hay *criterios objetivos de verdad, de bien, de justicia*, etc., que están por encima del puro bien de la libertad limitada por sí misma. ¿En qué consiste el error de la ideología liberal en todos los ámbitos en que aparece? Pues en que *absolutiza la libertad* y siembra la duda y el escepticismo acerca de los criterios de verdad y de justicia. Normalmente se presenta con un discurso del tipo: «aquí lo que es bueno para todos es que haya libertad, y los límites que se quieren imponer son discutibles, cada uno tiene su opinión y no se le puede imponer al resto, que la libertad se regule a sí misma, etc.».

Aquel planteamiento es contradictorio: el que ensalza la libertad de esa manera también tiene una opinión que está imponiendo a los demás. Normalmente termina en la imposición de los más fuertes sobre los más débiles. En el ámbito político, esta libertad sin límites favorece a los que tienen poder. En el ámbito de los medios de comunicación social, una libertad de expresión así favorece a los que son dueños de los medios o estrellas, que curiosamente nunca aparecen investigados o insultados, a diferencia del resto de la gente que no tiene diarios, canales de TV, etc. En materia económica pasa lo mismo. La ideología del liberalismo llevada al ámbito económico también otorga muchas herramientas para que los más ricos abusen de los más débiles. Y eso pasa con la libertad en todos los ámbitos, cuando se desliga de criterios morales y jurídicos claros.

Finalmente, dirijamos nuestra atención hacia ese otro valor, presentado como contrapuesto a la libertad: la igualdad.

La igualdad en cierto sentido tiene que ver con la justicia, pero también admite una variedad de perspectivas. Aplicada a los ciudadanos, implica ya un sistema jurídico respecto del cual las leyes tratan a todos de la misma manera. Toda igualdad supone un punto de comparación. Por ejemplo, si hay igualdad entre los ciudadanos de una comunidad política, quiere decir que hay una distinción entre ciudadanos y extranjeros. Luego, hay un vínculo especial, que unos tienen y otros no, dado por la comunidad política. De ahí derivan los derechos y los deberes, que son iguales para todos los ciudadanos, pero que no son iguales para los extranjeros.

La igualdad siempre implica un orden dentro del cual se da la igualdad. La igualdad biológica, ontológica, de las personas como seres dentro del universo, es una igualdad tan elemental que solamente sirve para distinguir entre hombres y animales, y no nos dice nada todavía acerca de cuál es la igualdad debida en la convivencia. Luego, la idea misma de igualdad *debida*, en relación con la cual juzgamos la justicia de una ley o de un régimen político, supone una ley natural, una moral, una justicia objetiva; y también supone un orden dentro del cual cada uno ocupa su lugar.

Entonces se plantea la cuestión de qué títulos (razones, merecimientos, etc.) tenemos para reclamar lo mismo respecto de la comunidad, para que esta nos exija a todos lo mismo y en qué medida. La filosofía política clásica resolvió este problema con la distinción entre justicia distributiva y justicia conmutativa o correctiva.

Esta distinción entre dos tipos de justicia y de igualdad ayuda a ver que existen algunos aspectos en los que nos vamos a considerar como iguales entre nosotros con independencia de la posición relativa que cada uno tenga en la sociedad, ya sea esta de poder, de riqueza o de prestigio. La justicia conmutativa abarca el respeto de nuestros derechos básicos o derechos fundamentales (*v.gr.*, el derecho a la vida correlativo a la prohibición absoluta de matar directamente al inocente), pero también el respeto a los derechos adquiridos por algunas personas y no por otras en sus relaciones sociales (*v.gr.*, el derecho de propiedad de Pedro sobre su casa). En cambio, la justicia distributiva es desigual en cierto sentido o, mejor dicho, su igualdad consiste en tratar de manera diferente a las personas según su posición relativa en la sociedad o en un grupo o respecto de otras personas. Así, por ejemplo, no va a ser igual el trato debido a los padres que a los hermanos, por la distinta posición relativa dentro de la familia. Hay una igualdad fundamental que pueden tener todos los seres humanos, que está dentro de la justicia conmutativa; pero hay desigualdades que dependen de la situación que se tenga respecto de la comunidad entera: no se le debe el mismo trato a alguien que es autoridad que a quien no es autoridad. No es el mismo trato el que se le debe, por ejemplo, al que tiene una gran riqueza acumulada (y lo mismo vale para sus talentos intelectuales, artísticos, etc.) que al que carece de ella. El primero debe contribuir más al bien común y el segundo menos; pero todos deben contribuir al bien común con un esfuerzo proporcional, según su posición.

Se plantea en la filosofía política qué hacer, entonces, con las distintas desigualdades. En la teoría clásica de la justicia se dice que hay que examinar si la desigualdad se ha producido por un acto contrario a lo que merecía la persona o no; es decir, si puede afirmarse que la persona afectada ha caído en su posición respecto de las otras o ha sufrido un daño en sus bienes o se ha visto forzada a sacrificar algo a consecuencia de un acto de otra persona o grupo o de la autoridad, que nunca debió hacerse o que no se justificaba racionalmente. Si es así, hay que *restablecer la igualdad*, reparar el daño, reponer a la persona —en la medida posible— en la situación en que se hallaba; y eso se llama *hacer justicia*. Por ejemplo, si yo golpease a alguien, perturbaría la justicia, provocaría una desigualdad, y a mí, por mi acto violento, se me exigiría el restablecimiento de la igualdad ¿Cómo se haría esto? Mediante un castigo, que es una fuerza que se ejerce, un mal que se le inflige a quien ha cometido el delito, para compensar la violencia que él ejerció. Se trata de que se vuelva a la situación de igualdad que existía con anterioridad a la violencia.

En materia de justicia económica, por dar otro ejemplo, a veces se plantea el problema de si es bueno o es malo que haya desigualdades materiales, de fortuna, de acceso a bienes. Aplicando el criterio mencionado, esta desigualdad *es buena* en la medida en que la acción o la institución o arreglo social que la produce o la mantiene sea conforme a la justicia; por ejemplo, que dos trabajadores que comenzaron poseyendo y ganando lo mismo se diferencien, a lo largo del tiempo, porque uno de ellos trabaja más (*v.gr.*, es más eficiente, gana más bonos de desempeño, asume horas extra, trabaja en otra cosa compatible durante las tardes…) y ahorra más, de manera que al cabo de diez años se ha distanciado económicamente de su compañero. El orden social que permite estas diferenciaciones es bueno, porque la existencia de esas diferencias es un estímulo para superarse (no solo en el ámbito material o económico) y para la diversificación de estilos de vida que concretan de modo distinto el bien humano (*v.gr.*, una persona puede preferir acumular menos riquezas, pero vivir una vida más tranquila, retirada y menos competitiva).

La desigualdad económica es mala, en cambio, y requiere que se equilibre, en la medida que procede de acciones contrarias a la justicia o de instituciones o arreglos sociales que facilitan o perpetúan esas acciones injustas. Y así, por ejemplo, es injusto que una persona pierda parte de su patrimonio porque otra la estafa o que nunca pueda surgir y ahorrar porque las relaciones laborales están reguladas inequitativamente a favor del empleador (v.gr., si se le permite imponer condiciones de trabajo que solo son aceptadas por la fuerza de una necesidad apremiante).

Volvamos al ejemplo de las remuneraciones. Es bueno que haya distintos niveles, en proporción a lo que las personas aportan (y también según otros criterios de justicia distributiva, que omito para simplificar el ejemplo). En los países donde no se admitieron estas diferencias, como en la antigua U.R.S.S. y sus satélites, el común y repetido comentario es el siguiente: «a mí me pagan lo mismo que al del lado, aunque trabaje el doble en tiempo o en intensidad y productividad. Entonces, trabajo lo menos posible ya que me van a pagar lo mismo». Por tanto, las desigualdades que proceden de actos de justicia son buenas, y son las que permiten que las personas realicen esos actos que merecen un trato desigual. Eso es dar a cada uno lo suyo, eso es tener méritos.

Pensemos otro ejemplo, no ya del ámbito económico. Es bueno que en un curso haya alumnos con notas buenas, medianas y pésimas, ya que, si todos tuvieran la misma nota con independencia del resultado objetivo, nadie se esforzaría por alcanzar una meta definida con criterios objetivos de excelencia. Si todos supieran que, con solo estar inscritos en un curso, al final de año van a aprobarlo necesariamente y con buena nota, muchos no irían a las clases (lo harían solo los que tuvieran un gusto especial) y no estudiarían con el mismo empeño. Es absurdo darles a todos lo mismo. Esto es el *igualitarismo* y es una injusticia: dar a todos lo mismo en lugar de a cada uno lo suyo.

7. LAS AGRUPACIONES HUMANAS

Después de tratar sobre la naturaleza de la la filosofía política, la prudencia, la justicia y la ley, las ideologías, la persona, el bien común, la libertad y la igualdad, nos corresponde referirnos a las agrupaciones humanas. Si ya se ha dicho algo sobre el hombre como animal político y sobre el bien propio de la comunidad política, que es el bien común más amplio, corresponde ahora ver cómo ese bien común se articula en múltiples organizaciones distintas, cada una de las cuales tiene su propio bien común y, desde su específico fin y quehacer, aporta al bien de toda la sociedad, de la misma manera que cada persona tiene su bien personal y con su propia actividad aporta al bien de las comunidades en las que participa.

Es de conocimiento corriente la existencia de distintos grupos. Todo pensamiento político trata de captar, aunque sea a un nivel de simples opiniones, qué son estos grupos, cómo se diferencian entre sí, qué función cumplen respecto al resto de la sociedad, etc. La filosofía política trata de ver cuál es la explicación más profunda de la existencia de distintos grupos y cómo ayudan todos ellos al conjunto.

Aristóteles comienza la *Política* precisamente diciendo que va a aplicar un método que ya es conocido por sus discípulos, que consiste en comprender las cosas más complejas mediante el análisis de las más simples, una especie de desglose de la *polis* en sus componentes.

«Y será evidente lo que digo si se examina la cuestión según el método que proponemos. Porque como en los demás objetos es necesario dividir lo compuesto hasta sus elementos simples (pues éstos son las partes mínimas del todo), así también, considerando de qué elementos está formada la ciudad, veremos mejor en qué difieren entre sí las cosas dichas, y si cabe obtener algún resultado científico»[87].

En la ciudad hay una primera forma de vinculación entre las personas, muy básica: la familia, la casa, porque lo primero que se necesita es vivir satisfaciendo las necesidades corrientes, y a eso apunta la familia. Una vez que se logra lo elemental, habrá varias familias que quieran conseguir algo más, que se unan en lo que comúnmente se conoce como la aldea, es decir, alguna forma de agrupación en que las personas tienen algo que hacer, ofrecer y recibir, fuera de la familia.

> «Por tanto, la comunidad constituida naturalmente para la vida de cada día es la casa, a cuyos miembros Carondas llama "de la misma panera", y Epiménides de Creta "del mismo comedero". Y la primera comunidad formada de varias casas a causa de las necesidades no cotidianas es la aldea. Precisamente la aldea en su forma natural parece ser una colonia de la casa, y algunos llaman a sus miembros "hermanos de leche", "hijos e hijos de hijos"»[88].

Es en este punto que Aristóteles señala que muchas aldeas distintas constituyen una ciudad:

> «La comunidad perfecta de varias aldeas es la ciudad, que tiene ya, por así decirlo, el nivel más alto de autosuficiencia, que nació a causa de las necesidades de la vida, pero subsiste para el vivir bien. De aquí que toda ciudad es por naturaleza, si también lo son las comunidades primeras. La ciudad es el fin de aquéllas, y la naturaleza es fin»[89].

[87] Aristóteles, *Política*, I, 1252a.
[88] Aristóteles, *Política*, I, 1252b.
[89] Aristóteles, *Política*, I, 1252b.

En su época, la *polis*, la ciudad, era la comunidad política más completa, aunque ya entonces habían existido imperios e incluso las mismas ciudades de Grecia exhibían una cierta unidad cultural entre sí, no obstante tantas diferencias. Por eso, John Finnis piensa que el concepto de *polis* como comunidad política completa está obsoleto incluso cuando escribe Aristóteles, quien incurre en una "generalización prematura a partir de datos empíricos incompletos"[90].

Sin perjuicio de lo anterior, es verdad que cada ciudad debía hacerse cargo de su propia defensa y podía entrar en guerra con otras ciudades; es decir, aunque hubiera agrupaciones mayores, había necesidad de cierta autosuficiencia básica, como la necesaria pare definir una comunidad política completa. Por tanto, todavía se podía articular en torno a la realidad de la *polis* las nociones que hoy aplicamos al Estado.

Esta aclaración de Aristóteles es una forma de mostrar una progresión entre grupos distintos de la comunidad política: la familia, la aldea, la ciudad. Sin embargo, hay otras agrupaciones.

A lo largo de la organización de la comunidad política existen variadas otras formas de vinculación más allá de la unión familiar, como, por ejemplo, el vínculo que une a los que pertenecen al Ejército. Este no es un grupo intermedio, sino una institución estatal; pero sí es una agrupación humana con una finalidad específica, al servicio de la comunidad política.

Así también sucede con los que se agrupan en una comunidad religiosa, según una forma de unidad distinta de la meramente familiar. El cristianismo introduce la idea de que hay una agrupación religiosa distinta de la comunidad política, que no depende de esta última. En este sentido, Eric Voegelin afirma que la religión era similar a un ministerio dentro del imperio romano; de ahí el potencial disruptivo del cristianismo, especialmente si, como sucede con la Iglesia católica, tiene un centro de unidad visible (el papado). En la actualidad, el Estado quiere más o menos tener el control de la Iglesia, o por lo menos que no cause incomodidad, es decir, que no sea «signo de contradicción»[91]. La multitud de agrupaciones religiosas, al interior

---

[90] John Finnis, *Ley natural y derechos naturales*, págs. 177 y 189.
[91] Cf. *Lucas*, 2: 34.

de un mismo territorio estatal, plantea problemas específicos en constante tensión.

También hay grupos intermedios que se distinguen por profesiones, oficios, áreas de actividad económica o social, etc. En las familias hay un germen de división del trabajo, porque la diferenciación varón-mujer exige una complementariedad y esta se traduce en división de tareas en la casa, según el aporte diferenciado de cada uno. Mas donde realmente cobra sentido la división del trabajo es fuera de la familia, cuando se descubre que es mejor para todos que algunos trabajen en algunas cosas, otros en otras, y luego se intercambien bienes y servicios. Así hay artesanos, comerciantes, agricultores, maestros, marinos, etc., etc.; es decir, se dan las formas básicas de la división del trabajo, más numerosas y complejas ahora, pero que naturalmente existen en las ciudades políticas antiguas.

Cuando la comunidad política empieza a hacerse más compleja, ya no bastan las divisiones por profesiones o trabajos, ya que los tipos de trabajos se multiplican casi al infinito. Por eso van surgiendo más tipos de agrupaciones profesionales, más tipos de comercio, más tipos de actividades económicas y así también van surgiendo agrupaciones que tienen funciones sociales distintas a las del trabajo.

En las democracias modernas, por ejemplo, tenemos los partidos políticos, invento de la modernidad para dar cauce institucional, dentro del sistema democrático, a distintas visiones acerca del bien común. En un sistema que no les diera cauce institucional, habría solamente *corrientes de opinión* o de intereses y ambiciones, dentro de una corte real o dentro de un partido único.

En síntesis, la variedad de agrupaciones intermedias entre la familia y el Estado es gigantesca: iglesias, sindicatos, gremios, partidos políticos, etc. ¿Cuál es el punto de unidad de una agrupación cualquiera? La explicación fundamental de la unidad de una agrupación humana radica en que los miembros advierten una finalidad común. Esto es tan de sentido común, que es como si fuese transparente, al punto de que a veces no lo advertimos. Es la explicación de la unidad —el fin común, el bien común específico— que vale para cualquier grupo, desde unas pocas personas que se reúnen una sola vez para jugar fútbol hasta una comunidad política o religiosa que ha durado siglos (Francia, la Iglesia católica romana). En consecuencia, se produce esa unión porque los que intervienen advierten una finalidad común; cuando se debilita esa conciencia de un fin o bien común, que justifica el esfuerzo conjunto, comienza la desunión entre los miembros y, finalmente, adviene la disolución del grupo.

Por supuesto, hay diferencias fundamentales entre agrupaciones *voluntarias*, cuyos miembros se unen ocasionalmente porque quieren realizar algo en común y después deshacen dicha unión, si quieren, y agrupaciones *de carácter natural*, es decir, aquellas en que las personas nacen y se les imponen sin esperar a que consientan en pertenecer a ellas (aunque pueda llegar el momento en que alguien, voluntariamente, se desvincule de alguna de ellas, como quien abandona su país, renuncia a la nacionalidad y adopta una nacionalidad extranjera). Estas agrupaciones naturales son imprescindibles para la vida, para vivir bien, de tal manera que, en este caso, no tiene sentido preguntarles a los miembros —además, se incorporan sin uso de razón, al nacer— si quieren participar en ellas. Preguntárselo sería el comienzo del fin de la agrupación, porque sería pensar que esa agrupación no es tan necesaria como se pensaba. Eso se entiende para un equipo de fútbol; pero estaría muy mal para la comunidad política completa o para la familia.

A nadie le preguntan si quiere pertenecer o no a la familia, sino que se nace dentro de la familia. A nadie se le pregunta si quiere pertenecer o no a un país, sino que se nace dentro de uno. Y esto se aplica tanto a familias extendidas como a la red de parientes. Igualmente se puede aplicar a la ciudad en la que se nace (aunque no sea el país, el Estado) y a otros tipos de agrupaciones que actualmente conocemos como intermedias.

En cualquier caso, se trate de grupos voluntarios o naturales, siempre podemos preguntarnos cuál es el fin común que unifica la actividad de estas personas. Este *bien común* hace inteligible lo que las personas hacen; es decir, si no conocemos el bien común no entendemos lo que están haciendo esas personas ni, en consecuencia, qué es el grupo en el que colectivamente actúan.

Pensemos cómo se aplica lo dicho a la familia, ya que esta es la primera agrupación humana. Se funda en las dos o tres formas de unidad que permiten alcanzar la finalidad inicial de la existencia: simplemente vivir, satisfaciendo las necesidades cotidianas (materiales y espirituales). Otra vez Aristóteles: los hombres «no han formado una comunidad sólo para vivir sino para vivir bien»[92]; es decir, se unen primero en la familia, para vivir, pero después en actividades cada vez más amplias, para ir mejorando las condiciones de vida.

Respecto a la familia, Aristóteles menciona tres tipos de unión. La comunidad entre varón y mujer ordenada a la procreación es la primera forma de unión, la que llamamos actualmente matrimonio.

> «Si uno observa desde su origen la evolución de las cosas, también en esta cuestión como en las demás, podrá obtener la visión más perfecta. En primer lugar, es necesario que se emparejen los que no pueden existir uno sin el otro, como la hembra y el macho con vistas a la generación (y esto no en virtud de una decisión, sino como en los demás animales y plantas; es natural la tendencia a dejar tras sí otro ser semejante a uno mismo)»[93].

El matrimonio es la forma racional de la unión macho-hembra para la procreación, la que organiza y da cauce a la inclinación biológica más básica, la más fuerte, la que el Creador ha querido que tenga toda la potencia y el atractivo para que la especie humana se propague y no se extinga, porque, si la realización de este bien fuera tan difícil como el conocimiento intelectual, por ejemplo, quizás estaríamos extinguidos hace tiempo. En cambio, como la procreación, para la cual se unen varón y mujer, está impulsada por la inclinación sexual, la especie humana va a seguir hacia adelante; más ordenada o menos ordenadamente, sin peligro próximo de extinción.

El matrimonio, base de la familia, ordena el impulso sexual para que la procreación sirva al bien de las personas, especialmente de los hijos. Tal como estamos ahora, con 70% de hijos nacidos fuera del matrimonio cada año (variable según el año), es evidente que la práctica social no se acomoda a la forma más adecuada —el matrimonio— para traer a los niños a este mundo y para educarlos

---

[92] Aristóteles, *Política*, III, 1280a.
[93] Aristóteles, *Política*, I, 1252a.

con la ayuda complementaria de una madre y de un padre unidos entre sí. Pero, por lo menos, la especie humana no se va a extinguir (me disculpo por repetir el sarcasmo).

La *conyugalidad*, la orientación recíproca entre varón y mujer en el plano sexual, afectivo y espiritual, que es esta característica natural en las personas, es, según dice santo Tomás comentando a Aristóteles, más natural y más básica que la misma *politicidad*, la inclinación a vivir inserto en una comunidad política completa. "El hombre es por naturaleza más animal conyugal que político"[94]. Eso no significa que la familia sea una comunidad más perfecta que la comunidad política. Al contrario, es menos perfecta, porque tiene menos medios para vivir, y por sí sola no basta para vivir bien, para desarrollar toda la potencialidad de la persona humana. Una familia aislada —en una isla, por ejemplo— estaría todo el día subsistiendo, buscando comida, cocinando, alimentado a los niños, durmiendo, etc.; es decir, sobreviviendo, como sucede —de ahí la injusticia— también con familias miserables marginadas del progreso de la ciudad donde habitan, en las ciudades incluso de países ricos. Por lo tanto, la familia es una comunidad imperfecta, porque no tiene en ella misma la posibilidad de desarrollo de todas las potencialidades de las personas; pero en la familia se realizan de modo directo e inmediato los bienes humanos más básicos[95].

En cambio, la comunidad política completa es una comunidad *perfecta* en el sentido de que ella tiene todos los medios disponibles para el mayor desarrollo posible de las potencialidades de cada miembro. Aquí comunidad *perfecta* se dice por comparación a las comunidades inferiores y no a un ideal de comunidad política, que obviamente no existe. No se la llama perfecta porque no tenga defectos, injusticias, etc., sino porque tiene la suficiencia de una vida colectiva relativamente independiente y, como he dicho, con los medios esenciales para la vida buena. Sin embargo, la inclinación al matrimonio es más profunda que la inclinación a participar en la vida política. Todos la experimentamos así: tenemos un instinto biológico básico mucho más orientado hacia la unión sexual, que la razón tiene

---

[94] Tomás de Aquino, *Sententia libri Ethicorum* [Comentario a la Ética a Nicómaco de Aristóteles], libro 8, lección 12, n. 19. La traducción es mía. Vid. explicación de John Finnis, *Tomás de Aquino*, pág. 312-314.

[95] Cf. John Finnis, *Tomás de Aquino*, pág. 312-314.

que ordenar con esfuerzo, y no tenemos un instinto tan fuerte a participar en la vida política. El matrimonio surge como una realidad no meramente biológica, sino como una institución que es también moral y política. Es una realidad antropológica mucho más arraigada, instintiva, fuerte, que, por ejemplo, la inclinación que podamos tener a trabajar por el bien común, a participar en las cuestiones públicas, etc., pues esto último exige un nivel mayor de racionalidad y de apertura a los problemas colectivos.

Para casarse se necesita la *racionalidad corriente de una persona madura*, con una madurez suficiente, no infinita. Hasta hace poco, las personas se casaban antes de los 20 años. Basta con poder comprender lo básico: que el matrimonio es una cosa buena (algo evidente pues a ese bien inclina la naturaleza misma); que exige un compromiso tendencialmente perpetuo (aun cuando en esa cultura, como en casi todas, se admitiera la posibilidad del divorcio) y que la unión sexual está sobre todo para procrear y criar a los hijos, que son su coronación. Así ha sido hasta ahora en todas las culturas, incluso allí donde había en paralelo formas brutales de degeneración en el ámbito sexual (*v.gr.*, la pederastia o la prostitución sagrada). Solo la cultura occidental decadente, en la que nos hallamos sumergidos, se ha atrevido a tratar despectivamente al resto de la humanidad, y todo para cohonestar sus propias costumbres depravadas a partir de la llamada revolución sexual[96]. O sea, basta con la madurez necesaria para *fundar* una familia, para iniciarla, no para enfrentar de una vez todos los problemas que la familia planteará a lo largo de su desarrollo. ¡Y ya está! (solo puedo añadir: «Hombre, no seas lento: ¡regala el anillo ya!»; este paréntesis es una prueba para ver quién lee el libro; escribe a <u>corregos@uc.cl</u> cuando lo hayas hecho y me invitas una cerveza o un té, si quieres).

Esto quiere decir que cualquier persona, salvo que tenga algún problema de madurez muy fuerte, se puede casar, tener niños, educarlos mejor o peor, y conseguir las finalidades básicas de esta sociedad elemental. En cambio, no cualquier persona alcanza la capacitación suficiente para gobernar, para dirigir a otros más allá de su casa, para intervenir activamente en la función pública, pues esto

---

[96] La mejor historia crítica de la revolución sexual, que desenmascara sus raíces anticristianas y su voluntad de poder, es E. Michael Jones, *Libido Dominandi. Sexual Liberation and Political Control* (South Bend, Ind., Fidelity Press, 1995).

último es mucho más alto y complejo. Por tanto, es correcto afirmar que el hombre es animal político y animal conyugal, pero es mucho más profundamente animal conyugal que animal político.

El segundo tipo de unión que se da al interior de la familia es la relación entre los padres y sus hijos, la relación paternofilial, en la cual, por una parte, se completa la *conyugalidad*, ya que esta está ordenada *de suyo* a la unión entre los cónyuges y a la procreación. Por lo tanto, los hijos son el fruto normal y natural del matrimonio; son la aspiración natural del matrimonio en cuanto medida de culminación de esta unión, porque en realidad marido y mujer no se han dado todo lo que podían darse mientras el marido no ha convertido a su mujer en madre y la mujer no ha convertido a su marido en padre.

Lo anterior es un don que solo se pueden dar recíprocamente marido y mujer; no es algo que podría adquirir cada uno por su cuenta. Además, la *ordenada procreación de la especie* es una exigencia del bien común, como incluso un liberal como John Rawls y el derecho vigente en todas partes atestiguan [97]. Este tener hijos es, por definición, lo que da origen a la segunda vinculación, la paternofilial, que es esencial para el orden interpersonal en la comunidad política y, sobre todo, para su continuada existencia. De ahí que sea frívola la ceguera de algunas autoridades ante la caída de la natalidad, que es una señal inequívoca de decadencia moral y cultural de una nación, el llamado *suicidio demográfico*.

Desde el punto de vista de la comunidad política, la pura actividad sexual de sus ciudadanos —incluso si va unida a expresiones de afectividad psicológica— *no es esencial*, porque no afecta ni a la estructura social ni a la permanencia de la comunidad ni a relaciones estables con nuevos miembros de la comunidad que, en cuanto más débiles, merecen protección. La actividad sexual desligada del matrimonio y de la procreación es contraria al bien del matrimonio, y, en este sentido, interesa a la comunidad política como algo que

---

[97] Rawls se refiere más exactamente a "la ordenada reproducción de la sociedad política a lo largo del tiempo". Lamentablemente, la considera un bien que no supera al supuesto, falso derecho a abortar. Aquí lo menciono solo para mostrar que se trata de un bien importante, reconocido por la razón natural. Cf. John Rawls, *Liberalismo Político,* trad. cast. de Sergio René Madero Báez (México D. F., Fondo de Cultura Económica, 1996), págs. 230-231.

debe ser rechazado o, al menos, puesto bajo un régimen de tolerancia para que no cause demasiado daño (*v.gr.*, como se tolera la prostitución en determinadas casas o barrios). La afectividad entre personas, con o sin actividad sexual, en cambio, es un asunto meramente privado, que no da origen a la familia y, por eso, no constituye una unión estable en la que se base la estructura social (aunque a toda sociedad le interesa fomentar la amistad entre sus ciudadanos).

Para la comunidad política no es trascendental la sola complementación afectiva o sexual. En otras palabras, le conviene que haya muchos amigos, porque la amistad es algo que suaviza la justicia, pero si es esta persona con esta otra, eso no le es relevante.

Así las cosas, cabe hacerse la pregunta: ¿qué es lo relevante en la familia, en su nivel más básico, para toda la comunidad política? La respuesta más elemental, como he dicho, es que la familia constituye la forma ordenada de propagación de la especie humana y, por tanto, de perpetuación, dentro de lo posible, de la comunidad política. Incluso en una visión inmanente de la vida, el hombre mortal puede aspirar a la inmortalidad mediante la procreación. Platón expresó esta idea de la inmortalidad humana *en este mundo*, aparte de inmortalidad del alma de cada individuo, como la participación en la inmortalidad mediante el matrimonio y la procreación. Así dice el Ateniense en las Leyes: «Un hombre se casará cuando tenga entre treinta y treinta y cinco años, atendiendo a que esta es la manera en que la raza humana, por ordenación de la naturaleza, participa en la inmortalidad, algo respecto de lo cual la naturaleza ha implantado un vivo deseo»[98].

Sabemos que las comunidades políticas también nacen y maduran, algunas decrecen destruyéndose completamente, algunas acceden a otras, por ejemplo, por conquista, etc. Todo esto es posible. Si bien no hay una inmortalidad total, sí hay una aspiración a la perpetuidad. Si bien un ser humano no puede tener la inmortalidad total *en este mundo* debido a la muerte, la comunidad política sí tiene un atisbo de aspiración a la eternidad. Desde el punto de visto de un análisis político, en este sentido, la familia es fundamental, porque con ella se propaga ordenadamente la especie humana. Naturalmente, a la comunidad política también le interesa el aspecto ético inmediato: las

---

[98] Platón, *Leyes*, IV, 721b. Aristóteles se hace eco en *Política*, I, 1252a.

relaciones de justicia entre los cónyuges y los deberes de los padres respecto de los hijos y viceversa.

El tercer tipo de vínculo que constituye a una familia, propio de una familia perfecta como la que está analizando Aristóteles, es el que existe entre amo y esclavo. Aristóteles consideraba natural la esclavitud, en el sentido de algo razonable, por la conveniencia compartida de las dos partes, en la medida en que a quien tiene más capacidad de dirección racional le conviene contar con el servicio material del esclavo, y a este, cuando es menos capaz racionalmente pero más apto para el trabajo manual, le conviene ser dirigido y prestar ese servicio: «En efecto, el que es capaz de prever con la mente es un jefe por naturaleza y un señor natural, y el que puede con su cuerpo realizar estas cosas es súbdito y esclavo por naturaleza; por eso al señor y al esclavo interesa lo mismo»[99]. Esta posición es contraria a la esclavitud de su época, y de todas las épocas en realidad, donde el criterio racional —la mutua conveniencia de que el que sabe mande al que realiza el trabajo manual— no era determinante para esta forma de división del trabajo. Además, las formas de caer en la esclavitud (*v.gr.*, por deudas, por derrota en la guerra, por nacimiento de esclava, por compraventa del alguien cazado para ser esclavizado, etc.) tampoco correspondían a la mutua conveniencia. Así que Aristóteles permite fundamentar la abolición de la esclavitud antigua y moderna. No obstante, yerra porque todavía subsiste en su pensamiento la idea de que el esclavo es como un instrumento, no una persona igualmente digna y libre (por definición). Así que incluso una esclavitud aristotélica, más racional que la esclavitud histórica, sería inaceptable para la visión cristiana de la persona humana.

Actualmente, como no hay esclavitud en sentido estricto, aquel vínculo no existe. Mas el núcleo de verdad, que en todo error subyace, también aquí nos deja una lección: el servicio del trabajo manual, al interior de la familia, es un elemento de su bien común interno, más allá de las formas jurídicas de estructurar esa relación. Las familias que pueden hacerlo, gracias a la mejora de su fortuna o posición socioeconómica, intentan contar, incluso en las condiciones actuales, muy distintas a la de Aristóteles, con una ayuda doméstica, que el Estagirita ve como parte de la familia. Por cierto, ahora podrá

---

[99] Aristóteles, *Política*, I, 1252b.

revestirse todo de contratos de trabajo, de servicio doméstico «puertas afuera», de ayuda de una asesora del hogar o de *au pair*, de una relación menos como parte de la familia y más como un colaborador externo de la familia; pero todo eso es accidental respecto del hecho esencial: las labores del hogar, cuando una familia puede permitírselo por su riqueza relativa, serán realizadas por o con la ayuda de empleados del hogar: cocineras, hayas, jardineros, choferes, etc. Y hablo de una riqueza *relativa* porque incluso en barrios pobres, en poblaciones marginales, en zonas de chabolas y conventillos, se ven hogares más pudientes, que contratan estos servicios a sus vecinos y vecinas.

Ahora, volviendo a la perspectiva aristotélica, si bien existen amos y esclavos, los últimos tienen una familia de segunda clase en el caso de que tengan cónyuges e hijos. En consecuencia, sus hijos son otros esclavos que sirven al clan extendido.

De esta forma, como ninguna familia logra desarrollarse por sí sola, cada una busca, en la medida en que le es posible, ayuda doméstica, como he dicho. La estructura social de la mayor parte de la historia humana, antes de que el germen cristiano comenzara a minar la esclavitud como institución del *derecho de gentes*, claramente era indigna en cuanto a cómo se entendía la esclavitud en tiempos de Aristóteles. Igualmente, en la época moderna, la esclavitud de los africanos fue espantosa, quizás más aún que la antigua, y quizás fue el primer síntoma de que la cristiandad estaba desapareciendo. Ahora bien, sin perjuicio de lo anterior, la situación antigua y moderna de la esclavitud como ayuda en la familia comparte un elemento común con la organización del trabajo doméstico prestado por personas libres. El que sirve en la casa es alguien que no procede biológicamente del núcleo familiar y que, sin embargo, ayuda a descargar a la familia de lo más pesado de las labores domésticas, que necesariamente se han de realizar en una familia. La modalidad antigua era indigna de la persona humana, por el estado de esclavitud; pero la modalidad contemporánea ha perdido algo valioso, que existía en algunas familias hasta hace no tanto tiempo: la consideración y trato de la servidumbre como parte de la familia a la que servía.

Existen entonces dos opciones. Una es pensar que la *ayuda doméstica* es indigna como la *esclavitud*, de manera tal que se debe eliminar. Esta opción está detrás de toda la mentalidad que denigra el trabajo de una empleada del hogar, al señalar que, si bien no es una forma de esclavitud cuando hay condiciones de libertad y de protección legal, el paralelismo es demasiado cercano como para ser tolerable. Es históricamente correcto que existe una analogía, como hemos visto; pero hay otra posibilidad: advertir que se trata del servicio de alguien que, si bien no es parte de la familia en cuanto a las relaciones de parentesco y conyugales, es una ayuda para la familia y puede considerarse parte de ella mientras dure la relación. Desde esta perspectiva, el servicio doméstico es bueno; es necesario para la familia, y es digno siempre que sea regulado de modo distinto, que no esclavice ni vulnere la dignidad de las personas que lo realizan, de modo análogo a como la ejecución del mismo tipo de labores (*v.gr.*, cocinar, lavar la ropa, limpiar la casa, cuidar el jardín, etc.) no se considera indigna cuando se lleva a cabo en ámbitos distintos de la familia: hoteles, restaurantes, lavanderías, etc.

En mi opinión, a veces la única diferencia que hace a los ideólogos sentir como indigna la ayuda doméstica es que se preste dentro de una familia, al servicio de una familia que no es la propia. Por mi parte, creo que es correcta la visión clásica cristiana: es posible pensar en un servicio doméstico que no sea esclavizante. Si bien las condiciones históricas en las cuales se ha prestado aquel servicio en el pasado pueden haber sido precarias o, en el caso de la esclavitud, abiertamente indignas de la persona humana, y si bien pueden ser precarias incluso hoy día en muchos casos, esto no es de la esencia del trabajo doméstico. Este trabajo como ayuda a la familia es incluso más necesario y más digno *de suyo* que el mismo trabajo, en su materialidad, cuando es realizado de manera quizás impersonal en una empresa externa a la familia, como un hotel, un restaurante o una lavandería. Por eso mismo, defiendo que es una aspiración legítima de las familias de cualquier condición social y económica contar con esa ayuda y remunerar adecuadamente a quienes la prestan. De la misma manera, que una persona se emplee como ayuda doméstica es tanto o más digno a que lo haga como funcionario de un restaurante o de una empresa de limpieza. Y hay algo que solo al interior de las familias podrá hacerse: servir de manera directa a las personas en su ámbito de máxima intimidad y de confianza, ausentes en su peculiar espontaneidad cuando se trata de un hotel o un restaurante o una lavandería. Incluso ayudar a la educación de niños pequeños, al interior de la familia, es en sí mismo una implicación mayor que atenderlos solamente en una escuela (con todo lo valioso que es esto también).

Una familia que cuenta con el servicio de una sirvienta, empleada doméstica o asesora del hogar, vista desde las cifras macroeconómicas, es conocida como una familia *rica*, pero realmente no es así siempre, como he dicho. Simplemente sucede que, dentro de los medios posibles, al alcance de la mano de una familia incluso de clase media o baja, esta ayuda complementa a lo que la familia puede hacer por sí sola. Es verdad que se trata de un trabajo que antes hacían los esclavos y que existe una larga tradición de desprecio hacia los trabajos manuales, como distintos de las artes liberales, del gobierno, la política y la guerra. Pero este análisis de la familia completa, con su finalidad específica, que es la satisfacción de las necesidades ordinarias de la vida, no puede dejar de lado el componente del servicio doméstico, más allá de las vicisitudes históricas de su forma de organización en un mundo imperfecto[100].

Con estos elementos, cabe dar una mejor definición de la familia más allá de la del diccionario: «grupo de personas emparentadas entre sí que viven juntas» (DRAE, *sub voce*). La familia es, como célula fundamental de la sociedad, la *agrupación humana que, fundada por el matrimonio entre un varón y una mujer, procrea y cría a los hijos comunes y procura la satisfacción de las necesidades ordinarias de la vida en el hogar común, con la ayuda del servicio doméstico*. Naturalmente que este tipo ideal de familia —como todos los ideales— puede ser menos frecuente, en los hechos, que la familia definida solo como personas emparentadas que viven juntas. Es lo que sucede con los conceptos explicativos: caben muchos casos en los que no se realizan de modo perfecto, como los matrimonios sin hijos, las familias sin ayuda doméstica, los hogares monoparentales, la madre viuda con sus hijos pequeños, la unificación en un solo hogar de familias procedentes de matrimonios diversos (*v.gr.*, un viudo que se casa con una viuda y los dos *aportan* a sus hijos), etcétera. El caso ideal o analogado principal

---

[100] La tesis de la dignidad intrínseca y de la *superioridad antropológica* del trabajo doméstico, como esencialmente contemplativo de las personas, ha sido propuesta con singular originalidad por María Cristina Orrego Sánchez, *Hogar y Contemplación. Naturaleza contemplativa de los trabajos del hogar* (Santiago, Ediciones del Círculo de Santiago, 2022 [tesis de 2016]).

ayuda a comprender los otros casos y es aquello a lo que se aspira inicialmente; por ejemplo, nadie se casa aspirando a constituir un hogar monoparental o de madre viuda, y, al revés, una madre viuda o un padre viudo, con hijos, puede aspirar a volver a completar su familia mediante un nuevo enlace matrimonial.

Cuando se traspasa el umbral de la familia, hallamos otras agrupaciones, cada una de ellas con su propio bien común. No se trata de decir algo ahora sobre todas ellas. Son infinitas casi, entre ellas algunas ya mencionadas. Las agrupaciones profesionales tienen una finalidad objetiva que las define: los gremios de artesanos, las agrupaciones de agricultores, las asociaciones o los colegios de profesionales liberales, cada uno con su mentalidad, con su aporte especifico al bien común general, aunque su preocupación inmediata sea el bien común particular de ese grupo. A estas agrupaciones se las suele llamar *intermedias* (o *grupos intermedios*) porque están entre las familias (grupo básico) y la comunidad política completa (grupo máximo).

En la visión clásica no se llama agrupaciones *intermedias* a todo lo que está entre el individuo y el Estado, porque la familia es una agrupación tan básica que se considera el punto de partida; las intermedias son las que están entre la familia y la comunidad política completa, cada una con su bien común, cada una con su competencia. A la rica suma e interacción de todas esas agrupaciones intermedias se la suele llamar *sociedad civil*, es decir, la riqueza de una colección muy amplia de grupos humanos que interactúan; que no es de puros individuos inconexos, sino de muchas personas conectadas a través de un conjunto de relaciones distintas, porque uno es, al mismo tiempo, miembro de su familia, miembro de una agrupación profesional o de un sindicato, fiel de la Iglesia o parte de alguno de los miles de entes religiosos, socio de una asociación voluntaria para la diversión, militante de un partido político, empleado de una empresa productiva, empresario, comunicador social o periodista de un medio de comunicación, y todo eso quizás al mismo tiempo.

En la era moderna han adquirido mucha importancia las asociaciones voluntarias, y han decrecido en importancia las asociaciones intermedias fundadas en alguna vinculación natural o más estable, en la que *se nace*, como la Iglesia (en el caso de quienes nacen en una familia cristiana) o el gremio profesional al que se accedía por herencia prácticamente y al que se debía pertenecer para ejercer la profesión u oficio. Asimismo, a veces, se camufla una cosa en la otra; por ejemplo, a veces se presenta la Iglesia como organización puramente voluntaria, lo cual es absolutamente falso, ya que la Iglesia es una comunidad tan completa como el Estado en su propio orden. Aunque es de tipo espiritual y no meramente natural, no se pertenece a ella por un vínculo de simple asociación voluntaria, aunque los adultos que quieran incorporarse solo pueden hacerlo si libremente piden el bautismo. Si hacemos un análisis político, prescindiendo del carácter sobrenatural de la Iglesia, vemos que las personas no pertenecen a ella por una exclusiva asociación voluntaria. Así, por ejemplo, los niños son bautizados, son instruidos en la fe desde sus primeros años, y posteriormente, en algún momento, tienen la opción de dejarla, porque la comunidad política admite esa opción; pero no han sido incorporados a dicha agrupación por su propia voluntad, como sería el caso de una asociación meramente voluntaria.

La Iglesia es, en ese sentido, una agrupación *natural* (*sobrenatural*) con finalidad espiritual, en la cual *se nace*, porque se incorpora una persona sin su voluntad, sin perjuicio de que algunos se pueden incorporar con su voluntad, de la misma manera que alguien puede adquirir una nacionalidad que no tenía cuando nació, si siendo adulto se va a vivir un país y voluntariamente se incorpora al Estado. Eso no quiere decir que el Estado no sea una agrupación natural, sino que es una agrupación natural en la que muchas personas nacen y otros se incorporan. Lo mismo ocurre con la Iglesia: es una agrupación natural (o sobrenatural) y no meramente voluntaria o asociativa, en la cual las personas nacen con el bautismo, sin su voluntad muchas veces, y otras se incorporan voluntariamente cuando piden el bautismo de adultos.

El principio fundamental que rige la estructuración de las relaciones de las agrupaciones intermedias entre sí y con los individuos, las familias y el Estado, es el principio de subsidiariedad. Este se manifiesta en que cada una tiene sus autoridades, sus competencias, su finalidad propia —su *bien común* parcial—, y el conjunto de todas ellas contribuye al bien común general, a la vez que se beneficia de ese bien común general. Por el bien de la vitalidad de las agrupaciones, es necesario que, en la medida de lo posible, cada una consiga *por sí misma* su bien común propio, sin la interferencia de autoridades superiores —sin ser absorbida, sustituida o ayudada cuando no lo necesita—, y que solamente en caso de alguna deficiencia importante, que cada grupo no pueda subsanar por sí solo, entonces venga alguna ayuda externa. Una de las mejores formulaciones sintéticas del principio está en el *Compendio del Catecismo de la Iglesia católica*:

> «El principio de subsidiariedad indica que una estructura social de orden superior no debe interferir en la vida interna de un grupo social de orden inferior, privándole de sus competencias, sino que más bien debe sostenerle en caso de necesidad»[101].

«Subsidiariedad» proviene de la palabra latina *subsidium*, subsidio, que significa ayuda. El principio de subsidiariedad recibe su nombre de las dos formas de ayudar un ente superior a uno inferior, desde un padre a su hijo en el proceso formativo hasta el Estado a los grupos intermedios y a las familias. La primera ayuda es el respeto, el dar libertad de acción, permitiendo a cada uno desarrollar sin estorbos sus potencialidades: «mucho ayuda el que poco estorba». A este modo de ayudar se le llama, a veces, aspecto *negativo* del principio de subsidiariedad, porque se interpreta como un simple *no hacer nada* y *dejar hacer* pasivamente. No es así, como nada hay de negativo en la vigilancia sin intervención, que no ahoga la iniciativa ni la espontaneidad del hijo que madura o de los grupos en los que se desarrollan las iniciativas ciudadanas. En cambio, se suele llamar *aspecto positivo* de la subsidiariedad a la segunda y secundaria forma de ayudar, cuando se justifica la intervención de la autoridad superior mediante ayudas materiales o financieras (*i.e.*, *subsidios*), intervención en su funcionamiento interno (*v.gr.*, nombrar un interventor en una empresa que amenaza con quebrar) y otras actuaciones por el estilo. Entonces surgen algunas preguntas: ¿cuánta ayuda?; ¿por cuánto tiempo? Cuando se comprende la dignidad involucrada en ser dueño de la propia conducta y merecer sus buenos resultados, se entiende que la ayuda positiva ha de ser solo la que sea necesaria, durante el tiempo que sea necesario, que sea la menor posible para que no se

---

[101] *Compendio del Catecismo de la Iglesia católica*, n. 403.

atrofie la actividad intermedia. Es como con el cuerpo humano, en que cada órgano, cada miembro, por ejemplo un pie, funciona por sí mismo, pero, si se tuerce, solo ahí se utiliza una bota inmovilizadora o una muleta, como una ayuda externa para recuperarse y solo durante el menor tiempo posible, para que la atrofia consiguiente sea fácilmente sanable.

La intervención superior ha de durar todo cuanto sea necesario, pero ojalá lo menos posible, porque, entre más se prolongue, más se van a atrofiar los músculos por la falta de ejercicio. Lo mismo pasa con un grupo humano inferior a las autoridades de sociedades superiores o de la comunidad completa (Estado). En el caso de la familia, en principio no hay que intervenir; pero, si hay una necesidad extrema, alguna contingencia material o alguna actuación de los padres que daña a la familia o a alguno de sus miembros, entonces hay que intervenir. Una intervención conforma al mismo principio debería propender a que interviniera primero la familia más cercana, y, si aquello no es suficiente para solucionar el problema, quizás se necesitará una intervención superior: vecinos, comuna, policía, sistema estatal… Pero se debe interferir lo menos posible, para no destruir el funcionamiento interno de la familia, su espontaneidad.

Lo mismo se aplica a todos los otros niveles de agrupaciones intermedias. Por eso, la defensa del principio de subsidiariedad —con sus dos caras o formas de ayudar— contribuye a salvaguardar la libertad y la dignidad de todos los ciudadanos, así como a limitar la posible arbitrariedad del poder público.

8. EL PODER

La cuestión del poder se ha transformado en el centro de la filosofía política moderna. Así como se podría decir que la cuestión de los regímenes políticos y de cuál es el régimen mejor era el centro de la filosofía política clásica, ahora quizás podemos decir que la filosofía política moderna convierte en tema central el del poder. No vamos a llegar una definición fácil del poder, sino a proponer algunas reflexiones que permitan comprender lo más elemental.

El tema de la legitimidad de los regímenes es siempre más importante allí donde todavía hay una clara distinción entre lo bueno y lo malo, lo justo y lo injusto, de modo tal que el mando y la consiguiente obediencia son reconocidos como instrumentos para conseguir los fines honestos, que se compendian en la expresión *bien común*. Sin embargo, cuando surge el escepticismo respecto de la existencia de un bien común objetivo, emerge en el pensamiento político el modelo del príncipe de Maquiavelo. No es simplemente un gobernante, sino más bien alguien que cuenta con una astucia especial para adquirir, conservar y acrecentar el poder.

Cuando Maquiavelo publica *El Príncipe*, suscita inmediatamente escándalo en la sociedad cristiana. El eximio literato español Francisco de Quevedo le contesta con un libro sobre el modelo del príncipe cristiano, que en el fondo continúa con la idea —anterior a Maquiavelo— de que es necesario escribir para formar al príncipe en un sentido virtuoso: religioso, ético y político a la vez;

pero rechaza la idea de que la finalidad fundamental de la política sea el poder[102].

El poder solamente es *un medio*. Ahora bien, en toda sociedad hay quienes mandan y quienes obedecen, por lo que el poder se puede definir como *un derecho que tiene el gobernante a ser obedecido por sus súbditos*, acompañado del derecho a usar la coacción para forzar a obedecer a quienes no lo hagan voluntariamente. Esta definición presupone la idea de un *orden justo*, puesto que se define en términos de derecho y de una virtud que es la prudencia política del gobernante, en cuyo contexto tiene sentido que él mande. Mandar u ordenar es un acto de la prudencia, dirigido al bien común, y que requiere de otra virtud correlativa propia del súbdito, la obediencia, que, por ende, se entiende como correlato del poder de mando.

Esta visión del poder como instrumento y no como fin de la política está en toda la Antigüedad clásica, y hasta nuestros días es compartida por quienes continuamos esa tradición clásica. El poder es no simple fuerza coactiva, como la de una banda de ladrones, por usar la comparación de san Agustín, que no me canso de citar:

> «Sin la virtud de la justicia, ¿qué son los reinos sino unos execrables latrocinios? Y estos, ¿qué son sino unos reducidos reinos? Estos son ciertamente una junta de hombres gobernada por su príncipe la que está unida entre sí con pacto de sociedad, distribuyendo el botín y las conquistas conforme a las leyes y condiciones que mutuamente establecieron. Esta sociedad, digo, cuando llega a crecer con el concurso de gentes abandonadas, de modo que tenga ya lugares, funde poblaciones fuertes, y magníficas, ocupe ciudades y sojuzgue pueblos, toma otro nombre más ilustre llamándose reino, al cual se le concede ya al descubierto, no la ambición que ha dejado, sino la libertad, sin miedo de las vigorosas leyes que se le han añadido; y por eso con mucha gracia y verdad respondió un corsario, siendo preso, a Alejandro Magno, preguntándole este rey qué

---

[102] Cf. una comparación en José Barrientos Rastrojo, "La Filosofía Política moralista de Quevedo frente a la pragmatista belicista de Nicolás Maquiavelo", *Bajo Palabra. Revista de Filosofía*, II Época, Nº 5 (2010), págs. 331-348.

le parecía como tenía inquieto y turbado el mar, con arrogante libertad le dijo: y ¿qué te parece a ti como tienes conmovido y turbado todo el mundo? Mas porque yo ejecuto mis piraterías con un pequeño bajel me llaman ladrón, y a ti, porque las haces con formidables ejércitos, te llaman rey»[103].

El poder político implica la autoridad o el derecho de mandar y de ser obedecido en justicia (no me refiero aquí a la *auctoritas* romana en el sentido de una autoridad intelectual o moral, como *saber socialmente reconocido*)[104]. Sin embargo, es muy fácil dar el paso de separar los medios con que se cuenta para conseguir que uno sea obedecido (medios que incluyen la coacción y las riquezas, aunque no se limitan a ellas) de la finalidad que justifica la existencia del poder, que es el bien común. Aquello es más o menos lo que sucede en las versiones de la ciencia política que suelen llamarse *neutras* o no valorativas, porque parece más *objetiva* la existencia del poder como un hecho social y también como un bien apetecido con independencia de los fines ulteriores que cada gobernante o político desee promover.

De la lectura de Leo Strauss es posible advertir que la visión neutra o no valorativa de la política se fue consolidando en el siglo XIX, y que en el siglo XX ya dominaba prácticamente todas las facultades de ciencia política[105]. No resulta extraño, porque, si se descartan las finalidades, que de suyo están *cargadas* de valoraciones, entonces lo que se puede observar neutralmente se reduce a la organización y al poder. El arte de la política deja de ser el arte de conducir la *polis* hacia el bien común, un saber práctico para el cual mandar y obedecer son actividades instrumentales, y comienza a convertirse en el arte de acceder al poder, de conservar el poder y de acrecentar el poder. Y es este centrarse en el poder como fin, incluso cuando se dice retóricamente que es un instrumento para grandes

---

[103] San Agustín, *La Ciudad de Dios,* IV, 4.

[104] Sobre *auctoritas* y *potestas*, véase Álvaro D'Ors, *Derecho privado romano* (Pamplona, Eunsa, 10.ª ed., 2004), págs. 61-62. Con detalle, Rafael Domingo, *Teoría de la Auctoritas* (Pamplona, Eunsa, 1987).

[105] Vid. Leo Strauss, *¿Qué es Filosofía Política?* (Madrid, Ediciones Guadamarra, 1970).

valores que se realizarán después, lo que corrompe a los políticos y a los gobernantes, más que cualquier otra cosa (riquezas, placeres, etc.).

Ahora bien, el poder es un bien humano y, como tal, algo atractivo. De hecho, santo Tomas, cuando examina los distintos bienes que se presentan como candidatos para ser el bien sumo —lo que podría dar la felicidad, el fin último de los actos humanos—, examina los honores, las riquezas, los placeres, etc., y, entre otros, el poder[106]. ¿Por qué? Porque el poder ejerce un atractivo, tal como el placer o las riquezas. También porque el poder *engrandece*; en otras palabras, porque, querido como fin último, satisface la soberbia, el orgullo de tener a alguien que te obedezca. Luego, es posible que alguien pueda tomar el poder como el objeto principal, ya sea de la vida toda o de la política.

Cuando se tiene esta visión acerca del poder y de la política, para algunas personas puede parecer posible compatibilizar una cosa con la otra: la búsqueda del poder como fin último y el pretender que se orienta al bien del pueblo. Así lo vemos en el discurso típico de la gente que en teoría piensa que la política es para el bien común, pero que en la práctica actúa como cualquier Maquiavelo. Lo hemos oído tantas veces, dicho más o menos así: «bueno, sí, ahora lo importante es el poder; después vemos cómo lo usamos». Este discurso es muy típico. Es un discurso que separa la moralidad de los fines de la moralidad de los medios. Esto no significa que la visión clásica de la política se desentienda de la eficacia necesaria para adquirir, poseer, conservar, aumentar y proteger el poder, que la autoridad legítima posee y debe usar; pero la filosofía clásica cristiana nunca hace una separación entre los medios, transformados en fines, y las auténticas finalidades de bien común a las cuales el poder ha de servir.

También hay quienes conciben el poder político como el conjunto de los medios que están a disposición del gobernante para conseguir la obediencia. Esta definición reduce el poder a una relación entre personas obtenida casi a la fuerza, en cuanto el gobernante tiene mayor capacidad de coacción en sus manos, o tal vez la riqueza que le permite *comprar coacción* física (mercenarios) o simbólica y propagandística (funcionarios, intelectuales) con el objetivo de que la gente le obedezca.

---

[106] Cf. *Suma teológica*, I-II, q. 2, aa. 1-8. Sobre el poder, vid. a. 4.

Por tanto, esta es otra visión reductiva del poder, ya que, si bien es cierto que la autoridad necesita de medios y de coacción para los que no quieran obedecer voluntariamente, no deja de ser verdad que, lógicamente, mientras más personas obedezcan voluntariamente, más efectividad tendrá una autoridad. Así, se podría sostener que, en realidad, el componente voluntario de la obediencia es mucho más importante, incluso desde el punto de vista de la eficacia del poder, que el componente meramente coactivo. En este sentido, contra lo que piensa Maquiavelo, en la duda o en la imposibilidad de obtener las dos cosas —amor y temor del pueblo— no es mejor ser temido que ser amado, sino que es preferible ser amado antes que temido, aunque, naturalmente, la autoridad debe recurrir a las dos motivaciones en la medida de lo posible, como se ve claramente en la autoridad divina, que atrae con lazos de amor, promete recompensas celestiales y amenaza con castigos eternos.

Si desechamos la concepción del poder como fin de la política y también su reducción a los medios externos de dominación, su carácter de realidad moral y espiritual resalta de nuevo. Mas entonces es crucial justificar por qué algunas personas tienen ese derecho de mandar sobre otras personas, que son esencialmente iguales, y estas otras tienen el deber correlativo de obedecer, y por qué mandar y obedecer son actos humanos libres y dignos de la racionalidad de las dos partes. Tal es la cuestión sobre el origen y fundamento del poder político.

¿Por qué deben unos hombres obedecer a otros? Aquí hay dos respuestas contrapuestas, y tienen algo de razón las dos. Una dice que toda autoridad o poder *viene de Dios*, es decir, proporciona una razón teológica. Aunque no es invento suyo, san Pablo expresa bien la tesis:

«Todos deben someterse a las autoridades constituidas, porque no hay autoridad que no provenga de Dios y las que existen han sido establecidas por él. En consecuencia, el que resiste a la autoridad se opone al orden establecido por Dios, atrayendo sobre sí la condenación. Los que hacen el bien no tienen nada que temer de los gobernantes, pero sí los que obran mal. Si no quieres sentir temor de la autoridad, obra bien y recibirás su elogio. Porque la autoridad es un instrumento de Dios para tu bien. Pero teme si haces el mal, porque ella no ejerce en vano su poder, sino que está al servicio de Dios para hacer justicia y castigar al que obra mal. Por eso es necesario someterse a la autoridad, no sólo por temor al castigo sino por deber de conciencia. Y por eso también, ustedes deben pagar los impuestos: los gobernantes, en efecto, son funcionarios al servicio de Dios encargados de cumplir este oficio. Den a cada uno lo que le corresponde: al que se debe impuesto, impuesto; al que se debe contribución, contribución; al que se debe respeto, respeto; y honor, a quien le es debido»[107].

Una mala interpretación del versículo «no hay autoridad que no provenga de Dios y las que existen han sido establecidas por él» dio origen a la teoría errada del derecho divino de los reyes, como si cada rey hubiera sido puesto y ungido por Dios como Saúl o David en el Antiguo Testamento, cuando, en realidad, lo que significa es que el fundamento de toda autoridad o potestad legítima está en Dios como Ley Eterna, gobernador del Universo y autor de la naturaleza social, y que la Providencia Divina ciertamente pone y quita reyes, pero mediante acontecimientos a veces simplemente tolerados, como cuando se instala un tirano en el trono, algo que es según la Voluntad permisiva de Dios, que lo permite, pero contra la Voluntad imperativa de Dios, que quiere gobernantes justos. La tesis del fundamento divino de la autoridad, rectamente entendida, significa simplemente que algunos tienen derecho a mandar y otros el deber de obedecer, y unos y otros el deber de someterse a las leyes justas, porque de esta manera toda la sociedad humana se inserta en el gobierno justo del mundo; en último término, como hemos dicho, la autoridad viene exigida por la naturaleza racional del ser humano y el autor de la naturaleza es, por eso mismo, origen de sus exigencias.

La otra respuesta a la pregunta por el origen o fundamento de la autoridad y la justificación del deber de obedecerla, una muy extendida en la actualidad, pretende que el poder de mando procede

---

[107] San Pablo, *Carta a los Romanos*, 13: 1-7.

de la *voluntad colectiva*; es decir, de un pueblo que se manda a sí mismo, aunque sea a través de representantes. Esto es claramente una ficción, que lógicamente lleva, cuando se es realista, al anarquismo: no existe deber de obedecer. El anarquista es un ateo que descubre que la ficción de la voluntad popular —o algo semejante— es solo un intento de volver a imponer una Voluntad de Dios, quien no existe.

Una tesis mixta, de origen cristiano medieval, es que la autoridad procede de Dios, pero a través del pueblo.

Las justificaciones, sea que apelen a Dios o al pueblo o a una tesis mixta, arriban a una cuestión inevitable: ¿Por qué tengo que obedecerle a Dios?; o ¿por qué tengo que obedecerle a la voluntad colectiva, al pueblo? La pregunta por el fundamento es una pregunta por el *porqué* y al *porqué* no se le puede responder con la mención de un puro hecho, tal como sería decir que «esto lo manda Dios» o que «esto lo manda el Pueblo». El porqué exige como respuesta algo que desvela un bien perceptible para todos los que formulan la pregunta, es decir, una razón para la acción. Existe una respuesta clásica, que ha sido renovada (curiosamente) por un autor ateo, Joseph Raz, profesor de Oxford recientemente fallecido (2022), y que consiste en lo que él ha denominado la *concepción de la autoridad como servicio*[108]. Esta concepción de la autoridad como servicio, que procede de la tradición cristiana, consiste en advertir que la autoridad tiene derecho a ser obedecida y los súbditos tienen el deber de obedecer, en la misma medida, porque la autoridad se ejerce en servicio del bien común, es decir, los súbditos tienen que obedecer porque obedeciendo consiguen el bien de todos, incluyendo el propio. La autoridad, si es justa, presta un servicio: porque los ciudadanos tienen más probabilidad de obrar conforme al mejor interés de todos —como dice Raz: conforme a la recta razón— si obedecen en lugar de seguir cada uno su capricho (todo dentro de límites éticos, pues esto no vale respecto de mandatos intrínsecamente malos). Es en este marco que cobra sentido la apelación a Dios, en cuanto que él es el autor de la naturaleza humana, racional, y quien incluye ese orden de mando y

---

[108] Cf. Joseph Raz, "El problema de la autoridad. De nuevo sobre la concepción de la autoridad como servicio", *Doxa. Cuadernos de Filosofía del Derecho* 29, 2006. Respondo a la versión inglesa de este ensayo en Cristóbal Orrego, "Joseph Raz's Service Conception of Authority and Natural Law Theory", *The American Journal of Jurisprudence* 50, 2005, págs. 317-323.

obediencia hacia el bien común como parte de la Divina Providencia. Por eso, quien resiste a la autoridad justa resiste el orden del Creador, como hemos visto ya que afirma san Pablo: «En consecuencia, el que resiste a la autoridad se opone al orden establecido por Dios, atrayendo sobre sí la condenación»[109].

Ese es el fundamento general del derecho de mandar y del deber de obedecer. Pero esto no significa que *en cada caso* el súbdito deba o pueda indagar cómo es que, en ese preciso ejemplo de ejercicio de la autoridad, se verifique lo mejor para todos. Esto porque la autoridad se necesita porque no todo el mundo está de acuerdo acerca de qué puede ser lo mejor para todos en cada momento, y si el súbdito pudiera juzgar que debe obedecer solo en el caso de que lo que la autoridad decida coincida con lo que el súbdito advierte como lo mejor, entonces eso mismo querría decir que no está obligado a obedecer, sino solamente a hacer las cosas que coinciden con su propio criterio. Esto es una forma de anarquismo, como afirma Robert Spaemann en su *Crítica de las Utopías Políticas*.

Esta superioridad de la autoridad incluso por encima de las propias razones del súbdito podría llevar, erróneamente, a pensar que se debe obedecer siempre, porque todo lo que manda la autoridad es justo. Esto tampoco es verdad. Se debe alcanzar un término medio: la autoridad tiene derecho a mandar y a ser obedecida, porque, para coordinar a muchas personas para el bien de todas ellas (*i.e.*, el bien común), se necesita o bien la unanimidad de todas o bien la autoridad de alguna o de algunas: «Hay, en último término, solamente dos maneras de hacer una elección entre formas alternativas de coordinar la acción dirigida hacia el objetivo común o el bien común de cualquier grupo. Debe haber o bien unanimidad o bien autoridad. No hay otras posibilidades»[110]. No obstante, si la autoridad no se atuviera, en su ejercicio de mando, al derecho que ya existía antes que ella misma, es decir, a la justicia natural y a las justas reglas positivas sobre la autoridad política, entonces perdería legitimidad y, en el caso extremo, el derecho a ser obedecida. Sería, en efecto, una autoridad sediciosa contra el orden público y el bien común; es decir, contra un orden dotado de mayor autoridad y exigencia de acatamiento que la

---

[109] San Pablo, *Carta a los Romanos*, 13: 2.
[110] John Finnis, *Ley natural y derechos naturales*, pág. 262, cf. ibíd., págs. 261-263.

voluntad de los gobernantes, siempre transitorios. Nunca es lícito obedecer leyes o mandatos intrínsecamente malos; y no siempre es obligatorio acatar la autoridad de quien, aun cuando mande algo justo, se extralimita en el modo de mandar o no respeta las normas tradicionales o legales sobre la autoridad política, que nunca debe ser una tiranía.

Entonces se plantea la diferencia entre la *legalidad* y la *legitimidad* de la autoridad. La legalidad consiste en que hay unas leyes *positivas* a las que la autoridad, si quiere ejercer ordenadamente su autoridad, también debe someterse. Esto es parte de lo que actualmente se conoce como el Estado de Derecho o el imperio del derecho. Aunque los expertos en contrastar la filosofía política clásica con la moderna verán más bien una oposición entre el Estado de Derecho moderno y la vigencia de normas positivas, tradicionales o legales, que regulan el poder legítimo en la era premoderna, para nuestros fines elementales nos basta con advertir lo que tienen en común, en contraste con una tiranía de cualquier tipo (de uno, de pocos o de muchos). En este sentido, Platón defiende la necesidad de que los gobernantes se sometan también a las leyes:

> «En absoluto llamé ahora los denominados magistrados *servidores de las leyes* por un afán de acuñar nombres nuevos, sino porque pienso que la conservación de la ciudad y lo contrario se encuentra en esto más que en cualquier otra cosa. En efecto, en la que la ley esté eventualmente dominada y no tenga poder, veo ya su pronta destrucción. Pero en aquella en la que la ley fuere amo de los gobernantes y los gobernantes esclavos de las leyes, contemplo la salvación y que llega a tener todos los bienes que los dioses conceden a las ciudades»»[111].

Aristóteles también abordó la cuestión de si es preferible que el poder lo tengan unos cuantos hombres sabios o que estemos bajo el gobierno de las leyes. Su respuesta es el germen o anticipación, aunque genérica, del ideal del Estado de Derecho, cuyo núcleo

---

[111] Platón, *Leyes*, 715c-d (*Diálogos* VII, Barcelona, Gredos, 2007).

fundamental es precisamente la primacía de las leyes sobre los decretos de los reyes:

> «¿Es más útil ser gobernados por el mejor de los hombres o por las mejores leyes? Aquellos que sostienen el poder real afirman que las leyes pueden dar solo prescripciones generales, pero no prevén los casos que se presentan sucesivamente, por lo que, en cualquier arte, sería ingenuo guiarse según normas escritas... Sin embargo, también a los gobernantes les es necesaria la ley que da prescripciones universales, porque es mejor el elemento al que no es posible quedar sometido por las pasiones, que aquel para el que las pasiones son connaturales. Ahora bien, la ley no tiene pasiones, que, por el contrario, se encuentran necesariamente en toda alma humana»[112].

La tesis del Platón maduro —cuando, ya más experimentado, escribe *Leyes*, a diferencia de cuando escribió *República*, que confiaba en los «filósofos reyes»— es la misma que adopta Aristóteles después: *es preferible el gobierno de las leyes antes que el gobierno de los hombres*. Este criterio no es fácil de llevar a la práctica, porque las leyes requieren hombres que las apliquen; es decir, en algún momento igual necesitaremos de personas sabias: unas pocas para que establezcan buenas leyes, pero muchas para que las apliquen a los casos concretos. Si esta primacía de la ley sobre la intuición de un hombre caso a caso significa algo, esto es que es bueno tener la mayor cantidad de cosas resueltas de antemano, mediante reglas generales, para que sean menos las cuestiones que deban ser resueltas caso a caso, de manera novedosa, por personas que van a estar dotadas de esa autoridad. Una analogía con la vida personal permite comprenderlo, me parece, de mejor manera. Uno mismo necesita más tiempo, deliberación, consejo y sabiduría para adoptar normas de vida permanentes, de repetida aplicación, que para seguirlas cada vez que vengan al caso. Uno puede decidir: «me voy a levantar todos los días a las 6 a.m.», por razones sopesadas de una vez y válidas mientras no cambien las

---

[112] Aristóteles, *Política*, III, 1286a; cf. también ibíd., III, 1287.

circunstancias. Eso permite que uno se levante a esa hora sin pensar cada día, a las 6 a.m., cuál será la mejor hora para levantarse. Otro ejemplo: uno puede tardar mucho en decidirse por una carrera universitaria o por una vocación; o puede llevar adelante un noviazgo de algunos años antes de decidirse al matrimonio; etc.; pero, una vez que lo ha decidido, la razón práctica aplicadora —por decirlo así— tomará decisiones de menor alcance para llevar adelante esa forma de vida con sus normas generales claras. Así debe ser en el terreno político: se deciden mediante leyes generales algunas cuestiones fundamentales, que requieren gran deliberación y sabiduría, para que, en el día a día, esas decisiones o normas sean aplicadas a cada caso por personas cualificadas, pero sin tanta sabiduría ni necesidad de deliberar todo de nuevo.

En la época moderna, en la que se legisla de manera cuantiosa, esta tesis se traduce, como he dicho, en el llamado Estado de Derecho, que consistente en que el poder —incluso el poder que crea las leyes— se somete a la legalidad. Ahora bien, si el derecho es algo más que la ley positiva e incluye criterios de justicia que no son manipulables a voluntad por el Estado, entonces el Estado de Derecho es algo más que un poder que se autolimita. En efecto, si el Estado de Derecho fuera solamente un poder que se autolimita, entonces sería perfectamente posible que un gobernante que consiguiera el poder completo del Congreso cambiara todas las leyes necesarias para hacer lo que le dé la gana, incluso cometiendo graves injusticias. Aquello sería una tiranía legal. Si estuviera apoyada por la mayoría, sería la tiranía de la mayoría. En cualquier caso, sea tiranía de una sola persona o de una minoría oligárquica o de una mayoría, el ejercicio legal de un poder arbitrario *deslegitimaría* el poder, porque la legitimidad es algo más que la legalidad.

La legitimidad es el ejercicio del poder en conformidad con principios morales, es decir, un ejercicio del poder que realmente apunta al bien común y no solamente a satisfacer el capricho del gobernante. Por eso el poder tiene sus límites. Es verdad que tenemos que obedecer incluso cuando podemos sospechar que la autoridad está equivocada, porque lo contrario es la anarquía, lo contrario equivale a decir: «voy a obedecer cuando esté de acuerdo con lo que se manda»; pero este deber de obedecer tiene sus límites, que corresponden a los casos en que sea intrínsecamente malo lo que se manda o lo que las leyes traten de imponer. Se trata de casos de disconformidad entre la autoridad y aquellos aspectos del bien común que son tan claramente de ley natural que la mayoría de los súbditos puede advertir la iniquidad: las leyes o mandatos que ordenan matar inocentes o protegen a quienes así actúan (*v.gr.*, las que legalizan el aborto); las que imponen mentiras; las que conculcan de tal manera los derechos fundamentales que es imposible no advertirlo en las múltiples consecuencias del desorden o de la anomia: la violencia social, el desorden externo, las privaciones de la libertad y de bienes básicos, el hambre, sobre todo el hambre. En casos así de flagrantes, cuando la autoridad se extralimita contra la ley natural, sí estamos moralmente habilitados para juzgar a la autoridad y, en casos extremos, para deponerla mediante el ejercicio del derecho natural de rebelión.

Las cosas intrínsecamente malas son muy gruesas, son conductas tales como matar inocentes, mentir, perjurar, robar, blasfemar, abjurar de la fe; no son muchas las cosas intrínsecamente malas, y respecto de ellas, si llegan a ser mandadas por el poder, este se hace ilegítimo, y se tiene el deber de desobedecerlo (aunque no siempre el deber de derrocarlo: este es un extremo de muchas otras exigencias). Hay, en cambio, otras cuestiones en las que la ley puede ser injusta porque nos obliga a padecer una injusticia, pero no a cometerla. En tales casos tampoco se está obligado a obedecer; pero puede ser lícito y a veces hasta obligatorio obedecer para evitar males mayores o un desorden o un escándalo, pues esto es padecer la injusticia y no cometerla.

En los casos extremos de ilegitimidad, en que esta no sólo se predica de una ley u otra, o de un mandato u otro, sino de un régimen entero que se deslegitima, entonces se plantea la cuestión clásica del *derecho de rebelión*. Aquí hay dos posiciones extremas: una que afirma que nunca es legítimo rebelarse (Kant, por ejemplo, que es muy rigorista en este punto) y otra, la del anarquista, planteada anteriormente, que piensa que no hay verdadera autoridad y, por tanto, que la autoridad puede ser desobedecida continuamente. Los que, sin ser anarquistas, se inclinan a la rebelión contra la autoridad cuando su mal gobierno no ha llegado a las situaciones extremas, participan algo del espíritu de rebelión contra el orden, propio de los procesos libertarios de la modernidad.

En el punto medio, la defensa del derecho a la rebelión, matizada y muy cuidadosa, ha sido bien perfilada desde santo Tomas[113]. El Magisterio de la Iglesia católica ha sido también muy restrictivo, consciente de la tentación de la violencia revolucionaria; pero no niega el derecho de resistir a la tiranía. En efecto, el rechazo de la obediencia se basa en la superioridad del orden divino sobre la voluntad meramente humana —de la ley moral natural sobre la ley positiva injusta y cualquier otro mandato inicuo—, por lo cual, cuando la autoridad oprime a los ciudadanos, a estos «les es lícito defender sus derechos y los de sus conciudadanos contra el abuso de esta autoridad, guardando los límites que señala la ley natural y evangélica»[114]. Sobre el caso extremo de la resistencia armada, la Iglesia enseña lo siguiente:

> La *resistencia* a la opresión de quienes gobiernan no podrá recurrir legítimamente a las armas sino cuando se reúnan las condiciones siguientes: 1) en caso de violaciones ciertas, graves y prolongadas de los derechos fundamentales; 2) después de haber agotado todos los otros recursos; 3) sin provocar desórdenes peores; 4) que haya esperanza fundada de éxito; 5) si es imposible prever razonablemente soluciones mejores»[115].

La actuación práctica inmediata debe ser distinta según que la situación sea de usurpación o, por el contrario, de un gobierno que se hace ilegítimo por su mal gobierno (algo gruesamente comparable a lo que más tarde se expresa en la distinción entre *legitimidad de origen* y

---

[113] Cf. *Suma teológica*, II-II, q. 42, a. 2, ad 3. Vid. la síntesis de John Finnis, *Tomás de Aquino*, págs. 369-373.

[114] Concilio Vaticano II, *Constitución Pastoral "Gaudium et Spes"*, n. 74. Cf. *Catecismo de la Iglesia católica*, n. 2242. Se recuerda aquí que, como ya había enseñado León XIII y veremos enseguida, los ciudadanos, incluso cuando resisten la tiranía, «no deben rechazar las exigencias objetivas del bien común» (ibídem). Por eso, no es posible equiparar los actos de resistencia o de rebelión, incluso armada, contra un tirano, con las actividades revolucionarias y subversivas, indiscriminadamente violentas contra el orden público en sí mismo (*v.gr.*, asesinatos, incendios, destrucción de la propiedad pública y privada, etc.).

[115] *Catecismo de la Iglesia católica*, n. 2243.

legitimidad de ejercicio). Si el que asume el poder es un usurpador, se le debe resistir sobre la marcha, como un deber de defensa de la patria, antes de que consolide su poder, ya que su autoridad no tiene legitimidad de origen; y esta resistencia puede conllevar el uso de fuerza letal contra él y contra quienes lo secundan, en forma análoga a lo que sucede en la guerra. En tal caso, se trata de un acto de legítima defensa colectiva contra el usurpador, que solo es lícita mientras el usurpador es un agresor y no ha consolidado el control del Estado.

Si se trata, en cambio, de alguien que ha asumido el poder legítimamente, o de un usurpador que logra hacerse con el control efectivo del Estado, entonces, en principio, se le debe obediencia, porque esta es necesaria para el bien común; pero, si se convierte en un tirano, y la suya es una tiranía grave, evidente y prolongada, existe el derecho a resistirlo y a deponerlo, siempre que se reúnan algunas otras condiciones. Aunque las he mencionado, podemos detenernos un poco en ellas.

La tiranía debe ser grave, evidente y prolongada, como acabamos de decir. Se trata de una situación en que el tirano está dañando gravísimamente el bien común o conculcando continuadamente los derechos fundamentales de los ciudadanos. Aparte de eso, se requiere que la decisión de deponerlo no sea tomada solo por un particular, sino por la sociedad entera representada, ya sea por otra autoridad que resiste la tiranía, ya sea por gente que, de alguna manera, cabe considerar representativa de ese pueblo que está siendo tiranizado. Este requisito es muy difícil de precisar, porque no se trata de que tenga que haber una especie de votación para elegir al representante para hacer una sublevación; esto es ridículo: ¿a quién se le puede hacer una sublevación de esa manera? Se trata de que haya un grupo de personas rectas, de las que se pueda presumir que representan un sentir generalizado de la gente que está siendo oprimida por el régimen injusto. Ciertamente es posible —hay ejemplos históricos cercanos— que otra rama del Estado, como el Poder Judicial o el Congreso Nacional, declare que el Ejecutivo ha caído en la ilegitimidad; o que el Presidente se defienda de la ilegitimidad de otra rama del Estado (*v.gr.*, un Congreso Nacional sedicioso). Cualquiera advierte lo explosiva y próxima a la guerra civil que puede tornarse una situación de este tipo. Sin embargo, en los casos extremos no es necesaria ni posible tanta formalidad institucional. Contra el tirano también puede obrar un grupo menos estructurado oficialmente, como el del Coronel Claus Philipp Maria Justinian Schenk Graf von Stauffenberg y otros héroes que conspiraron para atentar contra Hitler.

Asimismo, se agrega como requisito el que la rebelión tenga posibilidades de éxito y que no produzca desórdenes o males mayores que los que se evitarán mediante la rebelión, teniendo en cuenta que habrá un probable enfrentamiento entre dos sectores de la sociedad, el que apoya o sustenta al tirano y el que defiende al pueblo oprimido. En ese caso, con el ejercicio del derecho de rebelión se puede deponer al tirano y, si se resiste a entregar el poder voluntariamente, incluso se lo puede matar; pero nunca es legítimo matar al tirano por autoridad privada, porque sería un asesinato. Si se trata de una rebelión que cumple con todos los requisitos ya expuestos y en la cual el tirano se resiste, es dable matarlo como a un enemigo más. Santo Tomas dice que, en tal situación, el máximo o verdadero sedicioso es el tirano y no los que se rebelan contra él.

El derecho de rebelión es el caso extremo de límite del poder político, pero existen muchas otras formas de resistencia a un poder injusto, mediante la información, la desobediencia civil, la resistencia activa o pasiva, cuando se enfrentan mandatos de cosas intrínsecamente mala y se les niega la obediencia puntualmente solo a ellos, etcétera.

Por último, vuelvo a la cuestión del origen y fundamento del poder, tratada al comienzo de capítulo. Parece oportuno tratar aquí un debate de la tradición clásica, que trata sobre cómo compatibilizar, en el surgimiento del poder, que haya intervención de un pueblo, que se da a sí mismo una forma de gobierno, y que, en último extremo, si esto es exigido por el bien común, el poder proceda de Dios. En efecto, si es exigido por el bien común, quiere decir que la razón natural exige que haya autoridad, y como la razón natural es una participación de la ley eterna en nosotros, que es lo que llamamos ley natural, entonces es Dios, el autor de la naturaleza, el último origen del poder político, y, por esta razón, cuando se obedece a un hombre se está obedeciendo a Dios.

¿Cómo compatibilizar las dos cosas? Hay dos corrientes de pensamiento entre los autores clásicos: una que señala que Dios da el poder a cada pueblo, y el pueblo lo transmite a sus gobernantes; pero nunca hay una soberanía absoluta del pueblo, porque, cualquiera que sea el modo jurídico por el cual los gobernantes adquieren la autoridad, el pueblo no tiene derecho a reclamarla para sí, salvo cuando haya una rebelión legítima. Esta tesis es muy atractiva desde el punto de vista de la democracia como forma de gobierno, porque parece que aleja un poco a Dios del cuadro, no permite que haya un gobernante que se declare a sí mismo como el ungido por Dios para gobernar, sino que exige la intervención del pueblo. Además, es una tesis atractiva para los juristas, porque se apoya en una especie de institución jurídica, la delegación o transmisión de un poder de mando desde una fuente visible (aparentemente visible): el pueblo.

Sin embargo, la historia está repleta de situaciones en las que el primer gobernante o alguno de ellos llega al poder por usurpación, de forma que, una vez que el usurpador controla la situación, por ejemplo, tras una guerra civil o una guerra de conquista, los súbditos tienen que obedecerlo en atención al bien común. De esta forma, aquel gobernante, al que el pueblo realmente *nunca* le transmitió el poder, comienza en algún momento a ser un gobernante legítimo, en el sentido de que se le debe obediencia. Naturalmente, la teoría o ficción de la transmisión del poder siempre puede acomodarse: la aquiescencia de mala gana a un poder tiránico o usurpador puede interpretarse como transmisión del poder. Mas el fundamento racional del deber de obediencia está en el bien común y no en una supuesta transmisión del poder.

Esta situación fue explicada, en la era moderna, por el Papa León XIII, mediante una referencia al bien común que, en mi opinión, parece *más* compatible con la tesis de que el fundamento mediato del poder no se halla necesariamente en alguna forma de transmisión del poder por el pueblo: puede ser cualquier hecho, aunque un pueblo pueda designar a sus gobernantes. Dice el Papa, refiriéndose a los nuevos gobiernos surgidos de procesos revolucionarios o inicialmente ilegítimos:

«Por lo tanto, cuando se constituyen estos nuevos gobiernos, que representan el poder inmutable, no solamente es permisible, sino exigido e incluso impuesto aceptarlos a causa de la necesidad del bien social, que los ha establecido y los mantiene. Se debe considerar también que una insurrección atiza el odio entre los ciudadanos, provoca guerras civiles y puede arrojar a la nación al caos y la anarquía. Y este gran deber de respeto y de dependencia permanecerá mientras las exigencias del bien común lo demanden, ya que este bien es, después de Dios, la ley primera y última en la sociedad»[116].

Esto no quiere decir que el Papa aprobara las revoluciones: ni la francesa ni las del siglo XIX; pero sí les enseñaba a los ciudadanos, especialmente a los católicos en países católicos, que, cuando se consolida una situación, aun si su origen fue ilegítimo, lo correcto es observar una buena conducta como ciudadanos, porque entonces son esos gobernantes quienes, aunque sea por caminos tortuosos permitidos por la Providencia, poseen la autoridad eficaz para defender el bien común.

La tesis de León XIII no fue bien comprendida por muchos católicos franceses, que luchaban contra la república anticlerical y sintieron que el Papa los forzaba a colaborar con el enemigo. Por eso, el Papa escribió una Carta aclaratoria, que reafirmaba el principio: su Carta *Notre Consolation* (1892). En ella, el Romano Pontífice considera que está aplicando a esas circunstancias una doctrina perenne y que así promueve eficazmente la defensa de la religión contra las fuerzas hostiles. Por eso insiste en que uno de los medios para defender el verdadero bien de Francia, que es preservar la religión cristiana y unir con ese fin a las fuerzas «conservadoras», es «aceptar sin segundo motivo, con la perfecta lealtad que conviene al cristiano, el poder civil en la forma en que, en hecho, existe»[117]. El Papa recurre a la historia para ejemplificar su enseñanza: «Así fue aceptado, en Francia, el primer Imperio, al día siguiente de una espantosa y sangrienta

---

[116] León XIII, Encíclica *A Milieu des Sollicitudes* (1892), n. 19. Se cita por versión disponible en www.vatican.va, con traducción nuestra y numeración de la versión inglesa.

[117] León XIII, Carta *Notre Consolation* (1892). Es muy breve, por lo que no lleva numeración de secciones. Se cita por versión disponible en www.vatican.va, con traducción nuestra.

anarquía; así fueron aceptados los demás poderes, monárquicos o republicanos, que se sucedieron hasta nuestros días»[118].

Entonces vuelve al fundamento dado en su Encíclica:

> «Y la razón de esta aceptación es que el bien común de la sociedad prima sobre cualquier otro interés; porque es el principio creador, es el elemento preservador de la sociedad humana; de donde se sigue que todo verdadero ciudadano debe quererlo y procurarlo a toda costa. Ahora bien, de esta necesidad de velar por el bien común deriva, como de su propia e inmediata fuente, la necesidad de un poder civil que, orientándose hacia el fin supremo, dirija sabia y constantemente hacia él las múltiples voluntades de los súbditos, agrupadas en un bulto en su mano. Cuando, pues, en una sociedad existe un poder constituido y puesto en funcionamiento, el interés común está ligado a ese poder, y por eso hay que aceptarlo tal como es. Es por estas razones y en este sentido que hemos dicho a los católicos franceses: Acepten la República, esto es, el poder constituido y existente entre vosotros; respétenlo; estén sujetos a él como representante del poder venido de Dios»[119].

Como se ve, es la necesidad del bien común lo que impone aceptar el poder constituido, aunque no haya sido legítimo en su origen. El fundamento del poder es Dios mismo, como Autor de la Naturaleza; pero no es Dios directamente quien determina la existencia de un gobierno o de una forma específica, que podría surgir por variedad de causas humanas, justas o injustas. Nos parecen iluminadores los siguientes párrafos, algo extensos, que lo muestran:

> «Si lo pensamos bien, si el poder político es siempre de Dios, no se sigue que la designación divina afecte siempre e inmediatamente los modos de transmisión de

---

[118] Ibídem.
[119] Ibídem.

este poder, ni las formas contingentes que toma, ni las personas que son el sujeto. La misma variedad de estos modos en las diversas naciones muestra claramente el carácter humano de su origen.

Es más, las instituciones humanas mejor fundadas en el derecho y asentadas en puntos de vista tan saludables como se quiera, para dar a la vida social una base más estable y darle un impulso más poderoso, no siempre conservan su vigor, según las breves previsiones de sabiduría del hombre.

En política, más que en otros lugares, ocurren cambios inesperados. Monarquías colosales se desmoronan o se desmembran, como los antiguos reinos de Oriente y el Imperio Romano; las dinastías suplantan a las dinastías, como las de los carolingios y los capetos en Francia; a las formas políticas adoptadas, las sustituyen otras formas, como nuestro siglo muestra muchos ejemplos. Estos cambios están lejos de ser siempre legítimos desde el principio: es incluso difícil que lo sean. Sin embargo, el criterio supremo del bien común y la tranquilidad pública imponen la aceptación de estos nuevos gobiernos establecidos de hecho, en sustitución de los gobiernos anteriores que, de hecho, ya no existen. Así quedan suspendidas las reglas ordinarias de transmisión de poderes, pudiendo incluso ocurrir que, con el tiempo, sean abolidas»[120].

León XIII, como acabo de transcribir, no avala la legitimidad de todos los cambios: «Estos cambios están lejos de ser siempre legítimos desde el principio: *es incluso difícil que lo sean*»[121]. Es el bien común lo que exige «la aceptación de estos nuevos gobiernos establecidos de hecho, en sustitución de los gobiernos anteriores que, de hecho, ya no existen»[122].

El Papa distingue entre el gobierno, al que se le debe acatamiento, y la legislación, que, cuando es injusta, debe ser

---

[120] Ibídem.
[121] Ibídem. Énfasis mío.
[122] Ibídem.

cambiada, porque desplegar la propia actividad e influencia «para inducir a los gobiernos a cambiar leyes injustas o imprudentes por buenas es demostrar una devoción por la patria tan inteligente como valiente, sin acusar ni la sombra de una hostilidad hacia los poderes encargados de gobernar los asuntos públicos»[123].

Es comprensible que esta doctrina, junto con su aplicación a una situación concreta, sea bien difícil de entender cuando hay un grupo de ciudadanos luchando por una causa justa, como los católicos franceses de tradición monárquica y en lucha contra una revolución y una república anticatólicas.

Así les pasó también a los mexicanos bajo el gobierno de Plutarco Elías Calles, quien, entre 1927 y 1929, lanzó una ofensiva de privatización del culto en contra de la Iglesia. Es evidente para un católico —como para un musulmán y la mayoría de los cristianos— que hacer del culto un asunto meramente privado y poner cortapisas al culto público es contrario a la naturaleza misma de la religión como parte de la cultura; pero más aún contradice el derecho divino de la Iglesia a cumplir su misión entre los hombres. En el caso del culto católico, además, impide a la sociedad y al Estado cumplir con su deber de dar culto auténtico a Dios de manera pública. Frente a esta persecución, miles de católicos reaccionaron levantándose en armas en todos los estados mexicanos, lo que produjo, en consecuencia, una guerra civil que se mantuvo durante esos dos o tres años, hasta que los obispos entraron en negociaciones secretas y la Santa Sede llegó a un acuerdo con el gobierno mexicano. De esta manera, el gobierno mexicano levantaba las leyes más opresoras y se comprometía a que, aunque no derogaría otras también injustas, tampoco las aplicaría, manteniendo un régimen de tolerancia. A cambio, el Papa Pío XI, en lo que muchos pensamos que fue un error histórico de proporciones, ordenó a los católicos mexicanos que depusieran las armas. Ellos obedecieron: los cristeros entregaron las armas, sin perjuicio de que durante muchos años se sintieron completamente traicionados por la Santa Sede, ya que pensaban que iban a ganar la guerra, con la evidente consecuencia de deponer al gobierno anticatólico.

Si bien la situación es terrible históricamente, esta transacción, a la que llegó Pío XI, está, desde el punto de vista doctrinario, en

---

[123] Ibídem.

armonía con la doctrina que había recordado León XIII. También coincide con la de santo Tomás de Aquino, según el cual los súbditos católicos o cristianos pueden estar bajo un gobernante no cristiano, y le deben obediencia, porque la obediencia y el poder son de derecho natural[124].

Una segunda posición doctrinal sostiene que el poder proviene de Dios, sin la mediación del pueblo, aunque haya regímenes en que el pueblo tenga el poder, como los regímenes democráticos en los que una parte importante del pueblo interviene a través de votaciones, plebiscitos, etc. Esta doctrina es compatible con cualquier forma de gobierno y de acceso al poder, incluso con aquellas que son ilegítimas en su origen y que posteriormente se consolidan. En efecto, esta posición no exige ninguna ficción jurídica de transmisión del poder, sino que lo funda en la necesidad racional y, por ende, de derecho natural, de que exista una autoridad obedecida para el bien común.

En todo caso, la primera postura, que señala que el poder procede de Dios a través del pueblo, también acepta que, cualquiera sea la forma de origen, la legitimidad del poder consolidado será compatible con cualquier forma de gobierno dirigida al bien común, ya sea esta una monarquía, una aristocracia o una república, o con una mezcla de todas estas como se da en los regímenes mixtos[125].

---

[124] Cf. *Suma teológica*, I-II, q. 10, a. 10; matizada en John Finnis, *Tomás de Aquino*, pág. 419.

[125] Véase la exposición de estas teorías en José Joaquín Ugarte Godoy, *Curso de Filosofía del Derecho*, tomo II (Santiago de Chile, Ediciones UC, 2019), págs. 34-47 y 79-100. Finnis considera este recurso a la transmisión del poder por parte del pueblo como una ficción jurídica: vid. John Finnis, *Ley natural y derechos naturales*, págs. 273-279 y 285-286, y John Finnis, *Tomás de Aquino*, págs. 339-341 y 352.

9. LOS REGÍMENES DE GOBIERNO

El capítulo pasado trató sobre la cuestión del poder en el sentido de la autoridad de mando (*potestas*, no *auctoritas* en el sentido romano).

El poder tiene su origen en la misma naturaleza social del hombre, porque esta exige quien coordine a los ciudadanos para el bien común. Puesto que Dios es el autor de la naturaleza, toda autoridad/potestad proviene de Dios. Así, el poder tiene los límites fundados en lo mismo en que se funda su origen, en la ley de la naturaleza, por tanto, en la ley de Dios; de manera que el poder que se ejerce conforme a esa ley es legítimo y el que se aparta de ella es ilegítimo o, al menos, socava su propia legitimidad.

Ahora bien, el que el poder sea de origen natural o divino, en último término, no explica todavía cómo debe ser organizado para que se ejerza del mejor modo posible. Tal es la cuestión clásica de los regímenes o formas de gobierno.

Leo Strauss sostiene que este problema es la *cuestión central* de la filosofía política clásica, y lo señala para marcar la diferencia con las teorías políticas modernas que pretenden ser moralmente neutrales[126]. Su opúsculo *¿Qué es Filosofía Política?* se propone contrastar la verdadera filosofía política, desde Platón y Aristóteles, que es necesariamente valorativa, con el modelo moderno de una ciencia política neutra.

---

[126] Vid. Leo Strauss, *¿Qué es Filosofía Política?* (Madrid, Ediciones Guadamarra, 1970), pág. 44.

Así lo expresa al inicio de su ensayo:

«Toda acción política, pues, está dirigida por nuestro pensamiento sobre lo mejor y lo peor. Un pensamiento sobre lo mejor y lo peor implica, no obstante, el pensamiento sobre el bien. La conciencia del bien que dirige todas nuestras acciones tiene el carácter de opinión: no nos la planteamos como problema, pero reflexivamente se nos presenta como problemática. El mismo hecho de que nosotros podamos plantearla como problema nos lleva hacia un pensamiento del bien que deja de ser problemático; nos encamina hacia un pensamiento que deja de ser opinión para convertirse en conocimiento»[127].

La moralidad y, por tanto, la justicia del régimen, pasaron de ser lo central en la filosofía política clásica a la nada en la teoría política moderna, por lo menos en buena parte del siglo XX. Sin embargo, en todas las sociedades hallamos una autoridad y alguna forma de organización. Como se trata de la cuestión primordial de la filosofía política clásica, en los más importantes de sus autores encontramos algún apartado dedicado a exponer esas formas de organización y a reflexionar acerca de cuál es la mejor.

Ahora bien, ¿qué es la forma de gobierno? La forma de gobierno es la organización del ejercicio de la autoridad-poder dentro de una comunidad política completa. Por lo tanto, es el modo según el cual se define quién o quiénes son los titulares de la autoridad, cómo pueden ejercerla y dentro de qué límites, cómo se relacionan unos órganos de gobierno con otros (*v.gr.*, si hay Presidente y Parlamento o solamente Parlamento con un Primer Ministro) y cómo se transmite o asigna la autoridad a sus titulares. Para ayudar a reflexionar acerca de la bondad de las formas de gobierno, los autores clásicos propusieron distintas clasificaciones. Quien quiera aprender lo esencial, debe leer la *República* de Platón y la *Política* de Aristóteles, así como *Las leyes* de Montesquieu, porque es un autor moderno que claramente está nutrido por toda la filosofía política clásica. Los

---

[127] Ibíd., pág. 11.

autores de la primera modernidad conocían a Aristóteles y a Platón relativamente bien. A continuación, solo se hará referencia a Platón y a Aristóteles, porque todas las clasificaciones que vienen posteriormente tienen algo de la clasificación de ambos autores, sobre todo de la de Aristóteles.

Platón propone una reflexión profunda que incluye una clasificación de los regímenes políticos, la cual tiene por fin indagar cómo se corresponde el régimen de gobierno con el alma de los ciudadanos. Dice Platón que «…el Estado es justo por el hecho de que las tres clases que existen en él hacen cada una lo suyo»; asimismo, «cada uno de nosotros será justo en tanto cada una de las especies que hay en él haga lo suyo, y en cuanto uno mismo haga lo suyo»[128]; y así otro tanto se ha de pensar sobre el sometimiento de la *fogosidad* y de la *especie apetitiva* a la parte racional, que constituyen el orden virtuoso de la república tanto como del hombre individual[129].

Así expresó una tesis que, a lo largo de la historia, simplemente se ha comprobado, pues efectivamente hay una correspondencia entre cómo es el régimen político y cómo van siendo los ciudadanos a medida que ese régimen perdura. La mejor forma de verlo es leer esos textos y pensar en el modo de ser de la mayoría en el siglo XIX en comparación con la mayoría en el siglo XXI.

Platón, en la *República*, propone un régimen ideal que contiene bastantes elementos refutados con posterioridad por Aristóteles, y que el mismo Platón ya no recoge en las *Leyes*, un libro de su madurez intelectual, de su vejez. Lo esencial de aquel régimen ideal, no obstante, es de perenne actualidad: se trata de un régimen en que gobiernan los mejores; son los filósofos, que han contemplado la idea del bien y que después, por turnos, bajan al mundo de la praxis a gobernar, de manera que algo de la idea del bien se imprima en la organización política, en la ciudad.

Toda la organización del régimen ideal apuntaba, según lo que Platón quería, a que se mantuvieran los mejores como gobernantes, para lo cual servían de instrumentos (utópicos) la comunidad de mujeres, hijos, educación, ocupaciones y bienes:

---

128 Platón, *República*, 441d-e.
129 Cf. ibíd., 441e-442e.

> «El Estado que haya de alcanzar la más elevada forma de gobierno debe contar con la comunidad de las mujeres, la comunidad de los hijos, y la educación íntegra debe ser común, del mismo modo que las ocupaciones en común, tanto en la guerra como en la paz, y sus reyes han de ser los que se hayan acreditado como los mejores respecto de la filosofía y respecto de la guerra»[130].

Algunas de las cosas que propone Platón son injustas si se las aplica literalmente. Sin embargo, conviene pensar en el principio que subyace a ellas, que es correcto. Platón postula que la sociedad tenga distintas clases según las aptitudes de quienes las componen, y que, por tanto, haya guerreros, que se iban a entrenar especialmente para la defensa y la guerra; artesanos, es decir, las personas dedicadas a la producción; y gobernantes, que deben ser formados de una manera especial, porque quienes deben dirigir necesitan recibir una formación especial, superior a la del resto. ¿Y acaso no es eso lo que, en general, exigimos, aun si de manera más compleja, en nuestras sociedades?

Platón incluso pensaba que había una correlación entre la época del año en que eran concebidos los niños y el carácter que ellos poseían. La intuición subyacente es que hay un componente de las aptitudes de los ciudadanos que viene de nacimiento, que los griegos no sabían cómo explicar. Los griegos podían distinguir claramente que había personas que nacían con mejores cualidades que otras, incluso cuando tuviesen los mismos padres. Así, por ejemplo, si había tres niños muy despiertos y uno más lento, se buscaba su explicación en algún influjo de los astros.

En la actualidad, hay una cierta equivalencia en nuestro modo de considerar algunos rasgos de carácter o aptitudes que se poseen por causas innatas, como la genética. Con o sin ciencia de la genética, desde antiguo se distinguió entre los temperamentos diversos, más inclinados a unos u otros rasgos de carácter, virtudes o vicios.

Todo esto conlleva la preocupación grave de la formación de los que posteriormente van a ser los guardianes y los filósofos gobernantes de la sociedad. Desde la perspectiva de una formación

---

[130] Platón, *República*, 543a.

especial y superior de los guardianes, Platón exige que ellos tengan las mujeres y los hijos en común y que no posean propiedades. Con esto, Platón buscaba evitar el apego a los hijos, y que, por esa vía, se corrompiera el régimen, por la consideración del padre que cree que su hijo es mejor que todos los demás, por lo cual se justifica promoverlo e integrarlo en el gobierno. ¿Y quien desconoce que la ceguera paterna es, en política, causa de mucho nepotismo y de la formación de castas espurias y tantas veces impenetrables?

El mismo sentido tiene su posición con respecto a la riqueza, que busca evitar el apego a los bienes materiales, que distorsiona el juicio recto. Por eso se prohíbe la propiedad privada, no de todos, sino de los mejores, por el peligro de corromper la filosofía o el gobierno. Si se observa bien, esta utopía es lo inverso del comunismo marxista: no se trata de quitarles sus cosas a los más ricos, que podrían ser artesanos y comerciantes, sino de combatir la codicia de los que tienen el poder de mando. Es equivalente a lo que hoy se llama separar la política de los negocios; conseguir un gobierno no controlado por los plutócratas; etc.

Sin embargo, el «comunismo» propuesto por Platón (¡nada que ver con el marxismo!) fue objeto de crítica profunda por Aristóteles. Sin perjuicio de su imposibilidad práctica, se debe considerar que el principio que inspiraba a Platón era el de conseguir gobernantes que estuvieran desprendidos de sus familias y de los bienes materiales, principio que claramente es correcto (de hecho, a escala de comunidades humanas más pequeñas, como las órdenes religiosas, es algo así lo que se practica voluntariamente). Si el gobernante fuera casado y con hijos, y poseedor de tal virtud que no tratara de beneficiar de manera especial a su familia durante su gobierno, y junto con ello no procurara enriquecerse con la labor de gobierno, sin duda estaríamos frente a un régimen perfecto en el que no habría nepotismo ni corrupción económica, que son los dos grandes defectos que pueden corromper un régimen. De esta manera, Platón diseña un régimen ideal llamado «Aristocracia», es decir, el gobierno de los mejores junto con los mecanismos para formar y seleccionar a los mejores y evitar su corrupción.

Platón sabe que aquel régimen es muy difícil de conseguir y que, incluso si se lo instaurara, sería muy difícil de conservar. Por eso ofrece, en algunas de las páginas más brillantes de la historia del pensamiento político y moral, una descripción de la decadencia progresiva de los regímenes de gobierno. Esta decadencia está correlacionada con la corrupción del alma de las personas, es decir, con cómo las personas se van haciendo peores. Por ejemplo, señala Platón que algunos hijos de los aristócratas (los que eran aristócratas por ser sabios e incorruptos) no nacerán con buenas cualidades, estando más apegados al honor —propio de los solados— que al bien en sí mismo, que es el valor propio del filósofo.

El honor no es malo, pero tampoco es el bien máximo. De manera tal que, cuando se empieza a poner el honor como bien máximo, surge otro régimen de gobierno llamado «Timocracia», que sería el equivalente a un gobierno militar, aunque no de simple transición o dictadura de emergencia, sino más permanente. En este régimen, los soldados son los que realmente ejercen el poder. Su valor fundamental, apreciado y custodiado, es el honor. Es una forma de régimen en el que se va a estar dispuesto a muchas privaciones con tal de ser hombres de honor, un bien muy propio del soldado. Ahora bien, sin perjuicio de que este régimen no es perfecto, es un régimen bueno, que no tiene por qué tener relación con que un militar haya tomado por la fuerza el poder, sino que, en general, tiene más relación con una transición en la que se transfieren los poderes a los militares. Es algo que nos recuerda, salvadas las diferencias, la transformación desde la república al imperio romano, con Julio César.

En consecuencia, la Timocracia genera ciudadanos preocupados fundamentalmente del honor. Sin embargo, el hijo del timócrata está muy influido por su madre, que constantemente se queja de no tener suficientes bienes y también de su cónyuge. Así influye en el hijo del timócrata para que aspire a tener más bienes o riqueza, con el objeto de que no sea un pobre hombre como su padre, preocupado de las condecoraciones y no de la familia. Esta triste situación lleva a la corrupción de los hijos del gobierno timocrático, dando paso a la tercera forma de gobierno: la oligarquía. Así describe Platón, en parte, esta transición del alma aristocrática al alma timocrática, que es un intermedio entre la aristocracia y la oligarquía:

> «Y desdeñará las riquezas mientras sea joven, pero
> cuanto más edad tenga mejor les dará la bienvenida, por
> participar de la naturaleza del codicioso y no estar

incontaminado respecto de la excelencia, a raíz de faltarle el mejor guardián.

—¿Quién es éste?

—La razón, que se mezcla con la música y que es lo único que, allí donde aparece, reside preservando de por vida la excelencia [la virtud].

—Dices bien.

—Aquel, pues, es el joven timocrático, similar al Estado que le corresponde.

—Completamente de acuerdo.

—Y este hombre se forma del modo siguiente. En ocasiones, es hijo de un padre bueno, que vive en un Estado mal organizado y huye de los honores, cargos, procesos y de todos los embrollos de esa índole, y que está dispuesto a sufrir menoscabo con tal de no tener problemas.

—Bien, pero ¿de qué modo se forma?

—Cuando primeramente oye a su madre quejarse de que el padre no se cuenta entre los gobernantes, por lo cual se ve disminuida ante las demás mujeres, así como porque ella ve que no se esfuerza intensamente por conseguir riquezas, ni pelea recurriendo a injurias en los tribunales, privadamente o en público, sino que toma todo esto a la ligera, y siente que pone siempre su pensamiento en sí mismo, pero que a ella no la aprecia mucho ni la desprecia; quejándose de todas estas cosas, dice que el padre es sumamente descuidado y que no es un verdadero marido y cuantas otras cosas de esa índole les encanta a las mujeres repetir una y otra vez acerca de esto»[131].

Según Platón, esta oligarquía surge cuando, en las almas de los hijos, se engendra un amor a las riquezas más importante que el amor al honor, de manera que ya no les preocupan los bienes que reportan dicha honra. Por una pérdida del sentido del valor intrínseco del honor, importa más acumular dinero, lo que produce, como

---

[131] Platón, *República*, 549a-e.

consecuencia, que los hijos de los hombres de honor persiguen las riquezas y se constituyen en una minoría gobernante o dominante. Los ricos son siempre pocos, pero en el régimen oligárquico es el amor a las riquezas lo que forma el alma y da su sello al Estado. Platón describe ese estado de cosas en una república como una especie de existencia simultánea de dos estados dentro de uno solo, casi como frente a frente un Estado con unos pocos ricos y otro de muchísimos pobres.

En este punto el discurso marxista e ideológico lleva la idea y la constatación del hecho de la división en una sociedad oligárquica al extremo. Afirma que solo hay dos clases: los burgueses, propietarios y explotadores, y los proletarios, pobres y explotados; dos clases que están en lucha constante. El marxismo por ideología es ciego al hecho de que, en cada grupo humano al interior del Estado, que se tome en consideración, se va a encontrar una diferencia entre ricos y pobres, con pobreza o riqueza en un continuo y relativamente a dicho grupo humano. Incluso si se analiza un barrio marginal, miserable, con exclusividad de miembros proletarios, una va a encontrar diferencias de riquezas. Algunos, por ejemplo, habrán hecho una casa mejor, o habrán ahorrado en el tiempo, o habrán conseguido un mejor trabajo o incluso podrán haber contratado a sus mismos vecinos para el servicio doméstico. Viven como ricos en medio de los pobres.

En la sociedad oligarca, Platón observa que el grupo de los ricos, que son pocos, y el grupo de los pobres, que son muchos, están siempre en un estado de tensión. Aristóteles, su discípulo, señala que aquello es causa de inestabilidad, de manera tal que, en el régimen ideal, hay que conseguir romper esta dicotomía para que haya una clase media grande y densa, sin importar si se escapan de esa clase media algunos miembros de la sociedad (por arriba o por abajo), siempre que el grueso de la gente esté ahí, al medio. Esta situación, menos oligárquica, aunque aún puede serlo si gobiernan los pocos más ricos, da estabilidad al régimen, y Aristóteles la pone como un ideal de buen gobierno. Eso sucedía, por ejemplo, en Argentina, que ahora está muy venida a menos, pero que durante muchos años fue una sociedad con prácticamente solo clase media, muy pocos pobres y muy pocos ricos, que se salían de la medianía por debajo o por arriba, mientras que ahora hay muchos más ricos (algunos enormemente ricos, con grandes fortunas a buen recaudo en el extranjero) y muchos más pobres. La clase media, que era el orgullo argentino, se ha reducido considerablemente, y el país ha sufrido mucho como consecuencia de ese empobrecimiento.

Entonces la oligarquía es un tipo de régimen político en que el poder está en manos de pocos, los ricos, lo cual genera tensiones que traen como consecuencia que los hijos de estos ricos no estén satisfechos con tener riquezas. Buscarán más libertad. «¿De qué sirve tener riquezas si no podemos hacer con ellas lo que queramos?» es la pregunta fundamental. De esta manera habrá presión para que algunas reglas restrictivas, heredadas del régimen aristocrático o timocrático u oligárquico, se relajen para abrirse a más posibilidades, en palabras sencillas, de *hacer lo que a uno le dé la gana*.

Así lo describe Platón. Es así como el hijo del oligarca consigue la libertad, con un «tengo dinero y hago lo que me da la gana» (aunque lo camufle actualmente con concepciones rebuscadas sobre la libertad *liberal*). Sin embargo, cuando esta oligarquía se consolida como forma de gobierno y surge el fenómeno recién descrito, el de los hijos mimados de los ricos o de los hijos del régimen militar o de los nietos o bisnietos de los aristócratas sobrios y virtuosos, entonces nace la democracia. La democracia es el régimen en el que hay la máxima libertad para que cada uno haga lo que le dé la gana. El ciudadano democrático es un ciudadano que valora la libertad incluso más que las riquezas, aunque estas son necesarias, obviamente, para disfrutar de la libertad. En la democracia, se valora sobre todo la libertad, los placeres, la apariencia física; más que el honor, con su recato que impone tantas restricciones, y todavía más —mucho más, infinitamente más— que las virtudes morales y los bienes del espíritu (son una opción más de consumo).

Por esta última valoración, la de la apariencia física tan vinculada al disfrute de placeres y a una vida libertina, es que, en las épocas democráticas, según Platón, los ciudadanos realizan muchos ejercicios corporales y están todo el día tomando agua. En efecto, porque quieren adelgazar para bien parecer, estas trivialidades, como tomar mucha agua, son aspectos propios del régimen democrático.

Además, se debe considerar que el régimen democrático tiene un problema serio, que no advierten los que están metidos en él, es decir, los auténticos demócratas: los excesos de la libertad. Debido a estos *excesos de libertad*, totalmente contrarios al imperio de la razón y del bien, Platón es muy crítico del régimen democrático. Los excesos más notorios —aunque no los más numerosos— son cometidos, además, por los que tienen dinero, lo cual empieza a generar cierto resentimiento en los que no lo poseen. Este resentimiento contra el oligarca y contra el demócrata liberal, burgués, que puede gozar de excesos que los más pobres no alcanzan, da pie a una exigencia de igualdad. Así nace la ocasión para que surja un caudillo popular que, apelando a dicho resentimiento y prometiendo la igualdad a ese pueblo, a la masa, acceda al poder de manera pacífica —pero como arrancándolo de las manos al oligarca o al demócrata atemorizado— o de forma violenta. Este caudillo es lo que en la antigüedad se llamaba «tirano», y la «tiranía» es la última forma de gobierno, la más injusta y decadente, la que viene justo después o debajo de la *democracia* (en el sentido de la forma corrupta o *demagogia*, que es la más frecuente en las democracias liberales occidentales).

La palabra «tirano» se tiñó de un significado negativo, como sinónimo de mal gobierno o de gobierno corrupto de uno solo, significado ya vigente en Platón y consolidado en Aristóteles; pero originalmente era solamente descriptiva del gobierno de uno solo, que podía ser un buen gobernante, pero que no era legítimo en el sentido de la legitimidad hereditaria: accedía por aclamación popular para remediar una situación de anarquía, como también muestra Platón. Así lo sostenía Álvaro D'Ors, en uno de sus artículos sobre el tirano[132]. El tirano era un caudillo levantado por el pueblo para hacerles justicia a los oprimidos por los oligarcas o por el desorden engendrado del libertinaje democrático. Por lo tanto, tenía una connotación neutral, descriptiva, o incluso positiva inicialmente. Sin embargo, Platón es uno de los que da su connotación negativa al tirano (aun cuando él mismo fue consejero del tirano de Siracusa, con un fracaso notorio). Efectivamente, este emerge en nombre de la igualdad para la masa, pero no le otorga a esa masa el buen gobierno que le daría el filósofo, sino que le dará lo que la multitud quiera, sin consideración a que aquella no puede querer el bien porque está corrompida.

---

[132] Cf. Álvaro D'Ors: "Forma de gobierno y legitimidad familiar", en Álvaro D'Ors, *Escritos varios sobre el derecho en crisis* (Madrid, CSIC, 1973), págs. 121-138, especialmente págs. 131-135.

En efecto, la mayor parte de la humanidad está corrompida; se mueve casi únicamente por sus deseos animales, y es precisamente eso lo que el tirano les dará, para engrandecerse a sí mismo. De esta forma, Platón realiza descripciones tremendamente actuales del tirano, como aquel que aparece entre las multitudes llevado en andas, paseándose entre aplausos y alzando niños, besándolos y entregándolos de vuelta a sus madres. En fin, nos recuerdan a los políticos en campaña electoral. Sin embargo, el tirano, aunque al comienzo tiene una buena relación con el pueblo, posteriormente empieza a oprimirlo, ya que el tirano busca la máxima satisfacción de sus deseos, y esta satisfacción máxima de deseos no va a ser conveniente para el bien de los demás.

Todo lo dicho es un resumen ínfimo de la decadencia de los regímenes según Platón. La aristocracia, la timocracia, la oligarquía, la democracia y la tiranía, todos tienen su valor propio: la aristocracia, el bien y la justicia; la timocracia, el honor; la oligarquía, la riqueza; la democracia, la libertad, y la tiranía, la igualdad. En todos ellos va a haber ciudadanos con el alma correspondiente a dichos valores, es decir, con un alma que desea aquello que el régimen facilita o incentiva que se desee. En un régimen aristocrático, las personas están preocupadas de ser mejores, de saber más, de estudiar más; en un régimen oligárquico, de tener más dinero; en un régimen democrático, de gozar de más libertades, y en un régimen tiránico, de que se satisfagan mis deseos, yo no sé cómo, pero que se satisfagan en la máxima medida y que todos tengamos las mismas posibilidades de satisfacer deseos (igualdad igualitarista).

Por su parte, Aristóteles realizó una clasificación mucho más analítica y menos antropológica que la de Platón. El Estagirita se interesa, como filósofo y como científico político empírico, en describir los regímenes que él está viendo, sin abandonar el punto de vista valorativo fundamental que le dio su maestro. Por eso propone la más clásica clasificación de las formas de gobierno, en seis formas distintas que se dividen esencialmente según un criterio valorativo: tres son justas y tres son injustas. El segundo criterio de distinción es el número de los que gobiernan, de los que tienen el poder.

La monarquía es el régimen de uno solo, que gobierna para el bien de todos, o sea para el bien común. Por lo tanto, es un régimen justo, mientras que la tiranía es la corrupción de la monarquía, porque es el régimen de uno solo para su propio bien. En realidad, no es su propio bien, desde el punto de vista moral, sino su bien en sentido materialista, la satisfacción máxima posible de sus deseos, que moralmente es malo para el tirano.

Posteriormente está la aristocracia, que es el gobierno de pocos, pero que son los mejores, quienes gobiernan para el bien de todos. Sin embargo, si esta se corrompe, da origen a la oligarquía, que es el gobierno de pocos para el bien propio (*i.e.*, para su bien aparente, material, no espiritual). A veces se le llama plutocracia, porque la plutocracia es el gobierno de los ricos. Cuando pocos gobiernan para su propio beneficio, normalmente van a ser más ricos que los que son gobernados. Nuevamente aquí el criterio es al mismo tiempo cuantitativo y cualitativo: cuántos participan en el gobierno y si lo dirigen hacia el bien de todos o hacia el bien propio exclusivamente.

Por último, está lo que Aristóteles llama la *politeia* o, simplemente, régimen político, es decir, la denominación genérica de la república. Es el régimen en el que gobiernan todos los ciudadanos, de alguna manera, para el bien de todos los ciudadanos igualmente, con independencia de cómo se eligen los que sirven los diversos cargos en el gobierno. Por ejemplo, en Atenas había un sistema de sorteos, que es el más igualitario de todos; pero, por supuesto, no era muy arriesgado, porque estaba restringida la ciudadanía a muy pocos, no cualquiera podía entrar en el sorteo.

En la trilogía de Aristóteles, el régimen político que no tenía un nombre propio, sino que se llamaba simplemente *politeia*, se corrompe en la *democracia*, que conserva aquel sentido negativo que tenía en Platón, su maestro. La democracia es el gobierno de la mayoría, en beneficio de la mayoría, y no de todos. Es un régimen en el que supuestamente gobiernan todos; pero en realidad hay una mayoría que oprime a una minoría, y también es injusto.

Cicerón introdujo una terminología ligeramente distinta y una distinción nueva. Cicerón asume la clasificación de Aristóteles; pero la palabra *democracia* ya tiene un sentido positivo. Lo que antes se llamaba simplemente régimen político o *politeoa* en Cicerón se denomina *democracia*, y no hay un nombre para la democracia corrompida. Lo mismo sucede en Tomas de Aquino: la palabra democracia ya tiene un sentido positivo y no hay un nombre para la democracia corrompida. Cicerón añade un concepto que santo

Tomas recoge: el de «régimen mixto»; es decir, un régimen en el que hay elementos de monarquía, de aristocracia y de democracia o de régimen popular.

Santo Tomas, en *De Regno ad Regem Cypri* (*Acerca del Reino dirigido al Rey de Chipre*) o *De Regimine Principum* (*Acerca del Gobierno de los Príncipes*), recoge la tesis de Aristóteles de que la mejor forma de gobierno es la monarquía. Sin embargo, en la *Suma Teológica* postula que el mejor régimen de gobierno es el mixto, porque tiene a la monarquía como unidad de gobierno, a los mejores en diversos cargos de gobierno (elemento aristocrático) y alguna forma de participación de todos los ciudadanos (elemento democrático)[133].

Por eso suele decirse que puede haber un régimen considerado como el mejor en absoluto, que es, según santo Tomas, la monarquía, el gobierno de uno, siempre que no se corrompa. No es la monarquía absoluta del absolutismo europeo, como tampoco es la monarquía hereditaria de las monarquías constitucionales de ahora, sino que es, simple y sencillamente, el gobierno de uno solo, que puede ser hereditario, pero que también puede ser electivo. El rey de la Mancomunidad Polonia-Lituania, por ejemplo, entre los siglos XVI y XVIII, era elegido por los nobles, y, una vez elegido, era vitalicio, en principio. Por tanto, era una monarquía vitalicia electiva.

La monarquía podría también ser electiva y no vitalicia. Si el poder está fundamentalmente en una persona, entonces es una monarquía en términos aristotélicos. En abstracto, la monarquía es el mejor régimen de gobierno porque da unidad al gobierno, la cual es un requisito esencial para el buen gobierno. Pero, en concreto, es muy difícil que haya un buen gobierno si no hay participación de los otros elementos, o sea del aristocrático y del democrático, teniendo en consideración que de todas maneras es muy contingente el cómo hay que combinar dichos elementos. Este es el motivo por el cual es muy dogmático señalar, como sucede en los debates contemporáneos, que tal régimen es más democrático que tal otro, o postular que la única forma legítima de gobierno es la democracia, porque no hay ningún régimen democrático en sentido puro.

Aristóteles pensaba que la *polis* de su época debía tener una población limitada, unos pocos miles de ciudadanos, aparte de los no

---

[133] Cf. *Suma teológica*, I-II, q. 105, a. 1.

ciudadanos (sobre todo, los esclavos), porque en esos rangos de población hay tierras suficientes y se puede gobernar en forma democrática, establecer los límites de edad para los ciudadanos y, posteriormente, que todos se puedan reunir en asamblea y elegir por sorteo a los magistrados. Solo una situación así permite algo realmente *democrático*, en el sentido de un régimen en el que todos los ciudadanos son políticamente libres e iguales y, por ende, con igual derecho a acceder a los cargos públicos. Todo lo que se empieza a añadir a esa situación ideal es ya menos democrático, porque va restringiendo la igualdad de todos en el acceso a los cargos. Incluso las votaciones son menos democráticas que los sorteos, porque en aquellas ya intervienen las opiniones de algunas personas, la capacidad de hacer propaganda, etc. Solo el sorteo entre ciudadanos libres e iguales y similarmente capacitados es perfectamente democrático para designar a los titulares de los cargos públicos. Pero, como es imposible que todos tengan esas similares aptitudes y méritos, no es conveniente tanta democracia a ciegas.

En las democracias representativas, en cambio, las votaciones implican elegir a los que van a ocupar los cargos. Así se genera un elemento aristocrático, aun cuando haya una forma de representación mediante la elección de los gobernantes. Si el conjunto de los que gobiernan lo hacen virtuosamente, el régimen será mixto de democracia y aristocracia. Si se corrompen, será mixto de demagogia y oligarquía. Nunca será democrático propiamente tal, porque la elección mediante votación genera una distinción entre los que votan y los que resultan elegidos.

En la era moderna se ha distinguido entre regímenes presidencialistas y parlamentarios, semipresidencialistas y semiparlamentarios. Cabe afirmar que estos son *regímenes mixtos*, en los que hay un principio monárquico: el Jefe de Estado y el Jefe de Gobierno, o las dos funciones unidas en una sola persona. En cambio, los que ocupan cargos más o menos permanentes de autoridad, como los jueces o los parlamentarios, representan un cierto principio aristocrático, en convivencia con un principio democrático, reflejado en las distintas formas de participación de todos los demás ciudadanos, cada cierto tiempo, en la elección de sus gobernantes. En síntesis, todos los regímenes existentes actualmente son *regímenes mixtos* desde el punto de vista de la clasificación de Aristóteles.

De lo que hemos dicho se sigue que en una visión clásica, flexible, de las formas de organización política, pueden ser legítimos regímenes de muy distintos tipos. Por eso sostengo que es una restricción dogmática pretender que solamente son legítimos los regímenes monárquicos, como afirman algunas corrientes tradicionalistas, legitimistas o monárquicas; como también es un exceso dogmático —muchas veces hasta sentimental y fanático— pensar que solamente son legítimos los regímenes democráticos, de forma que, mientras menos democracia hay, menos legitimación del régimen.

La legitimidad no tiene que ver con todo eso. De hecho, hay muchos países con regímenes democráticos, con votaciones frecuentes, plebiscitos, referéndums, iniciativa popular de ley, etc., y, sin embargo, son ilegítimos ya sea por su alejamiento brutal de la ley natural, fuente de toda legitimidad moral, ya sea por su desconexión irremediable respecto de los anhelos más profundos de sus pueblos, fuente de toda legitimidad popular; y frecuentemente por las dos causas a la vez. En este punto, los comentaristas dogmáticos del presente se extrañan y no se dan cuenta de que la legitimidad real, el que el pueblo sienta que sus gobernantes lo representan realmente (legitimidad popular) y que están gobernando para el bien de todos (legitimidad moral) no depende de cuántas veces vote la gente, a menudo constreñida a elegir entre alternativas similarmente ilegítimas desde el inicio. La legitimidad real depende de si los que gobiernan lo hacen para el bien común o no, lo cual exige, como he dicho, esa doble conexión: con la justicia objetiva (ley natural) y con la identidad profunda del propio pueblo. Este es el origen de la verdadera legitimidad.

Si los gobernantes, teniendo todas las etiquetas democráticas que se puedan imaginar, no son buenos gobernantes, pierden legitimidad. Es más, la pueden perder muy rápidamente, sobre todo cuando socavan aspectos del bien común que son absolutamente centrales para toda sociedad bien ordenada, como, por ejemplo, los relacionados con la solidez cultural e institucional del matrimonio y la familia. El matrimonio es la institución social básica y fuente primordial de la legitimidad, porque la unión conyugal es el compromiso más fuerte que una persona puede asumir, desde la perspectiva de la ley moral natural (por eso, es más firme incluso que los votos religiosos). ¿Y qué pasa si en una sociedad el compromiso más fuerte que se puede asumir no se respeta, es relativizado o desgajado de sus fines naturales? Pues que nadie confía en que la gente va a respetar los otros compromisos… ¿Por qué voy a confiar en que cumplan sus compromisos laborales o empresariales, si relativizan los compromisos que más profundamente afectaban toda su vida y su proyecto vital? Se deslegitima todo el orden social, si el matrimonio legal o culturalmente aceptado no es legítimo.

Asimismo, la mentira deslegitima inmediatamente al régimen político, casi sobre la marcha, porque es una de las manifestaciones más claras de que el gobierno no adhiriere a la ley natural, que ordena proteger la veracidad como base de la confianza social; es decir, como fuente de la legitimidad.

En síntesis, las formas de gobierno tienen una legitimidad según cómo se ejerzan en beneficio del bien común. En consecuencia, toda forma de gobierno debería preocuparse de tener mecanismos que ayuden a que no se corrompa. Santo Tomas termina el *De Regno*, en el punto donde lo dejó inconcluso, diciendo que hay que impedir que se corrompa el régimen político, y especialmente la monarquía, ya que, si se corrompiera la monarquía, inmediatamente se cae en el peor régimen, la tiranía. Así lo refleja el dicho escolástico: *«corruptio optimi pessima»* («la corrupción de lo mejor es lo peor»). Santo Tomás anuncia que, más adelante en su obra, señalará algunas medidas que se pueden tomar para evitar que se corrompan las formas de gobierno. En efecto, aparte de que quien pueda acceder o ser promovido al oficio de rey debe tener las necesarias cualidades personales para que sea menos probable que quiera hacerse tirano, es también necesario…:

> «…disponer de tal manera la organización del gobierno del reino que el rey ya instituido no tenga ocasión para la tiranía. Simultáneamente también se ha de moderar su potestad de tal manera que no pueda deslizarse fácilmente hacia la tiranía. Sobre qué cosas de este tipo se han de hacer, será considerado en lo que sigue más adelante»[134].

---

[134] *De Regno*, libro 1, c. 7.

Por desgracia, el santo se fue al Cielo antes de llegar a escribir esa parte de su obra… Así que nos quedamos sin el consejo, el mecanismo, la manera que Tomas de Aquino habría propuesto para evitar la corrupción de los regímenes de gobierno, especialmente de los monárquicos (algo aplicable a los regímenes republicanos presidencialistas).

Nos los perdimos y así estamos.

10. DEMOCRACIA Y TOTALITARISMOS

Este capítulo relaciona un tema clásico, la democracia, con uno contemporáneo, los totalitarismos. Es un tema históricamente situado y condicionado, más que los otros. En efecto, la democracia como forma de gobierno es objeto de estudio y de reflexión desde muy antiguo, precisamente en el marco de la discusión sobre el mejor régimen. En cambio, los totalitarismos son algo nuevo, si se sabe distinguirlos de los despotismos antiguos y de las tiranías. Desde el siglo XX, en el marco de la historia de la evolución de los regímenes liberales (siglos XIX-XXI), surge la realidad y la cuestión de los totalitarismos como concreciones extremas de las mismas ideologías modernas que emanciparon o quisieron emancipar la política respecto de sus limitaciones tradicionales, religiosas, éticas, etc. La mayoría de los autores que han estudiado este tema con detalle consideran que el totalitarismo es un régimen político nuevo, aunque emparentado con la tiranía clásica. Es algo más que eso en su raíz ideológica, su extensión, su grado de crueldad, su mística pseudorreligiosa, su anulación de toda espontaneidad social, su estatismo, la intensidad del temor que infunde en quienes se le oponen y la aparente naturalidad de la vida para quienes adhieren a él.

Hemos visto que la democracia es uno de los clásicos regímenes de gobierno, que es legítimo cuando es el gobierno del pueblo orientado al bien de todos, pero que degenera en una forma ilegítima cuando es solo el gobierno de una mayoría que oprime a una minoría. En la época moderna, en Occidente, la forma de gobierno democrático surgió influida por algunas ideologías de corte liberal; es decir, la democracia moderna no es solo una forma de gobierno, sino una forma de gobierno que, en su concreta realización histórica, se ha inspirado en unos principios que tienen como elemento fundamental el dogma de la soberanía popular y una antropología individualista. En la instauración de los regímenes democráticos históricos concretos, nunca se ha llevado a sus últimas consecuencias la idea de la soberanía popular, la idea de que el pueblo pueda decidir lícitamente *cualquier cosa*, es decir, de que su posibilidad de decisión no tiene límites. Las constituciones liberales-democráticas, en general, aunque no siempre, junto con proclamar el principio de la soberanía popular, han reconocido o establecido derechos fundamentales o derechos naturales (*v.gr.*, los tres clásicos del liberalismo: vida, libertad, propiedad), que limitan la supuesta *soberanía* popular, así como alguna forma de equilibrio de poderes constitucionales (la famosa *separación de poderes* de Montesquieu).

Esta explicación ideológica de cómo se constituye el sistema democrático (soberanía popular, separación de poderes, derechos naturales) no coincide exactamente con una visión clásica de la democracia como una posible forma de gobierno justa, entre otras también legítimas. La visión clásica y cristiana, es decir, la que surge como consolidación de la herencia de la cultura grecorromana y de su elaboración por los pensadores cristianos, no admite la idea de una *soberanía* popular, en el sentido de un poder originario supremo y último, por encima de cualquier otro poder y, en consecuencia, ilimitado. Un poder podría ser supremo *en su orden* (*v.gr.*, el rey en lo que exija el bien común político; el Papa en lo relativo al bien común espiritual), pero, si es limitado, supone que hay alguna norma ética o jurídica que lo restringe, a la cual también podría apelar quien fuese víctima de la injusticia por parte de ese poder supremo no soberano. Ahora bien, una apelación a una norma superior, sin que exista la persona o potestad superior, solo tendría sentido práctico como justificación de una rebelión que estableciera a posteriori la norma, esto es, como una revolución exitosa.

En realidad, en cambio, la visión clásica y cristiana no admite ninguna soberanía. La persona a cargo del gobierno (el pueblo entero en una asamblea, el pueblo a través de las votaciones y sus representantes, el monarca hereditario, etc.) *nunca* tienen una soberanía en el sentido propio, sino que posee una autoridad limitada para ordenar las conductas de los súbditos o de los ciudadanos hacia el bien común.

Históricamente, los regímenes democráticos han tenido este elemento liberal (limitación del poder y respeto de algunos derechos naturales) junto con el elemento democrático: distintas instituciones que permiten alguna representación del pueblo por sus gobernantes, como se ve, por ejemplo, en los regímenes presidenciales con un congreso o un parlamento que legisla junto con el presidente y un poder judicial que aplica las leyes a los casos concretos, según el esquema de la división de poderes de Montesquieu; o en los regímenes parlamentarias donde solamente hay un parlamento y, en el parlamento, un primer ministro, que forma el gobierno con la mayoría parlamentaria, donde también hay un poder judicial más o menos autónomo.

Las democracias liberales iban unidas también a una concepción de la libertad en el ámbito de la economía. También aquí hay algo muy clásico, puesto que la libertad económica —libertad de empresa, libertad para hacer negocios, ofrecer trabajo, etc.— ha existido en todos los regímenes normales, también en la época premoderna, con variados tipos de regulaciones y de restricciones. En la época moderna, las libertades en el ámbito económico, análogamente a como sucedió en el terreno político, se han visto influidas por la ideología liberal, que llevó a formas de destrucción del tejido social tradicional y de las formas premodernas de organización del sector económico (trabajo, comercio, finanzas, industrias, etc.). La modernización liberal de las economías en Occidente provocó, en el siglo XIX, lo que se llegó a llamar la «cuestión social», es decir, en esencia, el problema de la concentración de masas miserables en las grandes ciudades industrializadas y el consiguiente problema de la adecuada relación —la relación debida en justicia— entre el capital y el trabajo.

El mismo progreso económico de las sociedades modernas, que efectivamente existió, trajo también el fenómeno de masas de personas que estaban en situaciones de pobreza o de miseria muy impactantes. La revolución industrial, sin la cual jamás se habría alcanzado el gigantesco progreso material del siglo XX, atrajo cada vez más personas desde los campos a las ciudades, en busca de oportunidades mejores que las del campo. Una parte importante de la cuestión social tuvo que ver con la concentración de la miseria, que antes estaba desperdigada por los campos; pero también hubo nuevas formas de miseria, desconocidas en el campo: jornadas de trabajo más extensas y extenuantes, hacinamiento en conventillos y chabolas, promiscuidad y aumento de los niños abandonados por las calles... La concentración de esas masas de obreros con sus hijos, su *prole* que era también fuerza de trabajo, dio origen a la denominación «proletarios». El papa León XIII usa esta expresión en su Encíclica *Rerum Novarum* (1891), que inaugura la moderna doctrina social de la Iglesia. Por lo tanto, tanto las expresiones usadas (*proletarios, cuestión social*, etc.) como las miserias denunciadas no eran un invento propio de las ideologías socialistas, sino que había un problema objetivo, nuevo, que no se habría producido en una sociedad estática premoderna, aunque en la sociedad estática había más hambre, miseria y muerte, que en la naciente sociedad capitalista del s. XIX. La cuestión social era un aspecto negativo, no adecuadamente abordado en sus inicios, de un gran progreso en el ámbito económico y dentro de un régimen político fundamentalmente de libertades.

Las democracias liberales, por tanto, tenían este doble componente de libertad en el ámbito político y de libertad en el ámbito económico. Frecuentemente, el liberalismo del siglo XIX sustentó una democracia censitaria, es decir, que no admitía a todas las personas a votar, a partir de la mayoría de edad, sino que solo a los más ricos —por eso, el derecho de ciudadanía dependía de un censo de las riquezas, concretamente de las tierras—; después, aun cuando se ha admitido el sufragio casi universal (*i.e.*, todos los ciudadanos tienen, en principio, derecho a votar), sigue habiendo algunas restricciones mínimas para votar (*v.gr.*, edad, no haber sido condenado por ciertos delitos, etc.) y mayores para ser elegido o para ocupar ciertos cargos públicos (*v.gr.*, edad, estudios de cierto nivel, etc.). Este liberalismo era y es, en este sentido, un límite a la ideología democrática.

Cuando se habla de «democracias liberales» no hay que pensar que estos dos conceptos son perfectamente complementarios ni, menos aún, sinónimos. Algunos aspectos son antitéticos, de manera que, más que complementarse, se contraponen para equilibrarse. La democracia, considerada en sí misma, podría permitir la conculcación de las libertades individuales y de los derechos de las personas. De

180

hecho, las «democracias populares», que nos parecen tan poco democráticas porque son democracias de partido único, tienen detrás la misma ideología democrática que las democracias liberales, solo que aquellas sostienen que, precisamente para que sea representada la voluntad general y no los intereses de partes, representados por diversos partidos, se ha de prohibir la existencia de varios partidos políticos, que quiebran la representación de la voluntad general en distintos intereses particulares, como, por ejemplo, los intereses de clase. Para que efectivamente se represente al pueblo y no a facciones, se establece un único partido. El partido único canaliza la representación del pueblo sin dividirla y, por lo tanto, sin dividir la voluntad general. Los que representen esa voluntad general (*v.gr.*, el Politburó, el Secretario General del Partido Comunista, *der Führer* o *il Duce*), al dictaminar que algo es la voluntad general, están representando efectivamente al pueblo, están representando la soberanía popular. En regímenes de partido único, entonces, el aspecto *liberal* de la democracia liberal, esa libertad para constituir partidos y representar intereses, es percibido más bien como un límite al aspecto *democrático* del régimen. La democracia liberal acepta tener algo de soberanía popular, una cierta representación del pueblo; pero ha de ser de tal manera que el poder nunca esté unido en una sola persona o grupo, para que, en la medida de lo posible, no se pueda abusar de él. Para eso existen los mecanismos de separación de poderes y también la diversidad de partidos políticos, para que las visiones de unos se contrapongan a las de los otros. Por eso hay también tribunales independientes de los partidos y de los otros poderes, el Presidente y el Congreso, elegidos por las mayorías, para salvaguardar los derechos individuales incluso contra las mayorías. Esta idea de «gobierno de la mayoría, con respeto a la minoría», es una forma de limitación de la ideología democrática.

El hecho de que modernamente se haya fundamentado la restricción de la democracia en la ideología liberal no significa que no sea buena dicha limitación de la ideología democrática. Es buena y necesaria. Una visión más clásica y cristiana también incluiría esa limitación de la democracia por el respeto a la ley natural, los derechos naturales de las personas y de los grupos intermedios, y el entramado de instituciones, fueros, derechos locales, pactos, etc., que impiden que una sola persona acapare un poder total.

En este contexto de las democracias liberales, con sus limitaciones ideológicas y el fenómeno de las crisis económicas periódicas propias del capitalismo, se entiende que, en el primer tercio del siglo XX, la democracia liberal se encuentre bajo un potente ataque de los movimientos ideológicos revolucionarios de corte socialista (comunismo, nacionalsocialismo, fascismo). No se ha de entender este ataque a las deficientes democracias liberales como un nostálgico intento de retornar a épocas y estructuras preliberales, sino como una extensión del ideal emancipatorio del liberalismo contra el liberalismo original. El marxismo también es una ideología de la liberación, pero que, en lugar de criticar la opresión que venía del Antiguo Régimen (*i.e.*, del absolutismo monárquico, de la religión, de las tradiciones, de las estructuras económicas de corte gremial, etc.), como habían hecho los liberales del siglo XVIII, ahora ataca la opresión que procede de los burgueses, de los capitalistas, de los propietarios, en contra de los trabajadores, los proletarios, los desposeídos... Entonces el marxismo, visto desde esta perspectiva, viene a radicalizar la ideología liberal, no a conjurarla. El comunismo viene a decir que se hizo una revolución burguesa, y eso fue un paso adelante en el devenir histórico; pero ahora corresponde hacer una revolución contra la explotación de los proletarios por los burgueses.

Estas ideologías socialistas y especialmente el socialismo marxista, el comunismo, fueron percibidas de inmediato como una amenaza contra los sistemas democráticos, los órdenes políticos más o menos libres. Ante la revolución marxista hubo dos tipos de reacciones: los que reafirmaron el valor de la democracia liberal y los que propusieron una tercera vía, antiliberal y anticapitalista, pero también contraria al comunismo. Tales fueron los movimientos de tipo fascistas.

El fascismo en sentido estricto es el italiano, el de Benito Mussolini, que propone un *corporativismo de Estado*, es decir, que la sociedad se organice no ya bajo la forma de representación de los partidos políticos liberales, sino bajo la forma de la representación de intereses en las corporaciones... Esto se asemeja externamente a la forma en que idealmente estaba organizada la sociedad en la época de cristiandad preliberal: muchas corporaciones y todas representadas en los Estados Generales, o en parlamentos de representación de intereses. En el fascismo hay, sin embargo, una diferencia fundamental. El Estado es la cumbre de la evolución política —una idea hegeliana— y, por esta razón, debe organizar y controlar estas corporaciones y, de la misma manera, la representación corporativa, que ahora está construida estatalmente, como puede verse, de arriba abajo y no de abajo arriba. Así se puede evitar tanto la disolución del orden social, que viene de la democracia liberal, del liberalismo, como la completa opresión y anulación de la propiedad privada, que viene del comunismo.

De todos modos, toda esta construcción del fascismo, con mayor autonomía social que en el comunismo y con propiedad privada, tiene que ser dentro del Estado y organizada por el Estado. Eso es un Estado totalitario, aunque a la italiana sea más suave que en el comunismo o en el nacionalsocialismo. Mussolini emplea la expresión «totalitario» en este sentido positivo, aunque hoy nos parezca imposible. El totalitarismo posee, para nosotros, un sentido muy negativo; pero, cuando Mussolini usa el término en 1927, 1928 y 1929, defiende el Estado totalitario, como lo anhelaban muchas personas —entonces y también hoy—, ciudadanos de mentalidad estatista, antiliberal y recelosa de los abusos de los particulares (¡no del Estado…!). Mussolini lo sintetizó en su ya famosa exclamación del *Discurso de la Ascensión* (26 de mayo de 1927): «¡Todo en el Estado, nada contra el Estado, nada fuera del Estado!». Y muchísimos italianos aplaudían a rabiar, porque lo experimentaban como una liberación del individualismo liberal y de la amenaza del comunismo, con su lucha de clases, etc.

El movimiento nacionalsocialista, a su vez, se presentó como un socialismo, pero no un socialismo de la lucha de clases, ni tampoco internacionalista, sino como un socialismo de defensa de la identidad de una nación y con la componente racista, sobre todo antisemita. El nacionalsocialismo proponía todo un diagnóstico sobre cómo los males de Alemania procedían del liberalismo de los grandes capitales internacionales —controlados por los judíos—, de las deudas de guerra y también de los comunistas. Los nazis surgen como una reacción tanto al capitalismo judío burgués como al comunismo, también de raíces judías (en el caso de Marx está claro). Los nazis y los comunistas se organizan de una forma muy parecida, con cuadros paramilitares, con asociaciones bien disciplinadas, con grupos de choque con sus matones, sus escraches —o *funas*, como se ha comenzado a decir en Chile—, que fueron un invento de los nazis.

Era tan potente esta idea de evitar los peligros de la democracia liberal, que incluso en los ambientes católicos se fue generando la idea de proponer una alternativa no liberal, que es lo que se llamó el corporativismo católico, y que tuvo un apoyo explícito en la Encíclica *Quadragesimo anno* del Papa Pío XI (1931). De esta manera, también hubo en los países católicos organizaciones católicas que tenían esta mentalidad, que no era democrática liberal, sino que era corporativista. En Chile estuvo la Falange Nacional, nacida en el seno del Partido Conservador, de la cual después derivó la Democracia Cristiana, y, en España, Falange Española, que después de la Guerra Civil de 1936-1939, fue una de las columnas vertebrales del gobierno encabezado por Francisco Franco. Este régimen político incorporó a las distintas corrientes políticas triunfantes en un partido único. El sistema era un corporativismo bastante estatista, pero no totalitario al estilo nazi o comunista, pues había libertades, como en una sociedad cristiana.

Tal es la situación histórica en la que surgen los movimientos totalitarios, pero no son todos iguales. Los dos movimientos propiamente totalitarios fueron el comunismo y el nazismo. Los nazis y los comunistas estuvieron un tiempo aliados, gracias al pacto de no agresión (Pacto Ribbentrop-Mólotov) entre Hitler y Stalin, que les permitió repartirse Polonia y consolidar su poder interno. El error de Hitler fue romper ese pacto, cuando comenzó su campaña contra la Unión Soviética; pero al principio los dos grandes líderes totalitarios se tenían admiración mutua, su diferencia ideológica no era tan grande, y tenían procedimientos prácticamente idénticos. Richard Overy, en su obra *Dictadores*, compara a Hitler y a Stalin, los regímenes que ellos instauraron y las ideologías que los sustentaron, y muestra un paralelismo total[135]. También el historiador Ernst Nolte ha sido denostado intelectualmente por haber documentado el mismo paralelismo. ¿Cómo se le ocurre equiparar a los nazis, que son malos, con los comunistas, que no son tan malos...? Suerte similar, aunque no tan duramente, corrió la pensadora judía, que huyó del régimen

---

[135] Cf. Richard Overy, *The Dictators. Hitler's Germany and Stalin's Russia* (London, Allen Lane, 2004).

nazi a Estados Unidos, Hannah Arendt. En su obra *Los orígenes del totalitarismo* (1951) también demostró ese paralelismo, su similitud en la iniquidad, en las posiciones políticas y económicas, en el relativismo ético, en el liderazgo, etc., aunque chocaran en el terreno político y militar[136].

En fin, por más que se quiera hacer del nazismo un caso único en la historia humana, el comunismo fue igualmente sangriento y totalitario. Por eso, podemos tratarlos juntos, siguiendo a Arendt, a Overy y a tantos otros, para comprender el totalitarismo[137].

¿Qué características tienen estos regímenes totalitarios? Desde luego, son de la familia de las tiranías, por lo tanto, de un régimen fundamentalmente de una persona, que es el líder totalitario: Hitler, Stalin, Pol Pot, Mao, por mencionar solo cuatro regímenes clarísimamente totalitarios. Corea del Norte, en la actualidad, es otro ejemplo. En esos regímenes hay un solo líder, que gobierna no para el bien común, sino para el bien propio.

Esto es lo propio de cualquier tiranía, moderna o antigua; pero los regímenes totalitarios añaden otras características. La primera y muy sobresaliente es su relativismo metafísico, ético y antropológico, su negación de la *verdad objetiva*, es decir, de una verdad que no depende de la ideología del partido único o de la voluntad del líder totalitario. Algunos autores liberales-democráticos creen que creer en una verdad objetiva es lo totalitario, porque esa creencia exigiría *imponerla por la fuerza* a todo el mundo. Es evidente que una cosa no se sigue lógicamente de la otra: la cuestión de cuánto debe o no imponerse por la fuerza, para el bien común, es parte de esa verdad objetiva que debe dilucidarse. En realidad, los estudios concretos sobre los totalitarismos reales han demostrado que es al revés: el no creer en una verdad objetiva, a la que todos deben someterse por igual —gobernantes tanto como gobernados—, es lo que permite que

---

[136] Cf. Hannah Arendt, *Los orígenes del totalitarismo* (Madrid, Alianza, 1987 [1951]).

[137] Más recientemente, Pierre Manent propone una reflexión y una explicación de por qué el mundo —especialmente los intelectuales occidentales— ha sido más benevolente con el comunismo que con el nazismo, cuando el análisis objetivo demuestra, más allá de toda duda razonable, idéntica crueldad y ceguera ideológica. En la profundidad y sutileza de su análisis, no se le escapa la conexión con la ideología democrática moderna, a la que, al parecer, se le perdona casi todo. Véase Pierre Manent, *Curso de Filosofía Política* (Santiago, IES, 2016), págs. 251-265.

cualquier discurso se pueda imponer a toda la población. Las «leyes naturales», en la ideología nazi, no son el derecho natural clásico, que se sustrae a cualquier voluntad arbitraria. Por el contrario, esas «leyes naturales» se manifiestan en la voluntad del *Führer*, que hoy puede ser A y mañana puede ser Z. La manifestación de «leyes naturales» que tienen su cumbre en el líder, en su voluntad mutable, implica que no hay una verdad objetiva a la que el líder tiene que someterse. Por tanto, solo si *no* hay una verdad objetiva es posible el totalitarismo. Si no hay una verdad objetiva, entonces ¿por qué va a ser objetivo que los judíos tengan que ser tratados igual que los no judíos? Si no hay una verdad objetiva, entonces ¿por qué va a ser objetivo que no se pueda confinar en hospitales psiquiátricos a los que tienen opiniones distintas de las que tiene el líder o el partido, como hicieron los comunistas de la antigua Unión Soviética? En realidad, si no hay una verdad objetiva, a la que todos debamos someternos, entonces *todo vale*.

Esta tesis es un argumento abstracto para oponerse a la interpretación relativista de la democracia y, por lo tanto, para contraargumentar que la democracia debe basarse en una verdad objetiva. Pero además de la cuestión de la democracia, sostiene que los totalitarismos son facilitados por el relativismo ético y no por la creencia en una verdad objetiva. Además de ser un buen argumento abstracto, es un hecho históricamente documentado por quienes han estudiado los discursos ideológicos de Stalin y de Hitler y de sus ideólogos y propagandistas. El ya mencionado Richard Overy dedica un capítulo completo a mostrar, con citas precisas, que tanto Hitler como Stalin negaban la idea de una verdad objetiva. Por lo tanto, la negación de la objetividad moral es un rasgo típico del totalitarismo, tal como se ha dado históricamente[138]. Efectivamente, lo menos que quiere un líder totalitario es que haya una especie de *verdad objetiva* que le ate las manos.

En segundo lugar, el totalitarismo no solo conculca los derechos naturales más básicos de los ciudadanos, sino que también se opone a una forma de organización social que permita ciertos grados de libertad. Un tirano normal puede oprimir muchas

---

[138] Cf. Richard Overy, *The Dictators*, pág. 265, y Hannah Arendt, *Los orígenes del totalitarismo*, vol. 3, págs. 527 ss.

libertades, especialmente las que incomoden a su propio beneficio; pero puede admitir las que no le incomoden. El sistema totalitario, en cambio, oprime todas las libertades, de una manera que es, además, impredecible. Nadie sabe, en un sistema totalitario, cuándo le va a tocar ser considerado sospechoso de traición y, por tanto, ser sacrificado en una purga, como solían hacer Stalin y Mao para reafirmar su poder mediante el terror. Entonces no es una ocasional negación de la libertad, sino que es intrínseco al régimen totalitario el mantenerlo todo controlado, incluso, en la medida máxima posible, hasta las opiniones y los pensamientos. De ahí la necesidad de la más estrecha vigilancia y de los sistemas de soplonaje por parte de vecinos y parientes, como se ve en la película *La vida de los otros* (2006).

Hanna Arendt dice que la institución más propia del régimen totalitario es el campo de concentración. En efecto, no solo se interna ahí a los disidentes, o a quienes son calificados como el *enemigo objetivo*, sino que cualquiera podría terminar ahí arbitrariamente. Pero es que, además, en el campo de concentración todos son sometidos a tal tratamiento que pierden completamente su espontaneidad vital. En un campo de concentración, lo único que se puede hacer es sobrevivir. Víktor Frankl, en su magistral obra *El hombre en busca de sentido*[139], muestra vitalmente, basado en su propia experiencia, que es posible, a pesar de todo, preservar un núcleo de libertad interior y de sentido existencial, en medio de la despersonalización infligida por el campo de concentración totalitario. Pero a lo que tiende el campo es a aniquilar incluso a los que viven. Y esta supresión de la espontaneidad, ejemplificada al extremo por el campo de concentración, sucede también en los ámbitos de existencia aparentemente normales, en la ciudad, donde sigue la vida cotidiana aparentemente continúa, porque hay una extrema vigilancia de los pensamientos: cualquiera que *se mueva de la fila* va a ser duramente reprimido y quizás enviado al campo de concentración o al hospital psiquiátrico. Entonces, vivir en una sociedad en la que no hay ninguna espontaneidad, eso es algo propio del totalitarismo. Hanna Arendt muestra cómo en el régimen nazi a veces marchaban centenares de judíos custodiados por dos personas, un guardia adelante y otro atrás,

---

[139] Cf. Víktor Frankl, *El hombre en busca de sentido* (Barcelona, Herder, 3.ª ed., 2015).

y no se les ocurría rebelarse y matar a esos dos y huir. Iban mansamente porque el nivel de temor, que ya se había instalado, anulaba su capacidad de respuesta. Más les valía someterse a lo que viniera, quizás con la esperanza de que quizás se salvaban después.

En tercer lugar, los regímenes totalitarios son regímenes de partido único, por supuesto, pero no necesariamente un régimen de partido único es totalitario. Puede haber un momento totalitario, en un régimen de partido único, pero después aflojarse las amarras y no seguir en una fase estrictamente totalitaria, aunque lo que viene después sea autoritario o dictatorial, o tiránico en un sentido más suave. Afirmar esto, siguiendo a Arendt, no significa suavizar la crítica de las etapas posteriores a Stalin o a Mao en la U.R.S.S. y en China.

En cuarto lugar, los regímenes totalitarios tienen aparatos de propaganda muy sofisticados, que controlan completamente las comunicaciones. La película *Sophie Scholl* narra la historia de los hermanos Scholl, Hans y Sophie, que fundaron el grupo la Rosa Blanca (*Die Weisse Rose*), para resistir al nazismo en Múnich y otros pueblos cercanos. Su única actividad consistía en informar: imprimir a velógrafo hojas que denunciaban parte de lo que estaba pasando con los judíos. Pegaban esas hojas en momentos de la noche, las dejaban en la universidad para que la gente las viera, no hacían nada más. Yo conocí hace años a un anciano, que era estudiante de colegio en la época, y que conoció a los hermanos Scholl. Incluso unos pocos niños de colegio pudieron hacer resistencia solamente reuniéndose para conversar y apoyar la distribución de papeles. Esa resistencia, completamente pacifica, consistía simplemente en despertar la conciencia de las personas. La conciencia es el peor enemigo de un régimen totalitario. Y contra la conciencia van los artilugios de una propaganda muy fuerte y muy sofisticada, porque no se trata de paralizar o matar a los cuerpos, sino de paralizar el pensamiento, la capacidad de resistir críticamente a las falacias y a las mentiras de un régimen inicuo.

El régimen totalitario es violento, evidentemente, porque no se puede mantener ese nivel de control sobre todas las personas, y ese nivel de negación de la espontaneidad social, si no se está ejerciendo continuamente una gran violencia para detener y matar a los disidentes. Sin embargo, la violencia verbal, mental y manipuladora, controla a mucha más gente todavía que la que podría ser detenida y matada. Ese es el gran secreto del éxito totalitario: la dominación de las conciencias mediante mentiras, para que la mayoría coopere voluntariamente.

En quinto lugar, los regímenes totalitarios también mantienen férreamente controlada la economía. No son ideologías económicas directamente; pero no pueden permitir que haya una gran libertad económica, porque eso implica perder el control del Estado sobre un aspecto importante del país y, sobre todo, de la espontaneidad social de las personas. Tanto el comunismo como el nazismo fueron fuertemente estatistas. Ahora bien, en el nazismo la ideología no era tan económica como el marxismo, de manera que no fue todo tan centralmente planificado, como bajo el comunismo, y sí admitía formas de industria que no eran estatales, por parte de empresarios que fueran más o menos funcionales al régimen.

Los totalitarismos se oponen a la democracia, en el sentido de la democracia liberal; pero no son contrarios necesariamente a la concepción ideológica de la democracia roussoniana, como la que tuvo Mao en China, como hemos dicho al hablar de las democracias populares. Con el término de la Segunda Guerra Mundial, la ideología o, mejor dicho, la articulación o combinación ideológica vencedora fue la democracia liberal, y eso fue lo que constituyó lo que vino en llamarse «el mundo libre», el de los regímenes democráticos liberales, aunque en ellos tantas veces está amagada y ahogada la verdadera libertad. Con todo, siguió existiendo el mundo de los socialismos reales, ya sea que estuvieran todos bajo el paraguas de la Unión Soviética, que era el gran imperio en concurrencia con Estados Unidos y Europa, ya sea que estuvieran bajo regímenes a veces más crueles todavía, como el de Rumania con Nicolae Ceauşescu o el de China bajo Mao Zedong. Estos eran independientes de la Unión Soviética —sobre todo el de Mao—, pero igualmente totalitarios y aun, en algunas épocas después de Stalin, quizás más duros.

No obstante el parecido de familia entre los totalitarismos, la historia concreta de cada uno fue muy distinta. Uno de ellos ha gozado de buena prensa hasta hoy mismo: el comunismo. En cambio, el otro fue derrotado militarmente: el nacionalsocialismo. Inmediatamente después de esa derrota, la conciencia colectiva de Alemania y del mundo occidental recuperó la idea de una *ley natural* y de que no todo lo que es aprobado por la autoridad política tiene valor jurídico. Este tipo de argumento fue el que les permitió, a los vencedores, condenar a los criminales de guerra nazi, que habían actuado conforme a su propia legislación y a su propio derecho.

¿Fue un uso oportunista de la teoría de la ley natural, del «derecho supralegal» en expresión de Radbruch[140], para saltarse el principio de legalidad penal, que prohíbe aplicar castigos retroactivos? ¿O fue la genuina reacción de horror de la conciencia moral humana contra esos crímenes atroces, que invalida racionalmente la injusticia extrema, aunque sea legal? La sospecha surge porque, unos veinte años después, ya habían resurgido en el mundo occidental todo tipo de teorías relativistas en lo moral y, en el ámbito del pensamiento sobre el derecho, todo tipo de teorías positivistas, según las cuales no existe ese derecho natural o supralegal. Aunque ya no se llega a extremos como afirmar que lo justo y lo legal se establece solo por el Estado o por instrumentos internacionales aprobados por los Estados, porque las nuevas formas del positivismo jurídico adoptaron muchas tesis de fondo de la doctrina de la ley natural, sin darles este nombre[141].

Otros regímenes dejaron de ser totalitarios en alguna medida. Por ejemplo, estrictamente hablando, en la Unión Soviética el régimen totalitario fue el de Stalin. Con Nikita Kruschov hubo un aflojamiento de la opresión colectiva. Siguió habiendo un partido único, persecución de disidentes, expansión en la guerra fría, planificación central de la economía, etc.; pero no todo consistía simplemente en acatar la voluntad de un líder. No volvió a haber alguien como Stalin. Por lo tanto, no había esa arbitrariedad total del régimen totalitario. Lo mismo cabe decir de China, después de Mao: siguió la China comunista, la simbología comunista, el partido único, la represión de la disidencia, todo eso, ciertamente, pero no el tipo de acciones brutales de Mao contra una población indiferenciada, contra personas que a veces ni lo sospechaban y les caía encima el aparato totalitario. Estos son regímenes semitotalitarios, postotalitarios, que

---

[140] Cf. Gustav Radbruch, *Arbitrariedad legal y derecho supralegal*, trad. M. I. Azareto de Vásquez (Buenos Aires, Abeledo Perrot, 1962), págs. 37-38.

[141] Vid. Cristóbal Orrego, "Natural Law under other names: *De nominibus non est disputandum*", *The American Journal of Jurisprudence* 52, 2007, págs. 77-92, y una versión previa en castellano: "La ley natural bajo otros nombres: *de nominibus non est disputandum*", *Anuario de Filosofía Jurídica y Social* 23, 2005, págs. 75-90.

poco a poco se pueden ir transformando en algo más normal, dependiendo de las contingencias historias. Podría haber un retroceso; podría surgir un segundo Mao, y China podría retroceder y convertirse otra vez en un régimen totalitario; pero actualmente no es eso lo que sucede. Actualmente uno ve a muchos chinos que viajan fuera de China, conversan, te cuentan lo que pasa en China, aunque no se atreven a hablar de cosas que puedan implicar disidencia política. Es decir, son regímenes fuertemente autoritarios, de partido único, que no toleran la disidencia; pero no anulan toda espontaneidad social, como se ve en aquella que se despliega en el ámbito de la economía. Cuando cae un régimen totalitario o se va suavizando, la única alternativa que queda no es la democracia liberal.

Si por democracia liberal se entendiera un sistema en el que el pueblo tiene participación y hay elementos de unidad de mando y de selección de las personas más cualificadas para la legislación y la judicatura, esto sería un *régimen mixto* en la termología clásica. Esto es perfectamente aceptable si se limitan los aspectos ideológicos de la democracia. Por ejemplo, si no se crea a pies juntillas que lo que decida la mayoría es necesariamente lo mejor, o si no se cree que no se deben poner límites a lo que decida la mayoría, o que las libertades liberales pueden amparar cualquier decisión autónoma de las personas con independencia de lo que exige el bien común. Si estos extremos se limitan, las democracias liberales son *regímenes mixtos* que serán mejores o peores según lo que determinen los gobernantes y los pueblos que influyen en esos gobernantes. En cambio, si por democracia liberal se entiende un sistema en el que la única forma de legitimidad es el apoyo del pueblo y no la verdadera legitimidad, que es el cumplimiento de las exigencias de la ley moral natural y el gobierno para el bien común; o si por democracia liberal se entiende un sistema en el que la autonomía de las personas es el máximo bien y, por tanto, las exigencias del bien común son desviadas hacia el máximo goce de las libertades individuales, entonces esa democracia liberal es una forma de gobierno corrupta y hay que combatirla o corregirla. Cuando se ven los defectos que tiene la democracia liberal, en sentido ideológico, puede existir la tentación de repetir la historia errada del siglo XX, es decir, que en lugar de corregir el régimen para evitar sus defectos, que en lugar de rectificar los rasgos demagógicos y oligárquicos para instaurar un régimen mixto con mayor autoridad y con la necesaria primacía del bien común, surjan ideologías alternativas destructivas del régimen justo, como fueron el comunismo, el nacionalsocialismo y el fascismo. Por eso, en mi opinión, hay que buscar alternativas históricamente situadas que corrijan la democracia liberal; o bien, si se discierne que, en realidad, el régimen democrático liberal ya se ha agotado —síntomas de agotamiento hay muchos—, que lo reemplacen por un régimen no democrático justo: más monárquico o aristocrático, pero siempre dentro de unas coordenadas que impidan volver a un intento totalitario.

Una última reflexión sobre el totalitarismo tiene que ver con la imposibilidad de que existiera antes de la modernidad, tanto por el carácter extremo de las ideologías nuestras como por los avances tecnológicos que hacen posible su implantación. Algunos pensadores han pretendido ver el totalitarismo en la época premoderna e incluso, en forma de utopía filosófica, en la *República* de Platón.

Ha habido, ciertamente, reyes que tenían mucho poder, o emperadores que podían hacer y deshacer a su antojo. Popper sindica a Platón de ser un primer teórico del totalitarismo o de su germen, al menos, porque propone un régimen hipotético comunista. La verdad, en mi opinión, es que ni las tiranías antiguas —mucho menos los reyes buenos, aunque fuesen poderosos— ni las utopías, como la de Platón, alcanzan a asemejarse a un totalitarismo. Recordemos que el mismo Platón reconoce que no se puede realizar esa comunidad de mujeres, de los hijos y de los bienes; pero, además, no se trataba de un sistema que fuese a imponerse a la masa de los ciudadanos, sino solo un mecanismo para preservar la virtud de los guardianes. Además, la previsión de que el régimen aristocrático no podría subsistir se debe a que está fundado en la virtud —en la justicia de los que gobiernan— y no en la fuerza totalitaria para imponerse, si no hay virtudes. Por eso, Platón prevé la descomposición progresiva del régimen, en los libros VIII y IX de su *República*. Esa es la actitud filosófica, contraria a la previsión de un reino de mil años y de la sociedad socialista.

Aparte de defender al pobre Platón contra Popper, la verdad es que en la época premoderna no existía ninguno de los presupuestos empíricos, sociales, técnicos, etc., para establecer un régimen totalitario, por mucho que alguien hubiera querido hacerlo. Los regímenes totalitarios exigen una capacidad tecnológica inmensa. El control de toda la población no se puede lograr sin los medios de comunicación modernos, sin nuestros medios de propaganda, incluso sin los medios de transporte... ¿Cómo se impone un movimiento totalitario en todo un país, si tienen que moverse a caballo de un lado para otro? ¿Cómo se vigila y se castiga casa por casa, palmo a palmo,a diferencia de los tiranos antiguos que solo necesitaban disponer de sus enemigos? No se puede, simplemente no se puede.

La espontaneidad social —no la auténtica libertad respecto de una tiranía corriente— estaba asegurada en la época anterior al siglo XX, entre otras razones, porque ninguna autoridad tenía los medios tecnológicos para imponer completamente su voluntad en todas partes. Tampoco tenían una ideología totalitaria.

En la era moderna surgen ideologías totalitarias. Ya hemos dicho que las dos fundamentales son el comunismo y el nacionalsocialismo. Son atractivas porque presentan un diagnostico sencillo de los males sociales y después se proponen como un conocimiento privilegiado de cuál es la solución. Un supuesto saber superior y científico de las leyes de la historia y una pureza moral también superior, que es lo propio de los movimientos gnósticos como ha mostrado Eric Voegelin[142], sustituyen la mística religiosa, anclada en una esperanza en el más allá, por una mística del poder aquí y ahora, algo realmente embriagante para un alma joven, pero desesperada de la salvación ultraterrena. Por eso, la secularización —la descristianización de Occidente— fue de la mano con el auge de las ideologías. Sin esa motivación superior, compatible —dicho sea de paso— con una vida viciosa, no es posible proponerse el reino de mil años o el hombre nuevo de los regímenes totalitarios.

Ahora bien, la ideología va a unida a una capacidad tecnológica para controlar a las masas. Arendt dice que también fue clave para el surgimiento del totalitarismo la masificación de la población. En la era moderna, hay masas ingentes de personas que, en lugar de vivir arraigadas en un lugar y en una tradición, afluyen a las ciudades y constituyen cientos de miles o millones de personas desarraigadas, de seres humanos que muchas veces son átomos en un aparato productivo, que no tienen un sentido más transcendente de

---

[142] Cf. Eric Voegelin: *Nueva Ciencia de la Política* (Madrid, Rialp, 1968 [1951]).

la vida. Ellos son presa fácil de una prédica totalitaria, porque el líder totalitario y sus misioneros les puede hacer sentir que son algo en este mundo, porque participan en el movimiento totalitario. En el caso del nazismo, esto está perfectamente comprobado. Había masas de personas que superaban las pruebas raciales y que se convertían, de este modo, en algo con sentido. Eran algo en la vida por la posición que ocupaban en el movimiento totalitario. ¿Y qué eran fuera de eso, antes de esa incorporación en la corriente triunfante de la historia? Habían sido obreros, oficinistas de tercer nivel, personas sin muchas aspiraciones, y de repente viene un líder que les dice que ustedes son el pueblo, y que son los representantes del espíritu del pueblo, que van a ser y hacer algo grande. La apelación al *pueblo* como entidad mística, representada por el líder totalitario, está en Hitler y en Lenin, y está en el marxismo y está en Stalin. Como pseudorreligión que es, el totalitarismo otorga un sentido por el cual someterse al movimiento totalitario y operar a su servicio. Les da un sentido de la vida, que antes lo daba la religión. Estas religiones seculares, que son las ideologías, ocupan el lugar de la religión y generan sentimientos religiosos falsos, pero eficaces para movilizar a las personas.

Después de un siglo de experimentos totalitarios, que tanto sufrimiento provocan, las condiciones que los hacen posibles siguen estando presentes. Ahora se han expandido más, porque son mucho más numerosos los hombres y mujeres desarraigados de sus tierras, de sus antepasados y de sus tradiciones, de sus familias extendidas, de la fe y la esperanza religiosas. No son ya ciertas masas oscuras, sino que incluso los hijos de las élites más cultas y adineradas son —como bien advirtió Lenin— fácilmente captables por la prédica ideológica y por el licor embriagante de un poder absoluto de construcción de la utopía.

11. AUTORIDAD Y TOLERANCIA

Hemos tratado sobre el poder político y de cómo el poder político es una exigencia de la misma naturaleza humana. El hombre es un animal social; al vivir varias personas juntas, necesitan de una *unidad de mando* para el bien común. Así sucede en la sociedad más pequeña, que es la familia, y con mayor razón en una sociedad más compleja, que requiere mayor coordinación. Entonces, como es una exigencia de la naturaleza social del hombre que haya una autoridad (un poder en el sentido de potestad, derecho de mandar y de ser obedecido), también se puede decir que toda autoridad procede de Dios, puesto que Dios es el autor de la naturaleza. No es que Dios designe a cada una de las autoridades, como designó a Saúl y a David, sino que la Providencia divina está detrás del acceso al trono incluso del monarca más nefasto. Dios permite que haya autoridades malas, como consecuencia del abuso de la libertad en la sociedad humana.

En este capítulo, explicaremos cómo debe relacionarse la autoridad justa —no la que ya está corrompida y quiere hacer el mal— con los males sociales, teniendo en cuenta que su deber es promover el bien común. ¿Qué debe hacer la autoridad con respecto al mal moral que cometen los miembros de su comunidad? El fin de la sociedad es el bien común; el propósito del ejercicio de la autoridad es promover ese bien común. Para eso tiene que mandar, ya sea mediante órdenes positivas, que imponen obligaciones de obrar de cierta manera, ya sea mediante órdenes negativas o prohibiciones de obrar de cierta manera. El norte hacia el que apuntan tanto los mandatos positivos como las prohibiciones es que las personas se puedan coordinar adecuadamente y aportar equitativamente para el bien de todos, es decir, para el bien común.

¿Qué es lo que más atenta contra el bien común? El primer lugar lo ocupan las injusticias promovidas por los dirigentes, ya sea los mismos gobernantes (corrupción, legislación inicua, etc.), ya sea los integrantes de las élites religiosas, culturales, políticas, económicas, etc. En segundo lugar vienen las injusticias que cometen los mismos ciudadanos. Por eso, el bien común, aparte de exigir directamente los actos de justicia, es decir, que se le dé a cada uno lo suyo en las diversas relaciones interpersonales, indirectamente exige también actos de otras virtudes, de fortaleza, de templanza, de prudencia, en la medida en que esas otras virtudes son requeridas por el bien común.

Entonces se plantea la cuestión de qué hacemos con esas acciones que son contrarias a las virtudes, porque son en sí mismas inmorales, y, dentro de estas, las que directamente atentan contra el bien común, aquellas que son injustas. Hay varios tipos de respuestas, entre las cuales uno puede quizá situar la posición clásica en el justo medio.

Una respuesta ve al gobernante como a un padre para sus súbditos, de manera que el modelo de autoridad que se ejerce en la familia se duplica o se refleja, realizado a lo grande, en la comunidad política. El rey es el equivalente al padre, que se preocupa del bienestar total de sus súbditos. Algo de esa visión aparece en Platón. Adolece de un peligro y es que la autoridad de los padres sobre los hijos, bajo ciertos aspectos, alcanza desde muy cerca la formación del carácter, aunque en otros asuntos es menor que la que tiene el Estado. En efecto, en algunos ámbitos es mayor que la del rey, en cuanto es más cercana; pero, como contrapartida, tiene menos poder coactivo que un rey. Además, hay una diferencia cualitativa entre la comunidad política completa y una familia. Aquella está menos unificada que esta, pues la familia es un núcleo pequeño mucho más cohesionado internamente. Por eso, Aristóteles defendió una posición no tan paternalista. Según el Estagirita, el rey tiene autoridad sobre todos sus súbditos, pero no es como un padre de familia. La autoridad política es una autoridad que se preocupa del bien moral de los súbditos, sin duda, pero dejándoles un nivel de autonomía o de espontaneidad mucho mayor que el que tienen los hijos respecto a los padres, al interior de la familia. En efecto, los hijos son como algo del padre; no son totalmente distintos de su padre; tienen una unidad mucho más estrecha con él, en cuanto hijos. En cambio, los ciudadanos, los súbditos, son totalmente distintos respecto del rey, tienen una mayor lejanía. Por eso, respecto de ellos no se puede ejercer una autoridad tan cercana.

Esta tesis está muy cerca de la posición que adoptó Tomás de Aquino, apoyándose en Aristóteles. Según el Doctor Angélico, la autoridad política no se ocupa directamente del bien de cada ciudadano, y, en ese sentido, no es como un padre de familia, que se preocupa del bien de familia y también del bien de cada uno de los miembros de la familia. El gobernante se debe preocupar del bien común, que es un bien para todos y cada uno de los miembros; pero eso no significa que el gobernante se preocupe *directamente* de cada uno de los miembros. Esta distinción es importante, porque ayuda a santo Tomas a responder dos preguntas, que se plantea en la *Suma Teológica*, cuyas respuestas pueden parecer contradictorias. En realidad, es como un puzle que se arma muy bien. La primera pregunta es *si acaso la ley humana debe reprimir todos los vicios*, y a ella responde *que no*: la ley humana no debe reprimir todos los vicios, porque el fin de la ley humana es el bien común, no el bien de cada uno de los que incurren en esos vicios; les vendría bien reprimirlos ellos mismos o que alguien los reprimiera, los corrigiera; pero esa no es la función de la ley humana. Por lo tanto, el gobernante sabio debe tolerar muchos males para no provocar males mayores, que se producirían si intentara reprimir los males menores, o para no impedir ciertos bienes. El gobernante y la ley deben reprimir aquellos males más graves, de los cuales la mayoría de las personas es capaz de abstenerse[143]. Tal es la posición de santo Tomas respecto a la tolerancia del mal, sobre la cual volveré enseguida.

En una cuestión complementaria, santo Tomás se pregunta *si la ley humana debe imperar todas las virtudes*. El lector, que ya sabe que la ley humana no debe reprimir todos los vicios, puede responder que, entonces, con mayor razón, tampoco debe imperar todas las virtudes, pero se va a encontrar con la sorpresa de que el Aquinate responde que sí, que *la ley humana sí debe imperar todas las virtudes*[144]. ¿Cómo se

---

[143] Cf. *Suma teológica*, I-II, q. 96, a. 2. Texto citado en *supra* c. 6.
[144] Cf. *Suma teológica*, I-II, q. 96, a. 3. Texto citado en *supra* c. 6.

compatibilizan las dos cosas? Santo Tomas dice que la ley humana no debe *imperar todos los actos de todas las virtudes*, sino que debe imperar los actos de todas las virtudes que sean necesarios para el bien común, es decir, los más importantes requerimientos del bien común, que están incluidos dentro de todas las virtudes. Así, por ejemplo, la ley humana debe exigir que, por patriotismo, se defienda la patria contra los enemigos, y, en esa medida, va a exigirles valentía a los soldados; pero no le va a exigir ese tipo de valentía a una ancianita que está en la ciudad y no puede hacer nada directamente en la guerra. La ley exige templanza, por ejemplo, en las bebidas alcohólicas. Sin duda que la demanda; pero solamente en la medida necesaria para el bien común. Por lo tanto, va a exigir que la gente no beba bebidas alcohólicas cuando va a manejar o que no se emborrache en lugares públicos, y así por el estilo. La ley exige templanza, en general; pero, si alguien se excede de la medida racional en su casa, la autoridad no se mete directamente en eso, porque tolera algunos actos viciosos.

¿Cuál es el criterio de la autoridad, entonces? Si armamos bien el puzle, queda claro. Se trata de promover todas las virtudes, en la medida en que son beneficiosas para el bien común, y de reprimir los vicios en la medida en que sean graves y la mayoría de las personas puedan abstenerse de ellos. Entremedio queda un amplio margen para la prudencia de la autoridad política.

Esta respuesta, con el correr del tiempo, dio origen a la formulación del llamado *principio de tolerancia del mal*. Se trata de un principio de razonamiento práctico que regula la prudencia de la autoridad, porque la autoridad tiene el derecho a reprimir la injusticia para proteger el bien común. En algunos ámbitos, la autoridad política no tiene derecho a inmiscuirse; por ejemplo, en la vida estrictamente privada de las personas y en el ámbito interno de las familias, por regla general. ¿Cuándo puede inmiscuirse, en estos ámbitos, la autoridad? Solo cuando se realizan conductas que, a pesar de darse en ámbitos físicamente privados, atentan gravemente contra un bien público; por ejemplo, si un padre o madre, educando a su hijo, le da una cachetada, eso puede haber sido bueno —los clásicos hablaban de la *«moderata castigatio corporis»*: el «moderado castigo corporal»— o puede haber sido malo, por injusto o ligeramente excesivo; pero no es competencia del Estado meterse en ese asunto, en los castigos paternos necesarios para la educación, dentro de sus límites. En cambio, por el contrario, si un padre le causa un daño importante al hijo, si aplica castigos para los que solo es competente el Estado, y para qué decir si hay peligro de daño permanente o de muerte, entonces la autoridad tiene el deber de meterse; los vecinos deben intervenir; los otros parientes tienen que hacer algo. Eso ya daña un bien público, que le interesa a todo el mundo. Por eso, en todos los ordenamientos jurídicos del mundo hay, más allá de una zona en que el Estado no es competente para interferir, unas causales por las que es jurídicamente posible y aun obligatorio, según los casos, privar de la patria potestad a los padres, de manera transitoria o indefinida. Se trata de casos graves en los que el bien del hijo está comprometido de tal manera, que ya no cabe tolerar las imprudencias que puedan cometer los padres en su educación.

Fuera de estos casos excepcionales, hay sectores de la vida social en los que la autoridad pública no debe interferir, porque el ejercicio de su autoridad mira a las relaciones sociales, a las conductas externas en el ámbito público mediante las cuales nos relacionamos con otras personas y en la medida en que sean exigidas por el bien común. Ahora bien, aun así, dentro de ese ámbito acotado donde el Estado sí es competente, e incluso respecto de acciones que son malas y que en principio dañan al bien común, el principio de tolerancia del mal afirma que no siempre es conveniente o prudente o justo reprimir, sino que la autoridad puede, e incluso muchas veces debe, tolerar el mal moral o la injusticia que cometen sus súbditos, cuando, en el caso de reprimirlo, causaría un mal mayor que aquel que tolera o impediría un bien más grande que el que se consigue reprimiendo ese mal. El principio de tolerancia implica, por lo tanto, que la autoridad tiene derecho, en principio, a reprimir esa conducta; que esa conducta es moralmente mala o injusta, pero que la autoridad se abstiene de reprimir. Tolerar no es aprobar, sino simplemente abstenerse de reprimir una conducta que se asume como mala.

Por eso se opone a la doctrina de la tolerancia del mal, en el extremo antiplatónico, el denominado «permisivismo moral». Este sostiene que la autoridad debería aprobar las conductas malas. A lo que nosotros llamamos permisivismo o libertinaje, los defensores le llaman tolerancia, libertad o autonomía. Respecto de una serie de conductas, tradicionalmente consideradas como moralmente malas, piensan que el Estado no solamente debe *tolerarlas*, sino que debe positivamente *permitirlas*, aprobarlas y aun subsidiarlas, porque, según esas concepciones, no la autoridad política no debería emitir juicios morales al respecto.

Lo que ha cambiado históricamente es cuáles son esas actividades respecto a las cuales la autoridad no debería emitir ningún juicio sobre si son mejores o peores. Por ejemplo, en relación con los asuntos más debatidos en la actualidad, como los relacionados con el derecho a la vida y la ética sexual, hay posiciones permisivistas de distinto tipo. Una posición permisivista, sobre todo en tiempos de fuerte adhesión general a la ética natural o cristiana, sostiene que el Estado no debería emitir juicio sobre estas cuestiones, y que, por lo tanto, debería tolerarlas como algo permisible sin condenarlas ni siquiera en principios. Otras posiciones permisivistas, en cambio, no se quedan en ese punto incoherente (*i.e.*, decir que no se deben juzgar esos males, pero que se deben permitir… con lo cual juzgan que son lícitos), sino que van más allá: cambian la norma moral. Así ya afirman positivamente que se trata de conductas buenas y que deben ser permitidas afirmativamente; es decir, no ya en el sentido de *tolerar* un mal que no es prudente reprimir, sino en el sentido de *aprobar* esas conductas como derechos.

Hay una diferencia fundamental entre realizar una conducta mala porque está siendo tolerada por la autoridad, en cuyo caso es algo estrictamente privado, y realizar esa misma conducta cuando se le ha otorgado un reconocimiento como *derecho*, en cuyo caso se convierte en algo público: la actuación públicamente protegida —y aun subsidiada— de un derecho legal. El debate sobre el aborto es ilustrativo en esta materia. En muchos países se ha *despenalizado* —así dicen— el aborto, alegando el principio de tolerancia. Se concede que es una cosa mala, que ojalá no suceda mucho, pero que hay que tolerarla. El presidente Obama, en una de sus campañas, hablando del aborto, decía que la aspiración de su gobierno era que el aborto «fuera libre, seguro y poco frecuente». Así parece reconocer, como muchos partidarios de la libertad para abortar, que no es algo bueno que suceda. Sin embargo, se *legaliza* como un derecho: no es solo eliminar la pena, sino convertirlo en derecho legal. En España, se despenalizó el aborto y, sin embargo, los abortos se ejecutan en los hospitales públicos, con fondos públicos, es decir, como ejercicios de un derecho que el Estado reconoce, ampara y financia. Siempre hay como un truco: que, en virtud de la tolerancia, no se castigue esto o lo otro; pero, apenas se deja de castigar, aquello empieza a ser tratado como si fuera un derecho.

En la visión clásica del principio de tolerancia se dice que los males que son contrarios al bien común, ya sea porque son injusticias, directamente, como es el caso del aborto o cualquier conculcación del derecho a la vida, ya sea porque son faltas a la moralidad pública en otras materias, no directamente de justicia, sino, por ejemplo, de templanza, de pudor, de moralidad sexual, o de valentía, en cualquiera de estos dos casos, la conducta sigue siendo antijurídica, ilegal; se sigue considerando contraria a derecho, pero la autoridad realiza un juicio prudencial, una especie de estimación de las consecuencias de reprimir o de no reprimir, y, según ese juicio prudencial, decide no reprimir. En ese caso se dice que tolera. Por lo tanto, nunca el principio de tolerancia implica que la autoridad comience a aprobar lo que antes desaprobaba. Esto tiene mucha importancia incluso en el caso de que no se reprima y se reprima alternativamente, según las circunstancias. La flexibilidad de la autoridad puede llevar a que, en algunos momentos, decida reprimir, porque las leyes prohíben eso que sigue siendo antijurídico, y, en otros momentos, decida no reprimir, porque, aunque las leyes lo prohíben, aplica la tolerancia. En México pasa muchísimo algo de este estilo con el mercado informal de todo tipo de productos pirateados: discos, ropa, películas, artículos electrónicos, relojes… Hay zonas de la ciudad donde todo el año existe este comercio ilegal tolerado. Pero he visto como, en momentos de crisis extremas, ese comercio ilegal se había expandido por todo el centro de la ciudad. Todo es muy sencillo: cuando hay crisis económica, la autoridad cierra los ojos y la gente empieza con esta actividad ilegal expandida, por todas partes; cuando comienza a recuperarse la actividad económica, la policía vuelve a corretear a los vendedores, y de nuevo todo se restringe a los lugares clásicos. Disminuye entonces la cantidad de gente que compra en esos comercios. La legislación no cambió para nada, en ningún momento; lo único que cambió fue cuánto *apretó las tuercas* la autoridad, tolerando más o menos, en cada caso. La autoridad sabía que si, en un momento de crisis aguda, *apretaba las tuercas*, podía haber una sublevación de toda esa gente desesperada. Por el contrario, pasada la emergencia, cuando esa población ya tiene otras formas de salir adelante económicamente, entonces la autoridad puede *apretar las tuercas* de nuevo y volver las cosas a la normalidad. Eso es la aplicación del principio de tolerancia. Se puede aplicar a cualquier materia, pero, mientras más grave es la cuestión, más difícil es que la autoridad se escude en el principio de tolerancia para no reprimirlo. Se puede aplicar a los homicidios inclusive. La autoridad no aprueba el homicidio, y persigue los homicidios que puede; pero hay muchísimos homicidios que no puede perseguir… y tolera que queden impunes. La autoridad no persigue de la misma manera todos los homicidios que se cometen, ni todos los robos que se cometen; por ejemplo, hay hurtos pequeños que no son perseguidos como los grandes asaltos. Todo eso depende de la prudencia política, de los medios económicos, policiales, humanos, de que la autoridad disponga. Incluso en el caso dramático del tráfico de drogas, sabemos que tampoco se está reprimiendo con toda la fuerza que se podría reprimir, porque la autoridad tiene que ver hasta dónde reprime y hasta dónde deja que las cosas sucedan, tratando de contenerlas dentro de ciertos límites. Eso se llama tolerancia del mal, que nunca puede ser aceptación, aprobación o legalización de esas iniquidades.

Este principio es tan importante porque nosotros vivimos en un mundo imperfecto. El mundo siempre va a ser injusto. La autoridad siempre va a tener que combinar dos movimientos: promover el bien, con medios positivos como la educación, la propaganda, el subsidio de actividades buenas, etc., y reprimir el mal, con medios coactivos directos e indirectos. Y entremedio del promover y el reprimir está el tolerar, no reprimir sin aprobar, muchos males en este mundo cruel y podrido.

Si quisiéramos eliminar todos los males en este «valle de lágrimas», probablemente lo destruiríamos. Si nuestra impaciencia fuera tal que hiciéramos una guerra a muerte, con una *tolerancia cero*, contra todo tipo de defectos o de vicios de los ciudadanos, entonces, probablemente, en lugar de perfeccionar el mundo lo aniquilaríamos; en lugar de cultivar una comunidad más pacífica, mas armónica, produciríamos una comunidad más violenta.

Además, todo el mundo —también el ciudadano honrado, que quiere vivir en paz— se sentiría bajo sospecha, todo el tiempo vigilado, con gran disminución de la espontaneidad social, cuyo extremo de aniquilación —no lo olvidemos— es el totalitarismo. La espontaneidad social siempre nos deja un cierto margen para que hagamos algunas cosas que no están bien, de las cuales nos arrepentimos; no se justifican, pero sería absurdo que bajara un juez o un policía a darnos un par de cachetadas cada vez que incurrimos en ellas.

12. DERECHO, ECONOMÍA, ÉTICA Y RELIGIÓN

Este capítulo, que concluye nuestro intento de introducirnos en asuntos elementales de la filosofía política, tratará sobre dos temas: cómo se relacionan distintos ámbitos de la sociedad, que algunos llaman *subsistemas sociales*, y cuál es la correcta relación entre la Iglesia y el Estado. Los dos están conectados entre sí, en la medida en que podemos ampliar el tema Iglesia-Estado al de los subsistemas religión-política. Lo que sigue, por cierto, no pretende repetir las explicaciones propias de la sociología y de otras ciencias sociales, sino que es una reflexión para ayudar a comprender algunas verdades sobre estos ámbitos de la vida humana.

Vamos a considerar primero la idea de *subsistemas*. Si tomamos la «comunidad política completa», nos damos cuenta de que hay distintos ámbitos de la vida social, en los que se establecen relaciones entre las personas, relaciones que dan origen a esferas de la existencia más o menos diferenciadas; pero no están totalmente separadas entre sí, sino siempre conectadas de diversas formas, de modo que no puede funcionar una de ellas sin las otras. La economía, el derecho, la política, la ética, la religión…, son todos ámbitos de la sociedad y de la cultura.

Empecemos por algo muy básico: cómo nace la economía. La economía como subsistema social surge porque los seres humanos somos animales sociales y tenemos una voluntad que tiende a apropiarse de las cosas, para satisfacer las necesidades básicas, primero, y para ir luego más allá de una mera satisfacción elemental, animal, hacia la satisfacción de deseos potencialmente ilimitados (por eso es políticamente necesaria la templanza). El vivir juntos, en estrecha cercanía, y el querer apropiarse de las cosas —desde la tierra hasta los frutos silvestres—, eso genera el problema de la escasez. Tenemos *pocas* cosas, pero no porque sean *intrínsecamente pocas*. No existe lo «intrínsecamente poco»: todo es relativo a la cantidad de gente en coexistencia. En efecto, viviendo todos juntos, los bienes presentes tienen que ser repartidos entre quienes formamos parte de esta sociedad. ¿Cuándo o respecto de qué no hay problema económico? Cuando alguno de esos bienes es apropiable ilimitadamente por todos y por cualquiera. Por ejemplo, si vivimos en una tierra fértil, llena de árboles que producen sus frutos espontáneamente, y hay frutos por todas partes, se caen de los árboles, se pudren, aunque vivamos muchas personas juntas en ese lugar, no va a ser un problema económico el de esos frutos, los que sean. Aquí el que quiere toma sus frutos, se los come y se acabó. Va a comenzar a ser un problema económico cuando haya que hacer algo para aprovechar esos frutos; por ejemplo, cosecharlos y guardarlos para consumo futuro (cosa que ya supone la previsión de una relativa escasez). Eso va a hacer que sea más conveniente que algunos cosechen los frutos y otros siembren el trigo, cacen, pesquen, se ocupen de otros menesteres. Entonces los que cosechan esos frutos van a intercambiar con los que produzcan el trigo. Puede que sobren frutos; pero, si sale más eficiente que alguien los coseche, va a haber un problema económico de escasez de frutos; porque, en efecto, no todos los tendrán ilimitadamente disponibles al alcance de su mano.

Antes había dos bienes totalmente básicos y que no tenían ningún significado económico: el aire y el agua. Simplemente las comunidades se asentaban en lugares donde había agua, y en todas partes había suficiente aire. El problema económico comienza cuando es tal la cantidad de gente en el mismo lugar que el agua es parte de los bienes escasos. Entonces hay que establecer alguna forma de apropiarse el agua, distribuir el agua, satisfacer las necesidades de agua con un recurso que se ha vuelto escaso. Con el aire ha comenzado a suceder lo mismo. Esto es curioso, porque se supone que no tenemos que comprar el aire, y, por tanto, todavía no es un recurso escaso (aparentemente); pero, cuando hay ciudades que están contaminadas, surgen diferencias económicas que, en el fondo, tienen que ver con cómo conseguimos aire puro. Por ejemplo, hay un mercado de aparatos *purificadores de aire*, que se instalan en los edificios o en las casas. El aire todos lo respiramos gratis, sí; pero hay derechos para contaminar el aire, que se tranzan, o se pone precio al acto de contaminar el aire… El aire puro se ha convertido en un bien escaso.

De manera que lo que hace surgir la economía es el simple hecho de que nosotros necesitamos bienes materiales, tendemos a apropiarnos de ellos y, por vivir juntos, surge la escasez de esos bienes y la necesidad de distribuirlos o de asignarlos. Cuando ya se desarrolla la sociedad, aunque no sea demasiado compleja, empieza a producirse la división del trabajo. Hasta en una tribu muy pequeña hay una cierta especialización, porque hay una especialización de las actividades humanas que está radicada en la biología, que es la especialización entre varón y mujer. Ya por el solo hecho de haber diferencia entre varón y mujer y de haber matrimonio, se introduce una especialización en el trabajo dentro de la familia. Hay actividades o labores para las cuales deberá tener especial dedicación la mujer, y hay otras para las cuales deberá tener especial dedicación el hombre. Mientras más primitiva es una sociedad o una cultura, por ejemplo, se va a ver que en las cosas y las actividades que están más cercanas al tener y criar a los hijos va a estar más involucrada la mujer, y en aquellas que están más cercanas al uso de la fuerza física van a estar más involucrados los hombres. Algún tipo de división del trabajo, aun cuando sea mínima, hay incluso al interior de la familia, con mayor razón cuando después se descubre que algunas personas dentro de una comunidad más compleja van a ser más eficientes haciendo zapatos, otras cultivando las tierras, otras como guerreros, otras como educadores, otras como gobernantes, y así la división del trabajo introduce un elemento esencial en la economía, que es que algunos miembros de la comunidad van a producir ciertos bienes y otros miembros van a especializarse en otros bienes, y hay que intercambiarlos.

Después surgió, para facilitar esos intercambios más allá de una economía sencilla de trueque, la moneda. La moneda es un símbolo abstracto del valor que se le asigna a las cosas. Se puede usar, entonces, como medio de intercambio. Se trata de una realidad intelectual, abstracta, que facilita la economía porque los modos de intercambiar bienes ya no se reducen al trueque, sino que basta con usar un símbolo. Este símbolo significa un *crédito*: yo te doy esta moneda a cambio del pan que me vendes y esta moneda te garantiza —en condiciones normales— que otra persona la reciba como medio para pagar lo que ella te vende, cuando sea valorado de modo equivalente. Te doy un gramo de oro o te doy una moneda de oro, y, a cambio, tú me das alguna cosa valorada por ese monto. Pero el dinero es un crédito porque uno recibe ese gramo de oro, esa moneda o incluso dinero de papel, porque confía —da crédito— en que seguirá cumpliendo esa misma función de mover la voluntad de otros a vender o intercambiar sus cosas a cambio de ese dinero. Tú vas a poder conseguir otras cosas, que se consideren equivalentes a una moneda de oro en el momento en que tú la gastes.

En fin, así comienza a surgir la economía, de la forma más elemental posible: convivencia, asignación de bienes escasos, especialización de la producción de bienes, intercambios mediante trueque, invención de la moneda...

Marx pensaba que la economía y las relaciones económicas constituían la base de toda organización social, de tal manera que, si se cambiaba algo en el orden económico, eso iba a producir, como de rebote, un cambio en el derecho, la política, la moral, la religión, etc... Las cosas son más complicadas en realidad. En efecto, para que haya economía tiene que haber antes apropiación de cosas, no solo para consumirlas, sino también para tenerlas, para usarlas y para intercambiarlas, y eso muestra que el derecho —el segundo subsistema que vamos a tratar— está presupuesto en la economía. El que cada uno tenga lo suyo es un *presupuesto* de la economía: la asignación de bienes escasos y deseados por muchos. Y es esto mismo, que cada uno tiene lo suyo, es un presupuesto de las relaciones de justicia, que son la esencia del derecho. Por ejemplo, si yo cultivo la tierra y produzco trigo, va a ser *mi trigo*. Por cierto, la separación o la distinción de propiedad sobre la tierra y propiedad sobre el trabajo (*i.e.*, el germen del capitalismo) introduce la complejidad en la idea aparentemente simple de que el trigo que yo produzco es *mi* trigo. Eso depende también de si la tierra es mía o no y de cuáles son las *reglas justas* sobre la relación entre quien aporta la tierra y quien aporta el trabajo. Si soy un siervo o esclavo, mi trabajo no vale nada para mí y todo para mi amo; y para saber de quién es la tierra, hay formas de adquirir la tierra, que son respetadas por todos, o que la autoridad impone... En definitiva, el derecho es necesario para que exista la economía. No basta con que haya escasez; es necesario que haya apropiación. El hecho de que haya apropiación hace surgir el *título* de cada persona respecto de las cosas: la causa de que sean atribuidas a cada uno. El respeto de esos títulos es lo que se llama la justicia: dar a cada uno lo suyo. Las reglas de la justicia son las reglas del derecho. Por eso, existe derecho incluso en comunidades en las que no hay un órgano legislativo central, sino solo la costumbre, practicada por todos, o una autoridad simple, como los jefes de la tribu, que dan órdenes muy básicas acerca de lo que hay que hacer. En esos contextos culturales primitivos o simples, hay una costumbre inmemorial acerca de cómo se apropian las cosas, cómo se comparten, cómo se distribuyen, etc.

Entonces, en la economía está el germen del derecho como su presupuesto más elemental; pero también el derecho es necesario después para la organización de la economía, en una especie de círculo virtuoso. Nosotros estamos acostumbrados, en la cultura occidental desarrollada, a identificar el derecho con las leyes. Esto es algo muy nuevo. Los romanos son los que convirtieron el derecho en un arte[145], que es la base del derecho actual en todo el mundo. No fueron ellos los primeros en tener leyes, naturalmente; pero sí en articular el arte del derecho, el *ars boni et aequi*[146], que permite conocer y dar a cada uno lo suyo. Los romanos eran conscientes de que lo que constituía el *derecho* —en latín: el *ius*, de donde viene «*iustitia*», la justicia— es lo suyo de cada uno, lo cual no era determinado por las leyes, sino de manera prudente en cada caso, incluso por juristas privados. Con el tiempo, al irse acumulando decisiones prudenciales acerca del derecho, fueron surgiendo las reglas del derecho, y esas reglas fueron recopiladas y finalmente se convierten en leyes. En la era moderna, donde surgen estos Estados con sistemas legislativos centralizados, entonces empieza cada vez a haber más leyes y menos costumbres jurídicas, hasta que llega un momento en que la gente prácticamente no se da cuenta de que también ahora vivimos conforme a costumbres jurídicas, porque la mayoría de las costumbres jurídicas

---

[145] *Cf.* Michel Villey, *Compendio de filosofía del derecho* I y II (Pamplona, Eunsa, 1979 y 1981).

[146] *Cf. Digesto* 1, 1, 1. Como ya hemos dicho, Ulpiano toma esta definición de Celso. *Vid.* Javier Hervada, *Lecciones propedéuticas de Filosofía del Derecho*, págs. 74 y 106-108.

se basan en algunas leyes que se han dictado. Estamos en tal nivel de complejidad del sistema jurídico que la mayor parte de la gente ha perdido de vista que no es la ley lo que crea el derecho, sino que es a partir del derecho, que existe como costumbre, que se van creando las leyes. Por eso, hacer leyes contrarias a las costumbres es muy difícil; normalmente termina siendo papel mojado.

La economía necesita el derecho y el derecho implica relación de justicia entre las personas. Esto conecta el derecho con ese otro ámbito o subsistema social, que es el de la política. La política como arte consiste en ordenar a los ciudadanos hacia el bien común, es decir, es el arte del buen gobierno y, sobre todo, de la legislación. Actualmente se concibe la política sobre todo como el arte de acceder al poder y de retener el poder, de aumentarlo incluso, que es la visión maquiavélica de la política; pero eso no es más que un capítulo del verdadero arte de la política, que es el arte del buen gobierno, y el arte del buen gobierno implica que la autoridad concentra de manera importante —en el Estado moderno, de manera casi total— el uso legítimo de la fuerza. Ese uso legítimo de la fuerza —que, por ser conforme a la naturaleza racional, no conviene llamar «violencia»— es necesario para imponer el derecho y para proteger, por tanto, las rectas relaciones de justicia contra quienes las violan. Las relaciones de justicia —el derecho— abarcan mucho más que los bienes materiales y, por ende, mucho más que la cuestión económica. Sin embargo, como la economía se basa en el derecho, la recta política también es necesaria para defender o promover una recta economía. La solución de problema económico es una parte importante del bien común, de modo que la política tiene, como una de sus funciones, proteger los presupuestos del sistema económico. Mas de esto no se sigue que la política se ordene a la economía como a su fin, sino solo que la política debe preservar la economía como instrumento para el fin más comprehensivo de la política: el bien común.

El gobernante debe hacer dos cosas: coordinar a los ciudadanos que quieren hacer el bien y reprimir a los ciudadanos que no están dispuestos a hacer el bien y que cometen injusticias. Son dos funciones fundamentales de la ley y, por tanto, dos funciones fundamentales también de la política. Sin derecho no hay economía, pero sin política no hay derecho, porque, si no pudiera ejercerse la fuerza del gobierno para proteger los derechos de todos, entonces no tendría sentido vivir en comunidad; la comunidad quedaría entregada en manos de los malhechores. De hecho, la tentación fundamental que surge cuando la autoridad desiste de detener a los malhechores —o es incapaz de hacerlo— es la de retornar a la autotutela o a la venganza privada; es decir, cada uno se arma hasta los dientes para proteger su derecho, porque la política ha dejado de funcionar. Si no funciona la política, el derecho también entra en crisis, y tenemos que defendernos.

Ahora bien, la política, si es una actividad de gobierno dirigida hacia el bien común, puede obtener la obediencia de los ciudadanos a condición de que ellos mismos, en general, adviertan la conveniencia para todos de someterse a ese gobierno. Por eso, hasta los tiranos tienen que tratar de aparecer como buenos. Platón, cuando describe en la *República* a los tiranos, nos habla de un hombre que es popular y que abraza y besa a los niños y que es aclamado por todos hasta que accede al poder; pero, cuando tiene el poder, se va haciendo cada vez más injusto. Aristóteles observa, en la *Política*, que, aunque un tirano extremo podría ser muy malo, la iniquidad extrema tiene el peligro de que mucha gente le niegue, finalmente, el mínimo de obediencia. Por tanto, muchas veces los tiranos se ven obligados a hacer concesiones de respeto a los derechos del pueblo. En verdad lo tienen sometido, pero hacer sentir demasiado fuerte su abuso de poder podría provocar la rebelión popular. Entonces, el buen tirano —*i.e.*, en cuanto tirano: moralmente malo, pero políticamente hábil— va haciendo concesiones al pueblo para poder controlarlo.

La política, entonces, para obtener la obediencia de la mayoría de los ciudadanos —ojalá de casi todos— y justificar el castigo de los que no obedecen, necesita apelar a criterios que son suprapolíticos; es decir, requiere de un reconocimiento generalizado que no se sustenta en el mero hecho del poder de mando, por muy coactivo que sea. Ahí es donde surge la ética, que es el discernimiento racional, por convicción, de qué es lo bueno y qué es lo malo, qué es lo justo y lo injusto. No se puede tener una política de largo plazo basada solo en la fuerza. Puede haber una situación puntual en la que intervenga la fuerza. En un momento de anarquía o de grave abuso del poder, el mismo sentido ético colectivo o la desesperación ante el mal —o las dos cosas— pueden propiciar que venga alguien y ejerza la fuerza; que dé un golpe de Estado y establezca una dictadura. Esto puede ser necesario, sin duda, como demuestra la historia; pero no se puede gobernar perpetuamente sobre la base de golpes de fuerza.

¿Qué es lo que necesita el político? Que todos los miembros de la comunidad perciban su régimen como justificado… de acuerdo con un sentir que trasciende a la política. Por eso la política no se sostiene a sí misma, sino que tiene que apelar a principios morales. Por eso los regímenes totalitarios tienen que inventar toda una ideología que sustituya a los patrones morales clásicos o que sustituya incluso a la religión, para dotar al régimen de una base de adhesión ética y aun pseudorreligiosa. En verdad, la ética puramente racional generalmente no despierta una adhesión tan profunda y, a la vez, sensible, como la que procede de la convicción religiosa. Por eso, las ideologías, más que falsificar la verdad moral, que ciertamente lo hacen, se construyen como auténticas religiones secularizadas, como hemos visto. Esta realidad, la insuficiencia de la ética puramente racional, nos lleva al último subsistema, que es la religión.

Nótese que todas las culturas tienen religión. En todas ellas hay una adhesión colectiva a una cosmovisión religiosa, o bien a un conjunto de ellas, en el caso de culturas complejas o de grandes extensiones imperiales, que abarcan muchas culturas, como sucedió con el Imperio Romano. El pueblo tiene su religión, esa realidad cultural de ritos, creencias, símbolos, normas de conducta, etc., que intenta vincular al pueblo colectivamente con lo divino. Además, hay un grupo de personas que se especializan en la actividad de culto, la que propiamente procura vincular a toda la sociedad con la divinidad, como quiera que la entiendan. Pueden ser médicos brujos, chamanes, sacerdotes, lo que uno quiera; pero van a cumplir esa función, porque el ser humano es por naturaleza un animal religioso. Si por naturaleza somos animales sociales, así también todos, tanto individualmente como unidos, tratamos de buscar una respuesta a las interrogantes últimas: ¿Qué pasa después de la muerte? ¿Cuál es nuestro origen y nuestro destino? ¿Cuánto dependemos, también para nuestro bien terreno, de un poder más alto…? ¿Cómo debemos relacionarnos con lo divino, si es posible? Tal es el problema de la divinidad, al que algunas culturas dan una respuesta cuando descubren, con una razón muy purificada, que hay un Dios espiritual, que es uno solo y que ha creado el universo. Esto no ha sido lo mayoritario en la historia de la humanidad; pero es así en el caso de las religiones monoteístas, como el judaísmo, el cristianismo, el islam, etc., y fue así también en el caso de pueblos muy primitivos, cuyo monoteísmo originario no se había disuelto en mitos politeístas. En Chile, por ejemplo, los Onas o Selknam eran monoteístas (aunque aparte de Dios había seres mitológicos), algo que sorprendió a los primeros evangelizadores católicos. Los Onas pensaban que había un solo Dios, que era espiritual, que no era ni hombre ni mujer, que tenía todas las perfecciones, y que era como el origen de todo lo que existe. También sorprendió a los evangelizadores que los Onas eran monógamos. En realidad, no es que los pueblos primitivos hayan sido originalmente ateos o politeístas y que después, como por un gran progreso, se pasó del politeísmo al monoteísmo, sino que, según parece más probable, hubo un momento originario de monoteísmo. El descubrimiento de los Onas es notable porque muestra que algunos pueblos primitivos mantuvieron esta idea del Dios único. Los otros incurrieron en idolatría, en politeísmo, en pensar que eran dioses determinados astros y cosas por el estilo, según distintas mitologías. Solamente después, el pueblo judío, por revelación, no por propio descubrimiento racional —los judíos tenían más bien la tentación de ser como los demás pueblos: politeístas—, sino por una intervención de Dios en la historia, se convierte en el Pueblo de Dios, del Dios único. Después la continuación del judaísmo es el cristianismo. En las otras culturas solamente hombres muy sabios arriban a la idea de un solo Dios espiritual: Platón, Aristóteles, aparentemente Anaxágoras... Sea como fuere, si hacemos abstracción del hecho sobrenatural, podemos ver que en todas las sociedades humanas existe la religión como un elemento de la cultura. En realidad, es un elemento básico de la cultura, que termina dándole sentido a la vida económica, a los arreglos jurídicos, a la política, incluso la ética, porque la religión interpreta las exigencias de justicia como *leyes de los dioses* y proporciona motivaciones adicionales para obedecer o seguir los principios morales.

Esto es así hasta el día de hoy. Muchas personas tienen más motivación para obedecer los principios morales que forman parte de su religión, que es una cosmovisión más completa que una simple moral. Algunos se quedan con la ética solamente y dejan de tener religión. La religión, aunque surge como una parte de la ética y de la metafísica, porque es fruto de la búsqueda personal y colectiva del sentido último de la existencia y de cuál es el bien que debemos hacer, también es, por otra parte, un fundamento de la ética. En efecto, el sacerdote, el chamán, la casta sacerdotal, etc., también dicen qué es lo bueno y qué es lo malo, como parte de su función mediadora con la divinidad, como parte de la religión, porque la ley moral (ley natural) es percibida por la conciencia moral como una suerte de absoluto y, por ende, como ley divina.

Toda religión tiene como tres componentes necesarias: unas creencias —una mitología propia, una narración, unas verdades reveladas—; un culto o actividad pública para adorar y manifestar la sumisión a los dioses o a la divinidad y tratar de hacerla propicia: obtener los beneficios que se esperan conseguir porque se tiene la convicción de que hay una dependencia de la criatura respecto del Creador, y, en tercer lugar, una moral. Entonces en cierto sentido la ética es anterior a la religión porque, si alguien no tuviera principios morales, no tendría ninguna razón para tener religión tampoco. De ahí que puede haber personas y enteros grupos sociales con un sentido ético, aunque incompleto, que sean ateos. En otro sentido, no obstante, la religión *retroalimenta* a la ética, porque la misma religión incluye una interpretación acerca de cuáles son los contenidos verdaderos de la moral. Eso se inculca en la cultura a través de la enseñanza, del culto, etc. Así sucede en la religión natural, pero también en la religión judía y en la cristiana.

Todos estos elementos de la comunidad humana (*i.e.*, economía, derecho, política, ética, religión) están íntimamente vinculados y no constituyen subsistemas separados, cada uno funcionando por su cuenta, aunque la sociología moderna tiene a abordarlos como sistemas sociales autónomos. Tampoco cabe simplificar las cosas admitiendo, como pensaba Marx, una estructura económica, que es lo único real, y las posteriores superestructuras, que, como la religión y la moral, no son más que epifenómenos de la estructura económica.

En realidad, son realidades que se implican mutuamente. Sugiero a los lectores, especialmente si viven en un ambiente muy economicista —liberal o marxista—, que, cuando se encuentren con una realidad económica, escudriñen a ver si acaso no hay algo jurídico implícito: lo encontrarán. Verán los derechos de propiedad, las formas jurídicas de garantizar el cumplimiento de las obligaciones y un largo etcétera. Cuando se encuentren con un problema que parezca ser *meramente* jurídico, vean sus implicancias económicas; pero también que hay un elemento político, porque está la autoridad detrás, respaldando la solución legal al problema mediante la coacción, mediante leyes, mediante el gobierno... Cuando reflexionen sobre realidades políticas, sobre los debates y los desacuerdos políticos, especialmente si son muy apasionados, verán que el punto fundamental es, en verdad, ético, es decir, tiene que ver con los ideales de justicia que subyacen a la controversia aparentemente política. En fin, cuando piensen en cuestiones que se suelen llamar morales o valorativas (o, en Chile, no sé por qué, «valóricas»), piensen si no cambian las posiciones de las personas según la cosmovisión que han asumido y, por tanto, también según su religión o el Absoluto que la haya sustituido (*e.g.*, una ideología).

Como todas esas esferas de la vida —subsistemas sociales, si ustedes quieren— están conectadas y se retroalimentan unas a otras, lo ya dicho puede servir ya para enfocar el segundo tema de este capítulo, que es la forma más clásica de plantear el asunto: ¿cómo se relacionan la Iglesia y el Estado? Ese planteamiento se da en el contexto de la cultura cristiana. Aquí es donde más arraiga la Iglesia católica, que propone e instaura una forma de dualismo espiritual-temporal.

Antes sucedía que solamente había dos tipos de sistemas, los dos *monistas*. Podía haber una teocracia, en que la autoridad religiosa, por ser representante de la divinidad, tenía el control del poder político. Tal fue el caso del pueblo de Israel en su primera etapa, con Moisés e incluso con los Jueces. Tal es el caso, aun hoy, de los regímenes islámicos cuando se instauran, al menos al inicio; por ejemplo, en Irán después de la revolución de 1979 que instauró la república islámica. La otra posibilidad era lo que se ha llamado después *cesaropapismo*, por alusión al César y al Papa; es decir, que, en realidad, el poder político por ser el poder supremo en la comunidad terrena se constituye además en un poder religioso y controla la religión, como si fuera un ministerio más, según la idea de Eric Vögelin. El emperador era un ser divino y el Senado podía declarar dioses, de modo que evidentemente la religión servía como mecanismo de control político, de manera semejante como sucede hoy con las ideologías oficiales de los Estados supuestamente *laicos*.

La Iglesia introduce una novedad, que está más o menos implícita en el pueblo hebreo a partir del inicio de la monarquía. Cuando el pueblo pide tener un rey como los que tienen los demás pueblos, Dios les otorga un rey, Saúl, ungido por el profeta Samuel, último de los jueces. Entonces comienza a haber, en realidad, una *dualidad*. El rey sigue teniendo alguna función sacerdotal y religiosa; pero el pueblo tiene sacerdotes y profetas distintos del rey. Por tanto, hay una cierta dualidad de autoridades, aunque sea un pueblo esencialmente religioso: el Pueblo de Dios.

Con la Iglesia, fundada por Jesucristo y subsistente hasta la actualidad en la Iglesia católica debido a su continuidad histórica (sin perjuicio del valor de otras iglesias cristianas), esa dualidad se hace completa, porque Cristo estableció este principio esencial: «Den al César lo que es del César, y a Dios, lo que es de Dios» (*Mateo* 22, 21). Este mandato de Cristo distingue las esferas de lo temporal (lo que es del César) y de lo espiritual (lo que es de Dios); pero, puesto que Dios es el Creador y Señor también del César, si el gobierno político va *contra Dios*, contra la ley divina, en ese caso «hay que obedecer a Dios antes que a los hombres» (*Hechos* 5, 29). Con esos dos principios, más la realidad de la Iglesia como una institución pública, y no como una asociación privada de ciudadanos que se reúnen para hacer algo de beneficencia o para cultivar preferencias privadas, ya en la Antigüedad las autoridades eclesiásticas empezaron a tener una función pública *vis a vis* el gobernador local o el emperador. A partir de ahí se desarrollaron las diversas formas de relaciones Iglesia/Estado o Iglesia/Imperio o Iglesia/Reino, siempre con un intento de articular, sin anular, el dualismo entre lo espiritual y lo temporal.

Al mencionar realidades del orden temporal (i.e., políticas antes que religiosas o eclesiásticas), hemos mencionado el Estado, el Imperio, el Reino... podría ser la ciudad, la tribu, el clan. Nosotros hablaremos de la *comunidad política completa*, en un sentido más genérico, independiente de la forma histórica —más primitiva o más compleja— que haya adoptado su organización política. La teología clásica de las relaciones Iglesia-Estado elaboró el concepto de *sociedad perfecta* para referirse a una agrupación humana suprema en su propio orden y dotada de los medios necesarios para alcanzar su propio bien común, incluso si esos medios incluyen la actividad de buscar ayudas y complementos en sociedades externas, por ejemplo, mediante el comercio y las relaciones internacionales. La expresión no significaba que la sociedad perfecta fuera perfecta en el sentido de carente de defectos o que no pudiera albergar corrupción, tiranía o mal gobierno. En este sentido, el Estado (o, en otras épocas, un reino o una ciudad autónoma) constituye la *sociedad perfecta* en su ámbito, es decir, en el orden temporal o de la organización de la convivencia en esta vida terrena, porque cuenta con todos los medios necesarios para alcanzar el bien común temporal: territorio propio, autonomía, poder de mando, orden jurídico, economía o cierta suficiencia de bienes, capacidad coactiva o de uso de la fuerza para respaldar su acción interna y externa (*v.gr.*, ejército). En un sentido análogo, la Iglesia constituye la *sociedad perfecta* en su propio ámbito, es decir, en el orden espiritual o de la organización de su vida en este mundo para realizar sus fines ultramundanos, porque cuenta con todos los medios necesarios para alcanzar su fin propio, que es el fin sobrenatural, o sea, la salvación eterna de las almas: la gracia, el culto con la liturgia y los sacramentos, la doctrina sobre fe y moral, la autoridad sobrenatural otorgada por Cristo al fundar la Iglesia, la organización básica de *iure divino* (de derecho divino) con el Papa, los Obispos, los sacerdotes y los fieles laicos, y el derecho al uso de bienes temporales al servicio de su misión. Las personas pertenecen, en general, en una sociedad cristiana, a las dos sociedades; también pueden ser miembros de más de una comunidad política (*v.gr.*, doble nacionalidad) o dividirse entre diversas comunidades religiosas cuando existe esa división o pluralidad interna en la sociedad. Habrá católicos, protestantes, ortodoxos, musulmanes, judíos, mormones, etc., etc.

En cualquier caso, debido a la interacción entre religión y política, a la que ya nos hemos referido, se va a plantear la cuestión de cómo relacionar adecuadamente a las comunidades o sociedades perfectas en las que se encarnan o concretan esos dos aspectos de la vida social: la política y la religión, cada uno con sus autoridades propias.

Vamos a simplificar un poco la cuestión, hablando solo de la Iglesia católica y del Estado. El lector sabrá ver cómo algo de esto puede ser aplicado a las confesiones religiosas no católicas. Si tanto el Estado como la Iglesia reclaman autoridad sobre las mismas personas, a veces sobre las mismas cuestiones como, por ejemplo, el matrimonio y la educación, las relaciones pueden ser armoniosas o conflictivas. Desde luego, entre estas dos comunidades completas perfectas en su ámbito tiene que haber algún tipo de relación. Según el ideal laicista, la relación es sencilla: toda religión organizada es una forma de ejercicio de la libertad de asociación y se concreta en constituir grupos intermedios entre el Estado y el individuo; es decir, no son sociedades perfectas, sino sociedades imperfectas que buscan fines subordinados a los que persigue el Estado. En cambio, el ideal en la doctrina de la Iglesia católica es que se establezca una relación de armonía entre sociedades supremas en su propio orden. Ha de haber armonía como la hay entre el cuerpo (comunidad política) y el alma que lo vivifica (Iglesia), independientemente de cómo se concrete jurídicamente.

Ha habido una época histórica en que esa armonía se ha concretado mediante regímenes jurídicos de unión formal entre la Iglesia y el Estado, que tuvieron ventajas tanto para la Iglesia como para el Estado; pero también hubo desventajas. Por ejemplo, el nivel de injerencia de la autoridad eclesiástica en cuestiones meramente políticas (*clericalismo*) y, al revés, de la autoridad política en cuestiones eclesiásticas (*regalismo*, patronato regio más o menos controlador; *galicanismo*, *josefinismo* y así sucesivamente) fue fuente de confusiones y de daños para las dos sociedades «perfectas».

Dos ejemplos famosos de errores eclesiásticos debidos a la injerencia política son la supresión de los Caballeros Templarios y la casi total supresión de la Compañía de Jesús. En los dos casos, hubo presiones políticas sobre el Papa. Sin embargo, paradójicamente, el mismo sistema de control político sobre la religión permitió que los jesuitas subsistieran y tuvieran continuidad histórica, porque Catalina la Grande de Rusia no permitió que la bula pontificia fuera ejecutada en sus territorios, adonde había recibido a los jesuitas para que le dieran buena educación a la aristocracia. Cuando el Papa restauró la orden, en 1814, contaban con una continuidad histórica en una cierta parte de la cristiandad.

Otro caso de intervención de la autoridad política en la Iglesia fue cuando el Emperador de Austria vetó —por intermedio de uno de los cardenales en el cónclave— la elección del Papa, en 1903, ejerciendo su derecho a veto, jurídicamente reconocido por la Iglesia. Finalmente se eligió a san Pío X (el demonio salió engañado gracias a los poderes de este mundo). En cierto sentido, fue la astucia de la Providencia Divina, porque san Pío X, que nunca habría sido elegido si no se hubiera vetado al Cardenal Rampolla, fue un gran Papa. Además, después de asumir como Romano Pontífice, derogó esa prerrogativa del veto, que tenían algunos soberanos temporales por razones históricas. Así la Iglesia se ha ido independizando de los poderes que el Estado tenía sobre ella en regímenes de unión Iglesia-Estado.

En fin, el régimen de unión Iglesia-Estado fue favorecido por la Iglesia. Sirvió para concretar los principios inderogables de la armonía que debe existir entre los dos poderes y de que la sociedad civil debe reconocer a la única religión verdadera. La unidad y armonía entre las dos potestades se conseguía al precio de algunos inconvenientes. A nivel de principios, no obstante, la Iglesia católica sigue defendiendo lo mismo: estas dos sociedades deben relacionarse armónicamente; cada una de ellas es independiente en su propio ámbito; hay una serie de cuestiones en las que las dos tienen interés y que deberían resolverse de mutuo acuerdo, conocidas como las *cuestiones mixtas*: ni puramente políticas o técnicas ni puramente religiosas o eclesiásticas.

Además, como la Iglesia es una institución pública, reclama para sí el derecho a ejercer su ministerio de forma pública en todas partes, no como una cuestión meramente privada de los ciudadanos organizados para fines religiosos compartidos. La Iglesia católica posee además una unidad de orden internacional. De hecho, es la institución, la persona pública de orden internacional, más antigua que existe. No hay ninguna otra que tenga continuidad como unidad política y de régimen desde el siglo I hasta ahora, más que la Iglesia católica a través del Pontificado Romano. Por eso, la Iglesia católica cumple una función también pública a nivel internacional y tiene relaciones diplomáticas con muchos Estados, incluso con los que no son de mayoría católica. Con muchos de ellos ha suscrito acuerdos internacionales, tradicionalmente llamados *concordatos*, pero que también reciben otras denominaciones en la actualidad. Todo esto lo hace la Iglesia no porque le interese una finalidad temporal, sino porque quiere que lo temporal esté al servicio de la finalidad sobrenatural; es decir, que las estructuras políticas, jurídicas y económicas, así como las actuaciones de los poderes públicos, faciliten una vida justa y pacífica a todos los ciudadanos y, de esa manera, la práctica de las virtudes cristianas y de la caridad, que es el único camino para ir al Cielo.

Los Estados, por su parte, buscan estas relaciones adecuadas con la Iglesia no porque ellos tengan una finalidad religiosa o sobrenatural directamente, porque en este terreno solo tienen una competencia indirecta; es decir, no para regular o dirigir los actos religiosos (en esto, son incompetentes), pero sí para ordenar los aspectos terrenos que pueden servir de apoyo a la actividad religiosa, como el orden público externo, los aspectos civiles del matrimonio y de la educación, impedir el abuso de la libertad religiosa contra el orden público, etc. Además, un gobernante sabio —católico o no— quiere esas relaciones Iglesia-Estado bien reguladas porque la armonía con la comunidad religiosa (y entre comunidades religiosas, allí donde hay pluralidad) también es un bien de suma relevancia para el bien común temporal.

Sobre este tema, hay discusiones de mucho detalle en la actualidad, especialmente relacionadas con el resurgir del *integralismo* o del integrismo, en el sentido de la exigencia de que el poder temporal reconozca a la Iglesia católica como la religión verdadera y se ajuste a sus exigencias éticas y espirituales. Se trata de una utopía, de momento, pero la discusión doctrinal es importante porque orienta hacia dónde debe ir una política informada por los criterios correctos según la doctrina de la Iglesia[147].

---

[147] Vid. una defensa reciente del *integralismo*: Thomas Crean y Alan Fimister, *Integralism. A Manual of Political Philosophy* (Neunkirchen-Seelscheid, Editiones Scholasticae, 2020).

EPÍLOGO

Ofrecí las conferencias o seminarios, en los que este libro se basa, algunos años antes de que la contingencia política en Chile, violenta y revolucionaria, hiciera perder la cabeza a la mayoría de los líderes políticos y a sus intelectuales de apoyo. Abrigo ahora la esperanza de que estas reflexiones, que no pasan de ser una introducción a la filosofía política clásica, sirvan a los ciudadanos de mi patria y ojalá también a los atribulados hermanos nuestros de otros lugares, donde se ha instalado una ideología totalitaria en el gobierno (Cuba, Venezuela, Colombia, Nicaragua, aparte de Chile); que les sean útiles, cuando menos, para resistir los sofismas fáciles y también, así lo pido a Dios, para comprometerse activamente con el bien común nacional e internacional.

Todavía no encuentro una obra que sea el tratado ideal de filosofía política, con el adecuado equilibrio entre la exposición sistemática de las grandes ideas y problemas y las referencias necesarias de la historia del pensamiento político. Aquí he intentado presentar solo unos pocos elementos del conocimiento de la política y de sus fundamentos racionales. Soy consciente de que cierto escepticismo extendido —raíz del nihilismo posterior— puede descartar como ingenuo el intento de seguir proponiendo una concepción de la política no solo como arte del poder y del gobierno, sino como *praxis* o acción moral ordenadora de la comunidad hacia el bien común. También es audaz el recurso a las virtudes —sobre todo a la prudencia y a la justicia— como clave de comprensión y no solo de orientación de la política, una comprensión que la modernidad ha procurado, por el contrario, hacer amoral o no valorativa.

He procurado mostrar también que la política está al servicio del bien común —su fin específico— y de la dignidad de la persona humana —su protagonista, también un fin en sí mismo—, y que se trata, en definitiva, de un único y mismo fin. La concepción clásica de la libertad y la igualdad políticas, como presupuestos del bien común y, por tanto, ordenadas según criterios objetivos del bien (*i.e.*, la ley natural), también contrasta con las grandes ideologías aparentemente opuestas: el liberalismo, que ensalza una libertad desnortada en muchos aspectos, también frecuentemente con daño de la justa igualdad entre los ciudadanos; y el igualitarismo —el socialismo en sus diversas formas—, que aplasta las libertades justas en aras de una igualación hacia abajo, sin méritos y con habitual envidia y resentimiento por los éxitos y los bienes ajenos.

El estudio del poder, las formas de gobierno —incluyendo las dos formas más problemáticas en la modernidad: la democracia y los totalitarismos— y la tolerancia del mal por parte de la autoridad ha procurado arrojar luces sobre otros elementos permanentes de la realidad política.

Pienso que, con este punto de partida, el lector puede explorar posteriormente tantos buenos libros, más complejos, sobre los grandes temas de la política, algunos de ellos mencionados en las notas. Con todo, lo que más querría es que asimilara la mirada realista clásica de la república y de la acción ciudadana —una visión metafísica, cristiana y ojalá también *tomista*—, con el fin práctico de que ejercitara sus derechos en cumplimiento de sus propias responsabilidades cívicas, en estos momentos de crisis epocal de la sociedad humana y de la comunidad eclesial.

El mundo necesita sabios, héroes y santos. No los habrá mientras no brille sobre sus cabezas una luz que nos precede. Este libro ha querido ser solo una sombra.